美美地教语文

小学语文向美课堂的实践研究

花春奇 ◎ 著

上海社会科学院出版社

图书在版编目（CIP）数据

美美地教语文：小学语文向美课堂的实践研究 / 花春奇著. -- 上海：上海社会科学院出版社，2025.
ISBN 978-7-5520-4716-5

Ⅰ. G623.202

中国国家版本馆 CIP 数据核字第 20257KR686 号

美美地教语文——小学语文向美课堂的实践研究

著　　者：	花春奇
责任编辑：	路　晓
封面设计：	徐　蓉
出版发行：	上海社会科学院出版社
	上海顺昌路 622 号　邮编 200025
	电话总机 021 - 63315947　销售热线 021 - 53063735
	https://cbs.sass.org.cn　E-mail：sassp@sassp.cn
照　　排：	上海碧悦制版有限公司
印　　刷：	上海新文印刷厂有限公司
开　　本：	787 毫米×1092 毫米　1/16
印　　张：	15
字　　数：	292 千
版　　次：	2025 年 5 月第 1 版　2025 年 5 月第 1 次印刷

ISBN 978-7-5520-4716-5/G·1412　　　　　　　　　　　定价：75.00 元

版权所有　翻印必究

目 录

引言 一个普通老师对教学的追求 ……………………………………………… 1

第一章 美学、语文教学与"向美课堂"

一、美学 ……………………………………………………………………… 7
二、语文教学 ………………………………………………………………… 11
三、"向美课堂" ……………………………………………………………… 19

第二章 "向美课堂"之关系美

一、"向美课堂"之教师美 …………………………………………………… 25
二、"向美课堂"之学生美 …………………………………………………… 43
三、"向美课堂"之关系美 …………………………………………………… 48

第三章 "向美课堂"之教学美

一、"向美课堂"教学之语言美 ……………………………………………… 63
二、"向美课堂"教学之朗读美 ……………………………………………… 74
三、"向美课堂"教学之思维美 ……………………………………………… 86
四、"向美课堂"教学之差异美 ……………………………………………… 97
五、"向美课堂"教学之情趣美 ……………………………………………… 103
六、"向美课堂"教学之创造美 ……………………………………………… 107
七、"向美课堂"教学之幽默美 ……………………………………………… 111
八、"向美课堂"教学之生成美 ……………………………………………… 114
九、"向美课堂"教学之情境美 ……………………………………………… 120
十、"向美课堂"教学之习惯美 ……………………………………………… 134

1

第四章 "向美课堂"之教学案例

巧借示意图,助力学生复述好故事
　　——《漏》第二课时教学设计 ··· 155

在《麋鹿》的教学中探寻趣味语文
　　——《麋鹿》第二课时教学设计 ··· 162

以情设境,走进人物内心世界
　　——《彭德怀和他的大黑骡子》第二课时教学设计 ····················· 170

在生活化的情境中,提高口语交际的水平
　　——统编教材二年级下册口语交际:注意说话的语气教学设计 ········ 176

学以致用,写清楚一件事
　　——《交流平台与初试身手》教学设计 ································· 182

A式合作学习,让学习真正发生
　　——《彩色的梦》第一课时教学设计 ··································· 188

因为专注,所以卓越
　　——《黑板跑了》第二课时教学设计 ··································· 194

在想象中拓展思维
　　——《肥皂泡》第二课时教学设计 ······································ 200

快乐地查字典
　　——《培养良好的学习习惯4 勤查字典》教学设计 ····················· 207

在比较中感受文言魅力
　　——《司马光》教学设计 ·· 214

由仿到创,诗歌我也能写
　　——《雷锋叔叔,你在哪里》第二课时教学设计 ························ 224

以演代讲,感受寓言故事的魅力
　　——《狐假虎威》第二课时教学设计 ··································· 229

后记 ··· 234

引言

一个普通老师对教学的追求

有时候,一个人的行为,会因为一件事、一个人,甚至是一句话、一个动作,而发生深刻、巨大的变化。

我从1998年开始工作,一直是那种认真备课,认真上课,认真改作业……严格按照学校各项要求做,不怎么动脑筋的,所谓听话型的普通老师。平常,我是很少犯错误的,哪怕是一丁点的小错误都很少犯。当然,我也没有取得令人羡慕的成绩。我是那种典型的埋头干活,甚至不看前路的老实人。

即便如此,和所有人一样,我也希望自己在教育教学上能取得一些成绩,得到别人的认可。有很长一段时间,我一直以自己班级的均分考得高一点,能拿到学校的教学质量奖而沾沾自喜。

随着时间的推移,我发现身边的人在变化。有的人喜欢看书了,平时没感觉,但是,一交流起来,他们口若悬河,滔滔不绝,很是让人羡慕;有的人喜欢写作了,每天发微博,写教育教学日记,文章发表或获奖随之而来,甚至还有自己的专著……这些人,如果是远在他乡的人也就罢了,但他们却是我身边的老师,很多还是同龄人,甚至是比我年轻的教师。这些人的成长,深深地影响着我,也时不时地鞭策着我。

2015年的11月27日,这是一个对我来说迈出关键一步的日子。从那天起,我开始尝试用笔记录自己的生活,让自己的工作更加精彩些。

起初,我总感觉没什么内容好写。所以,从家里到学校,从记事到感悟,都成为我写作的内容。渐渐地,校园里的生活成为我笔下的主角,从教学到教育,从课堂到课外,从备课到听课,等等。从开始的三言两语到千字短文。随着坚持,我自己也发现了可喜的变化。我对校园里的一切更加关注了,一些平常的小事,不再视而不见;教育教学的理念也逐渐清晰起来,越来越尊重学生;对很多事情的认识也深刻起来,处理问题也越来越全面……最关键的是,因为写作,倒逼我必须认认真真地去看书,不然,写出来的东西自己都觉得不深刻,没意思。于是,我又开始慢慢地捧起书本来。

今年暑假,偶然翻看过去的日记,数了数,有300余篇,再仔细看看,一幅幅情景浮现在脑海。我突发奇想:能不能把这些自认为比较好一点的日记挑选出来,整理一下。在整理的过程中,我发现当时有些描写不够细致,有些认识不够全面,有些理念不够前瞻,于是,我又对这些文稿进行了修改。在陈广东校长的鼓励和指导下,我把这些文稿整理成册,并且取名为《向着儿童出发》,意为我的教育理念以学生为本。

我还请了刘须锦副校长对我进行指导。特别感谢刘校长,在他的指导下,我又对文稿进行了重新架构,使本书的内容更加结构化,也更具专业性。最终,我将书稿更名为《美美地教语文》。

当然,这毕竟是本人的第一本著作,无论是思想上还是写法上都很幼稚,还有很多表达不到位和不准确的地方,也难免有挂一漏万之处,敬请各位同仁批评指正!

在此,我想借此机会再次感谢我工作的学校,这里有优秀的领导、优秀的团队,无时无刻不激励每一位教师奋进,特别感谢特级教师、正高级教师陈广东校长和特级教师、正高级教师刘须锦副校长等潜移默化的指导和对本书的倾心付出。

花春奇

2022年9月16日

第一章

美学、语文教学与「向美课堂」

一、美学

  《现代汉语词典(第 6 版)》中对美学是这样定义的:"研究自然界、社会和艺术领域中美的一般规律与原则的科学。主要探讨美的本质,艺术和现实的关系,艺术创作的一般规律等。"[①]美学的概念由德国哲学家鲍姆加登在 1750 年首次提出,他认为需要在哲学体系中给艺术一个恰当的位置,于是他建立了一门学科研究感性的认识,称其为"Aesthetic"(感性学),也就是美学。美学是研究人与世界审美关系的一门学科,即美学研究的对象是审美活动。审美活动是人的一种以意象世界为对象的人生体验活动,是人类的一种精神文化活动。美学与文艺学、心理学、语言学、人类学、神话学等有着紧密联系。

  一个人不管有没有研究过"美学",他都无时无刻不进行着审美的活动。我们在家里做一道菜肴,色香味俱全的菜肴带给我们审美的愉悦;我们走在路上,沿路的自然风景,带给我们美的享受;我们阅读、运动等都能感受不一样的审美体验。

  是的,美无处不在,关键在于如何发现美。

(一) 美

1. 什么是美?

(1) 适用的就是美的

  罗丹说过,"生活中不是缺少美,而是缺少发现美的眼睛。"茫茫宇宙,日月星辰,花草树木,鸟鱼虫兽……万事万物,皆有美的因子。对于审美主体来说,有时适用的就是美的。

  亚里斯提普斯:那么,粪筐能说是美的吗?

  苏格拉底:当然,一面金盾却是丑的,如果粪筐适用而金盾不适用。

  亚:你是否说,同一事物同时既是美的又是丑的?

  苏:当然,而且同一事物也可以同时既是善的又是恶的,例如,对饥饿的人是好的,对发烧的病人却是坏的;对发烧的病人是好的,对饥饿的人却是坏的。再如,就赛跑来说是美的而就摔跤来说却是丑的,反过来说也是如此。因为任何一件东西如果它能很好地实现它在功用方面的目的,它就同时是善的又是美的,否则它就同时是恶的又是丑的。[②]

[①] 中国社会科学院语言研究所词典编辑室.现代汉语词典[M].北京:商务印书馆,2012:884.
[②] 色诺芬:《回忆录》第 3 卷第 8 章第 6—7 节,采用朱光潜译文,见北京大学哲学系美学教研室编《西方美学家论美和美感》,商务印书馆 1980 年版,第 19 页。

苏格拉底与他的弟子的对话告诉我们,不同的人对于一个事物美不美的感受是不一样的,有时候同一个人在不同情境下对同一个事物的体验也是不一样的。当一个事物在你需要的时候,及时地出现在你的眼前,你就会觉得它非常美,非常好。否则,则相反,例如,对一个刚饱尝美食的人来说,再色香味俱全的食物,他也没有了饥饿时对美食的兴致。这样的例子在我们生活中比比皆是,不胜枚举。

(2) 恰当的就是美的

世间万物虽各有其美的因素,但是对审美主体来说,除了适用,还要恰到好处。人们常说一白遮百丑,意思是说皮肤白是好看的、美丽的,可以掩盖五官、身材等其他方面的不足。但是如果白的程度超过了常人接受的程度,就不是美的,反而会给人一种病态的感觉。同样,任何事物或景象,都有度,匀称、协调会给人愉悦的体验。

亚里士多德在《诗学》中写道:"一个美的事物——一个活的东西或一个由某些部分组成之物——不但它的各部分应有一定的安排,而且它的体积也应有一定的大小;因为美要依靠体积与安排,一个非常小的活东西不能美,因为我们的观察处于不可感知的时间内,以致模糊不清;一个非常大的活东西,例如一个一万里长的活东西,也不能美,因为不能一览而尽,看不出它的整一性;因此,情节也必须有长度(以易于记忆者为限),正如身体,亦即活东西须有长度(以易于观察者为限)一样。"[①]其实不仅事物的外部特征讲究有度,我们平常待人接物、做事说话都讲究度。

有人主张美是客观存在的。一朵花的美丽,是不以人的意志为转移的,不管你觉不觉得这朵花美,这朵花就是以美的姿态存在于大自然。也有人主张,美是主观的依存于人类社会而存在的。我赞同朱光潜先生所提倡的美是主客观的统一。例如,花是红的,是自然属性,是客观存在的,不会因为人的心情或其他因素而变化;花是美的,则是人的感受,是受人的心情等主观因素影响的。

(3) 精神美更美

除了自然界的美,人类自身的精神和品质表现出来的内在美更是值得欣赏的。

例如,2022年被江苏省委宣传部授予江苏"最美诚信之星"称号的叶海涛,在18岁时因疾病导致双下肢关节完全僵直,无法站立和行走,最后瘫痪在床。但是他却为村里留守儿童办免费的辅导班,一干就是23年。经叶海涛辅导过的不少孩子也长大成人,从他身边、从"小课堂"走到了更大更广阔的远方。然而叶海涛躺在床上教书育人的姿势却始终没变。他不求回报,默默为乡村留守儿童奉献的美好品质,深深地震撼着人们的心灵。

---

① 亚里士多德.诗学[M].罗念生,译.北京:人民文学出版社,1982:25—26.

像叶海涛这样展现出来的高尚品格,是我们每个人都应该孜孜追求的,是全社会都应该大力褒扬的。"美即善"是中西方美学在很长一段时间中秉持的观点,人类精神层面的善,被视为美的深层属性。人和物所体现出来的积极向善向上的美好品质,是美的内核。这种美有时候需要我们花时间去发现。有的人初次交往时给人的感觉不错,但随着交往的深入和持久,可能发现其并没有初次见面时那么美好,甚至还更糟糕。有的人则是刚开始会让你觉得很普通,甚至连普通人都不如,但是随着时间的推移,你发现他身上散发着很多美好的品质,让你心生敬意。这些美的内涵,相较于事物表面呈现出来的美,需要我们花费更多的时间去发现、去品味,但是它却能荡涤心灵,历久弥新。

2. 美的价值

对于我们人类来说,美的事物存在的意义在于,它们能给我们带来视觉上和精神上的享受。这种体验、享受的过程,我称之为审美。我认为审美最大的价值就是产生审美愉悦,逐渐形成良好的审美能力(美感),使人成为一个追求高尚、有着审美情趣的人。

(1) 形成美感

美感指对于美的感受和体会。"美感的根源在于社会实践,美感的本质要在人的感官和欲望的社会性中去寻求。"[1]学生进入学校,在各种各样的教育教学活动中,逐渐形成发现自己身边人、事、物的美的能力。这种能力逐级积淀和固化,变成自己独有的审美结构,最终形成个人的美感。

学生的美感与学生成长有什么关系呢?美感首先来自个体审美的直觉。"美感的个人直觉性的意思是,在审美对象直观的、具体的感觉中,人们无须借助抽象思考和逻辑判断进行理性分析,就能迅速地、不假思索地感知对象的美丑。我们在对自然美、社会美和艺术美的欣赏中,都会有这样的审美经验。"[2]这种直觉和经验同样来自平时家庭生活、学校生活、社会生活实践,在这些实践中学生积累到的认识水平、思维水平,直接影响着学生的美感。

个人的直觉虽然受先天的影响,但是这样的直觉也是可以培养的。以学生的着装为例,有的学生觉得高档品牌的服饰是美的,有的认为校服是美的,有的认为鲜艳的服装是美的,有的认为朴素的衣服是美的。衣服本身在不同情境中都是美的,是客观存在的,学生经过校园文化的熏陶,就会直觉地认为校服是美的。相反,有的学生对校园集体文化没有认同,就不会觉得校服是美的。

---

[1] 凌继尧.美学十五讲(第二版)[M].北京:北京大学出版社,2014:87.
[2] 凌继尧.美学十五讲(第二版)[M].北京:北京大学出版社,2014:90.

（2）追求高尚

"由于长期的经验，人逐渐地获得从感性上评价某种审美属性的能力。在艺术欣赏中，根据直接感情、根据是否喜欢某种艺术作品，从而确定它的艺术价值和区分美丑的能力叫趣味。"[①]不管我们是否意识到，我们每个人都有自己的审美趣味。有的人喜欢红色，有的人喜欢绿色，这种对自然界的审美趣味无所谓好坏，低级和高级。但是对精神层面的追求趣味，就显得特别重要。如果一个人觉得抽烟、喝酒有趣，一个人觉得看书或者画画等有意思，很显然两个人的趣味取向决定人的品质走向。

明白了这一点，我们在校园内就要着重培养学生的高尚情趣，使之成为一个远离低级趣味，追求高尚，追求真善美的人。

（二）核心素养

我们每个人对美的发现能力和体验水平是不一样的。有些我们司空见惯的现象却是别人专心致志研究的对象；有些我们不屑一顾的物品，别人却视为珍宝。审美的对象是客观存在的，审美的主体却是存在差异的。

因为审美是精神层面的，直接影响到我们的精神生活，所以具备良好的审美能力非常重要，这与国家对教育和人才培养的顶层设计不谋而合。

中共十八大和党的十八届三中全会提出将立德树人的要求落到实处，2014年教育部研制印发《关于全面深化课程改革落实立德树人根本任务的意见》，提出"教育部将组织研究提出各学段学生发展核心素养体系，明确学生应具备的适应终身发展和社会发展需要的必备品格和关键能力"。这样，中国学生发展核心素养体系应运而生。

中国学生发展核心素养以培养"全面发展的人"为核心，分为文化基础、自主发展、社会参与三个方面，综合表现为人文底蕴、科学精神、学会学习、健康生活、责任担当、实践创新六大素养，具体细化为国家认同等18个基本要点。

核心素养的面世，很快就得到社会各界人士的认可。其中，核心素养之人文底蕴具体包括人文积淀、人文情怀和审美情趣等基本要点。可见，审美情趣对一个人的成长具有重要的作用和深远的影响。

习近平总书记说："文化自信，是更基础、更广泛、更深厚的自信。"文化的自信来源于每个人足够的审美能力和对美的内在追求。在物质丰富、精神空虚的现代社会，审美情趣将发挥越来越重要甚至是不可替代的作用。孔子说，"兴于诗，立于礼，成于乐"，可见审美对于人格培养非常重要。

---

① 凌继尧.美学十五讲(第二版)[M].北京:北京大学出版社,2014:103.

钟启泉在《核心素养十讲》一书中,将我国的核心素养设想成由四层构成的同心圆结构,其中核心层是价值形成,并且认为知识、技能是受制于价值观的。"所谓'价值观'是每一个人的人格,由信念、态度、行为等塑造而成。因此,诸如信仰、责任、尊重、宽容、诚实、协作等价值的形成,应当置于'核心素养'的核心地位",[1]而信仰、责任、尊重、宽容、诚实、协作等价值的形成,都与儿童审美情趣、审美能力密切相关。

二、语文教学

(一) 儿童

儿童是天生的美学家。毕加索曾说过:"每个孩子都是天生的艺术家。"儿童有着敏锐的好奇心和丰富的想象力。这些都是具有良好的审美能力的必备基础和品质。儿童从出生起,就开始在母语环境中耳濡目染。因此,儿童在到学校学习语文前对母语有着特殊的感情和亲密的关系。这种感情和关系,为语文课堂上审美活动的开展奠定了基础。

儿童在入学前对母语既熟悉又陌生。说熟悉是因为如前所述,儿童生活在母语环境中。说陌生是因为儿童只是懂得口语交流,有的时候对口语的理解和表达并不能达到理想的状态,特别是对汉字的外形、书写以及书面语言的阅读和理解是不熟悉的。这种陌生化也是影响儿童审美的诱因。

(二) 汉字

汉字是世界上使用时间最久、空间最广、人数最多的文字之一。汉字的创造和使用,不仅促进了中华文化的发展,也对世界文化的发展起到了深远作用。

汉字是世界上唯一的从古代一直演变过来没有间断过的文字形式,属于非拼音文字。它具有优美、辨识度高、易懂且关联性大、形象直观、表意、信息量大等特点。对于每一个使用汉字的人来说,汉字本身就是非常具有意象的审美客体。一个个汉字组成的形意兼美的文章,更是妙不可言,韵味无穷,让人流连忘返。

从甲骨文开始,汉字成为中国独有的艺术部类和审美对象。汉字的外形美,表现在汉字的线条、汉字的结构、汉字的笔画。汉字的书写则更是高级的审美活动,每个书写者都可以用自己的方式书写汉字,变化多样,意境各异。汉字还表现为语音美。汉字的每个字都有自己读音,读音又分声调,让汉字组成的词句读起来抑扬顿挫,节奏、音律兼美。

---

[1] 钟启泉.核心素养十讲[M].福州:福建教育出版社,2018:2.

最重要的是汉字的意象美。每个汉字都有自己的起源和发展变化过程,都有自己的意义。这些汉字组成的词句更是丰富多彩,可以描绘万千世界,表述事情的来龙去脉,表达喜怒哀乐,给人无穷的想象和意蕴。

因此,汉字自身的审美属性为学生在语文课堂上的审美活动提供了最重要的审美物质基础。

(三)语文

语文,顾名思义是指语言文字,是基础教育课程体系中的一门重要的基础科目,是人们相互交流思想的工具。它既是语言文字规范的实用工具,又是文化艺术,同时也是用来积累和开拓精神财富的一门学问。

语文包括口头语言和书面语言。之前提到,学生在入学前已经接触了口头语言,而校园里的语文往往更注重书面语言。书面语言主要包括教材的书面语言、自己习作的书面语言以及课外读物里的书面语言。口头语言主要是课间生生、师生间的交流,以及课堂上生生、师生间的对话。

教材里的语言,毋庸置疑,是文质兼美的典范。这些文章都是编者从众多文献中经过千挑万选的范文。这些范文不仅具有文化价值、艺术价值,蕴含其中的思想也是照亮学生心田的重要明灯。

口头语言与书面语言息息相关。书面语言的学习促进口头语言的表达。课堂上生生、师生对话也是课堂上重要美感来源。

德国教育家赫尔巴特说:"我想不到有任何无教学的教育,正如在相反方面,我也不承认有任何无教育的教学。"

不管你自觉还是不自觉,有意识还是无意识,你的教学都有教育性。一是教材本身体现编者以及作者的一定意图,二是教材的使用者教师具有个人的"三观",这两点无时无刻不或隐或显地体现在教学中。对于语文来说,更是如此,语言文字本身就具有表意功能,每篇文章都有作者的哲学、政治、道德等方面的观点,因此,语文教学对于落实立德树人具有非常重要的价值。

在 2018 年 9 月 10 日召开的全国教育大会上,中共中央总书记习近平以"国之大计、党之大计"——两个大计高度概括了教育在新时代的重要地位,强调坚持中国特色社会主义教育发展道路,培养德智体美劳全面发展的社会主义建设者和接班人。这一重要讲话,体现了总书记对教育工作"培养什么人、怎样培养人、为谁培养人"这一根本问题的深谋远虑和高瞻远瞩,对于加快推进教育现代化、建设教育强国、办好人民满意的教育有着深远意义。

（四）语文教师

1. 语文教师要坚决扛起育人的责任

语文教师作为重要的学科教师，不能仅停留在自己的语文课堂教学的责任田，以及自己班级的小圈子，更要有博大的育人视野。在做好自己言行表率的同时，要将育人责任在空间上从课堂延伸课间，从校园扩展到校外；在时间上从在校时期延伸到离校以后甚至学生的一生。

尿裤子

有一次，我们组内进行教研活动，到五楼录播室听组内一位语文老师的研究课。

上课20分钟左右，我和身边的同事正投入地听课。我在抬头看黑板的间隙，隐隐觉得我们前面一排的一位女生的屁股总是在凳子上扭来扭去，有时还发出点小声响出来。我原本想制止她，让她坐好。但是一想，小孩嘛，可能就喜欢在凳子上不老实。

虽然她还是时不时地在凳子上扭来扭去，我却没有当回事。

突然，我发现她的裤子湿了，黄色的液体渗过她的牛仔裤，沿着凳子腿淌到地上。很快地上出现一摊痕迹。

我一开始以为是她在动来动去将自己的饮料弄倒了，而将裤子弄湿。再仔细一看，我发现不对，应该不是饮料。我突然意识到这位小女生是尿裤子了。

这是多么尴尬的一件事。我首先想到的是这位女生一定会很尴尬。

我坐在她后面，从后面看，似乎看不出她有一点异常，还和旁边的小男生在若无其事地交流。

我更加确定她是尿裤子了。我连忙悄悄告诉她的老师，并且叮嘱老师一定悄悄地将小女孩带到室外进行处理，尽量不要让周围的同学发现这个秘密。不然，她会被其他同学取笑的，甚至在很长一段时间里都会被同学们笑话。

老师处理好，回来了。我们问她到底是怎么回事。老师告诉我们，这个小孩胆子很小。打电话告诉她妈，她妈说她就是这样，有什么事情也不敢说。

我们尽力悄悄处理，但是小女孩身边的小男孩还是发现了异样。他看了看地面，轻声对前面的小朋友说："××尿裤子了。"我听了，连忙打住："不许胡说，哪里有尿裤子呀？是饮料洒了。"

尽管我想救场，但是小男孩对那位小女孩尿裤子了深信不疑。

小女孩在课堂上尿裤子，一是她胆小没有汇报，最重要的原因是我们老师上课的时间太长了。从晨读开始一直到小女孩尿裤子已经过了一个多小时，其间孩子们没有出去休息或者上厕所的时间。这是重要的客观原因。还有一个重要的原因是我们平时没有加强这方面的教育。我经常和我的学生讲,无论是课上还是课间,上厕所是第一位的。只要是真的内急,就要向老师报告上厕所,甚至不需要报告就可以直接上厕所。还有我们教师对学生的观察不够,其实这个女孩早就发出信号,她的屁股在凳子上扭来扭去就是小便憋得难受了。可是,上课的老师还有我们就在她的身后却没发现她的异样,像我这样发现异常也不知道她的真实需求。

教师的职业是个细活,细之又细,才能观察到学生的真实状态,才能了解他们,走近他们。

(2020年6月2日　淮安市实验小学)

想想看,此时此刻,这位女孩身心多么痛苦。一边要忍受着肚子胀,一边还要认真听课,装作一副正常的样子。以至于实在忍不住而尿裤子了,仍然继续装作正常的样子。

虽然这个女孩不是我自己班级的学生,但是作为同年级的语文老师,我觉得有必要帮助她解决困境。尽管我们不是班主任,似乎没有义务去教育学生什么时候如厕、如何如厕,但是作为老师,我们有义务指导学生从小学会处理好这些事情,也许这件事和语文学习关系不大,但是处理好事情、保护好学生,定会让学生感激老师,喜欢老师,从而爱上老师的语文课。

有的时候,我们在和学生的闲聊中,也会生成很多育人的资源。

为什么姓花

有一年,学生第一天报到,我与学生第一次见面。

进教室,我首先向学生介绍自己的姓名。我微笑着说:"同学们好!很高兴认识大家,我姓花。"说着,我便在黑板上写下"花"字。刚写完,教室里就笑声一片。我有点奇怪:每年自我介绍,学生都没有这样的反应,难道是我哪里说错了吗?不管这些了,我赶紧了解学生为什么会笑。

我奇怪地问:"你们为什么笑?"

一个学生说:"你为什么姓花?"说完又笑了起来。

我想这正好是普及学生姓氏知识的好机会。我顺势问这个同学:"你叫什么名字?"

学生回答道:"我叫卞××。"

"你姓什么?"

"我姓卞。"

"你为什么姓卞?"

"因为我爸爸姓卞,所以我也姓卞。"

"是呀,我们的姓一般是随爸爸的姓,爸爸姓什么我们就姓什么。我的爸爸姓花,所以我就姓花了。"

我顺势和学生聊起姓氏的话题。

"同学们对姓氏还有什么了解吗?"

……

(2019年9月2日　淮安市实验小学)

孩子们在聊天的过程中了解姓氏的知识,增强了他们对传统文化的了解、认同和自豪。在与孩子们聊天的过程中,我自始至终没有提到传统文化之类的字眼,但是学生眼里满是喜悦和自豪。这不就是对我们民族文化的自信吗?

2. 语文教师应该增强育人的本领

语文课堂是教师进行学科育人的主阵地,我们应该根据语文学科的特点,"润物细无声"地渗透德育。

(1) 以情感人

统编版教材二年级下册《一封信》,记叙了主人公露西想念在国外工作的爸爸,给爸爸写信的故事,字里行间透露着真挚、温暖的亲情。课文题目是"一封信",其实故事中的露西前后写了两封信。课文语言通俗易懂,通过信的内容,表达了露西对生活细腻的感受、对亲人细致的体贴,对于学生能起到很好的熏陶作用。

这堂课的教学充分体现了"以情育人"的特点。

信的背后

我先请同学们将这封信的内容连起来读一读。

"大家发现这封信内容有什么问题吗?"

大部分学生没发现什么问题,只有个别同学举起手。我又等了一会儿,没有更多同学举手。我知道这对学生来说还是比较难的。我尝试让举手的同学说说看。我请平时语文素养好的庄同学回答。果然,她发现了信中语句的问题,而且还将这句改了一下。

我当即给予了表扬,并且让孩子们按照庄同学改过的句子代入信里读一读,这样大部分学生应该能读得明白了。

"你觉得露西过得怎样?"

"过得挺好。"

"从什么地方看出来她过得挺好的?"

我本来以为这是个难度不大的问题,但是学生的反应出乎我的意料,几乎没有学生举手。可能是课文读得不够,于是我请学生们将这封信再读一遍。

这下好一点,举手的人稍微多一些了。

"希比希又蹦又跳。"

"这儿怎么看出露西过得好?"

"希比希是一只狗,他是露西的好朋友,狗这么开心,主人也一定很开心。"

"还有吗?"

"台灯坏了她们自己可以修,从中能看出她们离开爸爸也可以修台灯。"

"看来离开爸爸,有些事情我们自己也能做。想象一下,还有哪些事情原来是爸爸做的,现在我们也可以做啦?"

"下水道不通了,我们可以疏通。"

从这个角度感受露西过得不错,是我备课时没有想到的。

"我们下周去看电影。从这儿可以看出露西过得挺好,也很开心。"

我认为这是最容易发现的,没想到学生到现在才发现。接下来,学生又读了几遍,但还是没有新发现。我的理解是"阳光闪闪,太阳光下……"这里的环境描写,体现出好心情好天气,好天气好心情。可能学生没有这样的生活经历和体验,也就很难体会到了。

接下来用同样的方法讲读了露西第一次写的信。

最后,我请学生比较两封信:这两封信都是写想念爸爸,为什么露西在写第一封信的时候很伤心,写第二封信的时候很开心?通过这次教学,我引导学生体会同样的事情可以用不同的心情去面对,以及学会通过书信的方式与人沟通或调节情绪。

(2019年10月10日 淮安市实验小学)

(2)以理服人

有时在课堂上会出现一些偶发事件,但是作为一名具有自觉的德育意识的语文老师,不会也不能视而不见。特别是遇到学生产生与正确的三观不一的认识或想法,作为教师要有敏锐的意识,选择恰当的时机,挺身而出,以事实为依据,适时纠正学生错误的认识或想法,让学生心服口服。

什么是高尚

在教学略读课文《一块奶酪》的过程中,在读准、读通课文后,我直奔教学重点,也就是课题下方的思考题:默读课文思考,课文围绕一块奶酪讲了一件什么事?你喜欢蚂蚁队长吗?说说你的理由。

第一个问题主要训练学生概括能力。前面两个学生都概括得有些长,有个学生概括得短,但是不完整,连结果都没有。最后一个同学在前面几个同学的基础上,概括得很好,既简洁又完整。

第二个问题表面上是开放的,在我看来实际上只有单一的答案。难道会有人说不喜欢蚂蚁队长吗?

出乎我的意料,果然有。一个是经常上课被同学们称为满嘴"跑火车"、不知道自己在说什么的张同学。说话前我又提醒他想好了再说。果然,他说他不喜欢蚂蚁队长。我耐心地请他说理由。他说蚂蚁队长应该把掉下来的奶酪给最年长的蚂蚁。我没有直接反驳,问其他同学有没有不同意见。有同学反驳说,给年长的也好给年幼的也罢,都是给需要的人,没有给自己吃就很好了。能做到和其他蚂蚁一样遵守禁令,应该值得称赞。

衡同学,一位平时表现比较优秀的小男孩高高地举起手。我以为是要反驳张同学的观点,就请他回答。没想到,他一开口说他也不喜欢蚂蚁队长。我连忙问他为什么不喜欢。他说,蚂蚁队长在之前心里想到要自己吃这个掉下来的奶酪。

我问:"蚂蚁队长最终有没有吃这些奶酪?"衡同学和其他同学都摇头。

我引导学生找到描写蚂蚁队长产生这个想法的句子,说说自己的体会。

一位同学:"他想到吃掉奶酪,马上就想到,这是犯了不许偷吃的禁令。遵守禁令的想法战胜了违反禁令的想法,是了不起的。"

我抓住这个时机:"从想吃到决定不吃,这是队长正确的思想战胜了错误的思想。这样的思想矛盾更能突出队长可贵的品质。我们应该为队长点赞。"

这时候,我再问衡同学喜不喜欢蚂蚁队长,他点点头。

(2021年10月25日　淮安市实验小学)

个别孩子一开始不喜欢蚂蚁队长,是因为他们看到队长有过短暂的非分之想。蚂蚁队长想到要自己吃,但是事实上并没有吃。在衡同学他们看来,有这样的非分想法也是不应该的。

孩子们之所以这么认为是因为他们的认识水平不高、生活经验不够丰富,情有可原,但是课堂的教师不能听之任之,要借助生生、师生、生本之间的对话,引导孩子认识到蚂蚁队长的行为以及品质是值得认可和赞扬的。

(3)以文化人

《大青树下的小学》是作家吴然的一篇抒情散文。课文通过描写大青树下一所富有乡村气息和民族特色的小学,展现了孩子们快乐幸福的学校生活,体现了祖国各民族之间的友爱和团结。文章层次清晰,先写上学路上和来到学校时的情景,再写课上和课下的情景,最后表达了自豪和赞美之情。

特殊的边疆小学

上课伊始,我组织大家交流:大青树下的小学有什么与众不同的地方?

一生说,这所小学是一所边疆小学。

我连忙引导:"这所边疆小学有什么不同之处?"

我想引导学生将不同之处往具体细节去说。

一生:"有很多的动物。"

我追问:"有哪些动物?"

"小鸟。"

"这个我们也能见到。"

"蝴蝶"

"我们也能见到。"

"猴子、山狸。"

"对,这些动物在我们这样的学校是不可能见到的。"

另一学生:"绒球花、太阳花。"

"绒球花在我们这儿很少见,大家从书上能找到吗?"

"还有凤尾竹。"

"青铜钟。"

"青铜钟是用来打铃的,我们学校是怎么打铃的?"

"是通过放音乐告诉我们上下课的。"

"从山坡可以看出周边有山。"

"学校里有穿着各种民族服装的学生。"

"还有什么不同?"

"'下课了,跳舞、摔跤',和我们课间玩的游戏不一样。"

"你觉得边疆小学怎样?说说你的感受。"

"边疆小学也很漂亮。虽然没有我们学校的高楼、操场,但是他们的学校有他们的美丽。"

"边疆小学里有各族同学,我们学校只有汉族同学。"

"各族同学在一起相处得怎样?"

"他们相处得很好,课间在一起游戏、玩耍。"

借助文本,因势利导,在理解文本的基础上,激发学生对边疆的热爱。只要按照学科课程的特点教学,情感、态度和价值观,学科特有的人文价值,自然就会包容在其中了。学生在语文学科知识的学习中,认识到大千世界,了解人与自然、人与社会、人与自我的关系,才可能真正形成自己的价值观、世界观,也才能培养正确的道德情感和态度。

叶澜教授指出:"育人价值指向学生个体精神发展的全部——包括头脑中的知识结构层级,思维方式与思维品质,符号理解、互换与整合、综合运用的能力;对未知领域的好奇,发现问题和解决问题的创造能力;对事物认识的穿透力和时空贯通感;对他人的善解、合作与处理矛盾和冲突的能力;对自然世界的感受、理解、理性相处与和谐共生的自觉意识和能力;对人生中各种美之感受和欣赏,乃至创造愉悦与美的能力;最终归结到对自我个性与人格、发展理想与信心、策划与在现实中践行的生命自觉意识与能力。"教材里的选文都是文质兼美、值得品析的经典,熟读精思、细细品味定能有所领悟和感发。因此,带着学生徜徉在汉语的海洋里,从字词句段出发,到内涵深意,再到思维方式、文化底蕴等,让学生的心灵在这个过程中沐浴着理性的光辉,得到正确的引导。作为语文老师的我们,要像麦田的守望者一样,让他们幸福成长。

(五)语文课堂

为什么会出现学生不喜欢语文的现象?主要是因为我们的课堂教学出了问题。据我分析,主要有如下原因。

首先,审美环境的创设不到位。一是表现为没有创设良好的教学情境。文本要成为审美主体的审美对象,离不开主体对审美对象的感知。感知的过程需要氛围和情境。很多教师只带一本语文书进教室,只凭一支粉笔上课的现象还比较多。不仅如此,课堂上也毫无情境创设的意识和方法。二是课堂上良好的师生关系。如果课堂上总是教师一言堂,教师主导话语权,学生只能跟着教师走,跟着教师的教案走,被动地接受学习,显然,在这样的师生关系下学生是不会愉快地学习的。

其次,教师的教学智慧不够深厚。一是表现为理念落后,教师课堂上没有遵循学习的机制,没有把课堂还给学生。满堂讲和满堂问式的教学,激发不了学生学习语文的兴趣。二是教学的策略不够丰富。教学方式单一,一成不变的教学模式让学生厌烦。有时候连学生都知道我们的语文老师下一步将要干什么,教学没有新鲜感。三是教学的生成处理不当。很多教师上课依然机械地执行教案,稍有出入,立即生拉硬拽地回到原有的教学计划中。课堂上缺少生成的智慧火花,师生都感受不到意外收获的课堂体验。

最后,教师的个人魅力值不够强。一是教师自身不爱读书,个人积累不丰厚,知识不够渊博,难以成为学生崇拜的人。如果一位语文教师写了一手好字,讲着一口流利的普通话,读起课文来抑扬顿挫,写起文章来洋洋洒洒,学生见到这样的老师怎么能不喜欢?亲其师则信其道。二是教师钻研教材的钻劲不足。很多教师宁愿多改几本作业,也不愿意钻研教材。有的教师即使是备课,也是照搬教材的解读,没有自己个人独立深入的思考,备课的质量不高。没有高质量的备课,就没有高质量的课堂。没有高质量的课堂,就没有学生高质量的课堂体验。

因此,美学境界应该是语文课堂教学应然的状态。

三、"向美课堂"

(一)"向美课堂"的提出

课堂教学作为人类的实践活动,有其特殊性。从课堂教学自身说,构成课堂教学的诸要素,如教师、学生、课程、教的方式、学的方法,在一定意义上客观存在或体现出美。追求美是人的本性和存在方式。因此,"向美课堂"的提出具有客观性、普遍性、必然性。

美学课堂的研究早已有之。

美国学者对教学美学的研究,是在反对科学至上主义思潮的背景下发展起来的。他们思想活跃、观点纷呈、成果丰富。1968年,克莱德.E.柯伦发表《教学的美学》一文认为:"当创造使创造者的感情升华到完善的境界,当创造的成品的匀称美不仅给创造者而且也给观看这一成品的其他人带来了快乐的时候,这种创造便是艺术。"教师"能懂得塑造美、增进美的方法。他们能成为艺术家,人类关系的艺术家,成为人的问题这个艰难领域中的美的创造者"。还认为,教师通过观察艺术家、艺术品和艺术鉴赏家,并根据这些观察进而设计课堂教学的方法,就能使自己的工作更富创造性。

苏联学者有重视美育的传统,对教学美也给予了一定程度的关注。如美育专家Н·Л·阿里宁娜认为:"美应当渗透于一切形式的课内课外工作。"她还深刻地认识到优秀的教学方法具有美学意义。她说:"教学法也可能而且应当具有审美价值。如果教学法是从孩子认知的年龄特点出发,目的在于满足他们的认识需要,而教师又努力勉励学生,振奋学生的精神,帮助他体验发现的欢乐,感受自己的长处,享受认识的才能带来的快感,那么,学习过程也就获得了审美性质。"

由上可见,国外教学美学研究起步较早,内容广泛,涉及教学法的美学意义、教学内容的审美改造、审美教育的教学理论等方面。特别是国外学者开创了从审美视角研究教学的先河,并广泛借鉴美学、艺术学、审美教育学的研究成果,综合地来研究教学美的问题。

在我国,教学美的研究是伴随着教育美学、教学艺术的兴起而提出并逐步得到发展的。教育美学的研究在我国虽然起步较晚,但因为美学学科地位的确立而受到瞩目,取得了一些不错的研究成果。与国外教学美学的研究相比,国内教学美学的研究起步较晚;与教育美学和教学艺术的研究相比,教学美学的研究相对比较薄弱。

鉴于已有的研究现状,2019年1月份,我和学校的一群小伙伴,以"基于美学的小学语文课堂教学实践研究"为课题开始我们粗浅的实践研究。并在研究中提出"向美课堂"的教学主张。

(二)"向美课堂"的界定

"向美课堂"是基于美学的小学语文课堂,这里的课堂诸要素均指向审美,课堂里的教师和学生是审美的主体,教材是审美的凭借,也是审美的客体。课堂里的其他一切要素共同构筑起师生审美的美好时空和场域。

"向美课堂"将为审美化教学提供一个新的视角,它以人的生命为本体视域,探索课堂教学美学内涵,促进师生共同成长。

(三)研究的价值

1. 理论价值

假如能从美学理论和研究美学的方法,如"阐释美学""现象学美学""结构主义美学"等角度,冲破我们传统的经验理性的思维方式来研究和审视课堂教学,必定会对课堂教学理论的建设产生很多深远的影响。也就是说课堂教学美学的研究价值之一,就在于通过揭示课堂教学的美学层面,为课堂教学理论全面反映课堂教学的规律提供必不可少的基础。

2. 实践价值

课堂教学美学研究的实践意义,主要表现为课堂教学改革和发展的迫切需要。课堂教学是一门艺术。课堂教学美学研究,一方面有利于培养和提高学生的审美意识、审美能力,有益于美化学生的心灵,帮助学生养成乐学的精神,从"要我学"到"我要学"转变;另一方面,有益于净化教师的心灵,帮助教师养成乐教的思想,从乐教走向会教,最终实现教是为了不教的教育理想。

第二章 "向美课堂"之关系美

课堂上主要涉及的人际关系,首先是教师和学生间的双向互动关系,这一点是直接的,一眼就能看到的关系;其次是课堂背后的人际关系,如家长与学生、家长与家长、教师与家长等,这些关系也或多或少地影响到课堂的质量。

一、"向美课堂"之教师美

"向美课堂"的教师起着主导作用。教师除了做好穿着、仪表等外在的示范、榜样,还必须拥有一颗爱心、高尚的师德、精湛的教学艺术和深厚的人文素养。

(一)师爱

教师的爱心是永恒的师德。教育家卢梭说:"凡是缺乏师爱的地方,无论是品格还是智慧,都不能充分自由地发展,只有真心实意地爱学生,才能精雕细刻地去塑造他们的灵魂。"

教师的爱心表现在对学生的细心观察、用心交流、换位思考。只有这样你才能拥有儿童的视角,你才明白他们为什么那么顽皮,那么随性,那么天真无邪。因为他们是儿童。

杨同学的怒火

今天上午的语文课,我在指名朗读课文时,杨同学不知道读到哪儿,被我罚站一会儿。我顺口说了一句:"难道我们读书是发出超声波,杨同学的耳朵听不到?"我原想大家都知道蝙蝠的耳朵能接收超声波,借此暗指杨同学就像蝙蝠一样,既批评了他,又感觉在教室里幽默了一下。

果然,不出我的所料。教室里的其他学生听到我的批评后哄堂大笑。整个教室一下子沸腾起来。此时,只有杨同学的脸铁青着,双手紧握着拳头,气呼呼地站在那儿。再仔细一看,他的眼泪在眼眶里打转。

我原本打算问他为什么生气,但想到这样做会影响教学的时间,于是我就请人继续读书。我想再等等,说不定他心中的怒火能降下来。虽然其他同学继续依次往下读课文,我还是不停地在观察杨同学。并且我打算让他站一会儿,等会儿给他个机会继续读书,他只要知道读到哪儿了,就让他坐下去,这件事就算过去了。

没想到,我第二次请他接着往下读课文时,他竟然又不知道读到哪儿了。我有些生气,狠狠地让他继续站着。

他前面的张同学不知道在说什么,旁边的王同学也在坏笑着说些什么。我虽然不知道他们在说什么,但是知道他们一定是看到杨同学被我批评而幸灾乐祸。不一会儿,站着的杨同学涨红了脸,气呼呼地拿起书做出要砸王同学头的样子。我立即凶狠地盯着他,嘴上虽什么都没说,但是我的眼神在告诉他:"你太放肆了,读书不认真听,还敢在课堂上打人!"尽管如此,他还是轻轻地将书落在了王同学的头上。我立马大声喝道:"太不像话了。"

大概他们也是被我的喝声吓住了。我看他们没有升级行动,我也没有继续跟他们纠缠,于是接着往下上课。

下课后,我单独把杨同学留下,问他:"上课时你有没有错?"这个内向有点倔强的男孩,硬是咬着嘴唇不说话。我想,看来小家伙的犟脾气上来了。

算了,再等等。一直到下午的课间,我到教室找小朋友订正作业的时候,终于看到他和往常一样的表情了。于是,我问他上午课堂上为什么那么生气。他告诉我,因为那两个同学说他是蝙蝠。

如果追根究底,他生气的原因看来是我上课的时候说话没有考虑到他的感受。我只是想到让大家快乐一下,但是一不小心伤害了一位同学。同时,也会误导其他学生,让他们以为可以随意拿别人开心,甚至嘲笑别人。看来教师的每句话都要斟酌,不能信口开河。

(2022年9月20日 淮安市实验小学)

教师的爱是一种润物细无声的爱,是真正的发自内心的爱,不是做表面文章。教师的爱要讲究方式,能让学生感受得到教师的爱,理解教师的爱。如果教师打着"爱"的旗号,没有考虑学生能否接受、是否愿意接受,反而会伤害到学生。因此,教师要应和儿童成长的节拍,学会换位思考很重要。

应和儿童成长的节拍

儿童成长的节拍是什么?儿童成长的节拍在哪里?

只有找准儿童的节拍,我们才能和着他们的节奏。

记得疫情好转,学校正常开学了。但是大家仍然如临大敌,高度重视防范,所以特地安排所有管理人员第一周全部参加值周。几天下来,一切都相安无事。

但是,今天与前两天不一样,学校建议四到六年级的学生分别从不同的校门进入校园。因为考虑到学生的实际住址,尽量不给学生带来麻烦,学校也只是建议学生尽可能按照要求从指定的门进入校园。这样做的目的就是减少北门的压力,避免学生全部从北门进入带来短暂的聚集。

上午一切正常。中午上学,我突然发现东门内一学生喊叫的声音。我连忙过去看看,只见一个个子高高的六年级学生,要从东门出来,保安见状立马喝道:"进入校园不准随便出校门。"说着还用手将这名学生推进校园内。这个学生,白胖的脸涨得通红,高声尖叫:"我要从北门进。"

其他值周的老师见状,赶紧上前抚慰这个情绪有点激动的学生。经过女教师的一顿安抚,孩子平静地进校园了。

后来,据了解,这个学生平常与人沟通有障碍。

但是就早上这件事,这位同学似乎没有"问题",学校规定六年级从北门进校园,他从东门刚进入校园发现进错门了,想出东门再从北门进,说明他还是想遵守学校的规定的。但是保安似乎也没有做错,学校有规定,学生进入校园就不允许再出校门。从学生的角度看保安,也许觉得保安是死脑筋。在各自眼里对方都有问题,这样发生冲突也就在所难免了。

很显然,事件中的保安和学生的节拍不一样,各打各的节拍,冲突在所难免。如果双方都能换位思考,矛盾就迎刃而解了。

(2020 年 8 月 25 日　淮安市实验小学)

教师对学生的爱是独特的爱,有时是爸爸妈妈式的爱,有时又是有别于亲情的爱。不管教师的爱是何种形式,首先要保证学生在校的人身安全,这是底线。失去了这个底线,就是严重的失职。

惊险的课间

因为疫情,今天学校操场上进行运动会,除了参加比赛的运动员在操场上比赛,其他学生都在教室自己看书、写作业。这也是学校第一次举行没有现场观众的运动会。

下午第一节课是我的课。我想,坐在教室里的同学随时可以听到操场上的发令枪声、加油助威声,哪还有心思听我讲课。更何况还有一部分学生作为运动员在外面比赛。我不打算上新课了,就让教室里的学生做做作业。我请学生完成《习字册》的作业。学生如果完成《习字册》作业就可以看书、做手工等,要求是自己做自己的事情,不允许乱动,不允许讲话。总之,就是不能影响别人。

我坐在教室前面,一边改着上午的学案,一边关注下面学生的举动。不时,会有学生来报告一些学生讲话、唱歌之类的。我心里感到有些烦,一是烦报告的学生,连这么小的事情也来报告,但是为了不挫伤他们的积极性,我还是强忍着内心的不快,去处理他们报告的小事情。二是一些小朋友真是有些大胆,竟然敢当着老师的面在教室里讲话,有的甚至离开座位,还有的旁若无人地唱歌,简直太不把纪律和老师当回事了。

中途有个课间,我没有让学生自由活动,而是让学生根据需要出教室,比如可以出去上厕所。没想到鲍同学追着陆同学进教室,陆同学边跑边喊:"救命啊！鲍同学打人啦！"这时候,我正好在接一个电话。我一边接电话,一边用手势暗示他们停下。结果,鲍同学竟然还是打了一下陆同学,虽然不重,但是鲍同学明显对我的指令没有理会或者没把我的指令当回事。

我想矛盾没有升级,也就让两人陆续走向自己的座位,我也继续接着电话。万万没想到的事情发生了。鲍同学先到座位,看到陆同学经过,就伸出腿去绊陆同学。这个陆同学就中招了,一下子跌倒在地,他的头险些撞到桌角。在一旁的我看得是心惊肉跳。陆同学本身就有些胖,跌下来肯定不轻,要是再撞到额角受伤,那可怎么得了。只见陆同学脸色通红,趴在地上一动不动,不一会儿就哭出声来。我估计跌得不轻,赶紧放下电话走过去扶起陆同学,并严厉批评鲍同学,罚他站到黑板前。

后来想想,如果当时我及时挂断电话,可能就不会发生这样的事情,所幸没有造成严重的后果。

(2022年5月19日　淮安市实验小学)

(二) 师德

学生最喜欢什么样的教师?学生首选公平的教师、一视同仁的教师。学生和成人一样,最不喜欢的就是偏爱。尊重每个学生,是每一位教师一项长期修炼的师德。

给每个学生机会

今天学习完《赠刘景文》这首古诗,我照例问学生还有没有问题要问。很多学生都表示没有问题了。

我环顾了一下四周,一个个都是自信满满的样子,只有平时表现很一般的杜同学举起了手。

我赶紧请他站起来说说看。

只见,他扭捏地站起来:"诗人为什么……"

他话还没说完,就被教室里一片嘈杂声打断,有的甚至还发出"哎哟,妈呀!"之类的起哄声。

我一见这阵势,心里很不高兴。这些同学太不尊重杜同学了。不管杜同学平时表现怎样,但是当别人发言的时候,应该有基本的听众礼仪,如果有不同意见,至少得让人把话说完。

我立即对那些同学的行为进行了批评。并且转向杜同学,在全班同学面前表扬他:"大家都没有发现问题,只有杜同学发现了问题,我们应该谦虚地倾听,向杜同学学习。"

其他同学听到我对他们的批评,以及对杜同学的肯定,立即安静下来,并且认真倾听杜同学的发言。

杜同学也更加自信,站得更加笔直,大声地说:"诗人为什么要提醒刘景文记住最美好的时光呢?"

我一听,觉得这的确是一个好问题,直指古诗的主旨。我立即对杜同学的问题进行高度赞扬,并组织全班同学思考这个问题。

"一年中最美好的时光是什么时候呢?"

"是橙黄橘绿的初冬景色。"

"这时候的景色有什么特点?"

"荷花谢了,只有菊花还在寒风中开放。"

"诗人为什么提醒刘景文记住最美好的时光呢?"

"提醒刘景文做一个像菊花一样坚强不屈的人。"

……

师生在探究杜同学的问题中,一步步走近诗人,与诗人产生共鸣。在课堂上给每个同学机会,他们都会有出彩的表现。

(2021年9月27日　淮安市实验小学)

有的时候,我们的所作所为,看上去是尊重学生,细究过后往往却不是那么回事。为什么这样说呢?因为我们有时将儿童推上前台,实际上是为了教师的设计需要,并不是发自内心地尊重儿童,有的则是为了所谓的儿童本位而牺牲大部分人的利益。殊不知这样的假尊重,学生心中也是有一杆秤的。他们完全能读懂教师在课堂上的一举一动。

为什么一定要学生上台板书

今天听了一节语文课,课堂上,在学生描述大自然的声音有"叮叮当当""叽叽喳喳"时,教师请学生上台板书这两个词。

教师的设计意图应该是想体现学生的主体性,让学生参与到教学的板书中。但是这儿有一些不妥之处。这两个拟声词不是一类生字,是不需要学生会写的。让学生到黑板上板书这两个词语,有拔高教学要求之嫌。如果让学生带着课本板书,倒是可以的。

还有一处也是请学生上台板书。在学生说风的声音给人"雄伟""充满力量""轻轻柔柔"的感觉时,可能因为时间不够,当三个学生在黑板上板书这些词语的时候,教师已经开始与台下的同学讨论这些词语的特点等问题。这样做,我觉得有些不妥。一是让台上板书的同学会有一种压力,觉得时间紧迫,老师在催着他们尽快写好后回到座位,另外也会让台上板书的同学感觉这时候的自己已经置身于课堂之外,有被忽视的感觉。无论是紧迫的压力感,还是被忘记的主体感受,都是不适宜的。

我觉得课堂教学中任何一个环节的设计,出发点都是全体学生的发展,不能为了体现所谓的理念而牺牲一部分学生的利益。很显然,当学生在黑板上板书词语的时候,教师和其他学生交流其他内容,这是没有尊重在黑板上板书的同学的表现。表面上看,请学生上台板书体现学生的主体性,实际上却剥夺了这些学生在特定时间的部分权利(教师与其他学生交流时的交流权利）。

如果在学生上台板书的过程中，教师和其他学生都能一直关注他们的板书过程，有时还可以交流互动一下，这样上台板书的学生会感觉到自己是被全体师生关注的，他们会在内心产生一种自豪感、幸福感。其他学生也会产生对该生的羡慕之情，课堂就会形成一种互相关注、互相尊重的氛围，有利于教育教学活动的顺利开展。

我想大概这才是为什么让学生上台板书的真正意图吧！

(2021年11月17日　淮安市实验小学)

(三) 师能

课堂是师生校园生活最重要的场所，也是学习时间最长的阵地。课堂的质量影响着师生校园生活的质量。影响课堂质量的第一要素是教师。"向美课堂"要求教师必须有精湛的教学技艺、丰富的教学智慧。通俗地说，就是能上好课。

什么是好课？每个人都有自己的见解。

特级教师王崧舟认为，一堂好的语文课，存在三种境界：人在课中、课在人中，这是第一重佳境；人如其课、课如其人，这是第二重佳境；人即是课、课即是人，这是第三重佳境。境界越高，课的痕迹越淡，终至无痕。因此，课的最高境界乃是无课。

如何上好语文课呢？特级教师魏书生认为，把每节课上好，要落实以下九个要素：

1. 每堂课教案要公开。不用翻来覆去地写，老教案拿来用可以，有新的体会加到空白处。

2. 所有的学生都有学习的欲望。找准切入点，帮助他学起来。

3. 教师讲授时间别超过20分钟。1986年，我就提出别超过20分钟。让学生成为主人，首先在时间上成为主人，把时间还给学生。

4. 学生发言人次别少于10人次。

5. 学生动笔练的时间别少于10分钟。

6. 处理偶发事件别超过20秒。越说气越大，越说话越多，冷处理别热处理。

7. 提倡学生做课堂教学总结。每堂课下课，教师要让学生说一说，让学生说一说这堂课体会怎么样，有什么感觉。每堂课都这么上，教师会离学生越来越近。

8. 多和学生聊聊。其实教师的幸福就是跟学生近距离接触的时候、谈心的时候、深入学生内心世界的时候。空闲时，教师也会跟学生一块儿活动，不活动就坐在学生堆里谈谈心，聊聊家常。

9. 在教案上写上这堂课成功在何处。一位教师要总结自己的优点和长处。每堂课给自己找点儿优点和长处，积累起来就是"珍珠"，一定要积累自己的经验。

我想,不管有多少因素影响,教师的备课是上好课的第一要素。没有教师的精心备课,就没有优质的课堂生活。因此,教师必须具备独立备课的良好素养。这是教师所有素养中最根本的专业素养。

经验不能代替认真备课

今天上午的语文课,教学古诗两首,两首诗分别是《晓出净慈寺送林子方》和《绝句(两个黄鹂鸣翠柳)》。

课前大概浏览了这两首诗,我觉得学生应该都比较熟悉,甚至有很多学生都会背。尤其是《绝句(两个黄鹂鸣翠柳)》,大家更是耳熟能详。

上课后,我首先抛出一个问题"这两首诗有什么联系?为什么要把这两首诗放在一起?"我的原计划是让学生从整体上感知两首诗,找它们的相似点。

有的学生说,它们都是写春天的景色。

我连忙追问,从哪儿看出来?

"两个黄鹂鸣翠柳"应该是春天的景象,柳树在春天长得最旺盛。

另外一个学生站起来反驳:第一首古诗《晓出净慈寺送林子方》描写的是夏季景色。从"毕竟西湖六月中""接天莲叶无穷碧"中可以看出是夏季。

看来这两首诗不是因为都写同一个季节的景物而放在一起的。那是因为什么呢?

说句实话,课堂上的我还真没有发现,只好等下课去研究。

下课后,查到这两首诗虽然每句话都是写景,实际上是以景抒情。前一首写美好景色表达了诗人对友人的眷恋之情,希望好友不要离开杭州前往福州,后一首是表达诗人当时即将赴任的高兴心情。原来这两首诗都是借景抒情的古诗,都是全篇看上去是写景,实际上是诗人借景抒情。

看来对于古诗,仅仅知道诗的字面意思还不行,还要了解古诗创作的背景,知道诗背后的故事。教师备课不能因为内容熟悉而简单对待,也不能因为教过多次而一成不变。每节课都应该在课前尽力去准备,不但要熟读,而且要动脑筋思考:如何让自己的课堂更加精彩,更加吸引学生。

(2020年5月20日 淮安市实验小学)

教师的工作往往会给人一种重复的感觉,面对一茬一茬的学生,用的是一样的教材,对于教师来说,似乎有"铁打的营盘流水的兵"的感觉。事实则完全相反,教师的工作极具创造性。虽然有一茬一茬的学生,但是学生不一样,虽说是同一位教师,但是教师自身也在变化着。最重要的是,教材在变,理念在变。即便是相同的教材,我们每次备课也会有新的感受。

正确地解读教材是上好课的第一要素

《狐假虎威》是一篇寓言故事,"狐假虎威"这个成语后来比喻仰仗或倚仗别人的权势来欺压、恐吓人。

很明显这是贬义的。

在教研活动中,有的老师认为本单元的人文要素是与人相处,这篇寓言告诉我们与强大的敌人相遇时要像狐狸那样有智慧。

我认为这样的理解和解读既不合适,也不应该。解读教材的关键是要基于教材,不能歪曲教材、误读教材。如果像这些老师所说的那样,寓言故事中的狐狸岂不是成了大家学习的榜样?这与狐假虎威的寓意是背道而驰的。

如果一定与单元的人文要素相关联的话,那也应该是这样的:我们不能像狐狸那样仰仗或倚仗别人的权势来欺压、恐吓人。

工具性与人文性的统一,是语文课程的基本特点。语文要帮助学生形成自觉的审美意识,培养高雅的审美情趣。如果把"狐假虎威"里狐狸作为学生学习的榜样,是对学生做人的误导,势必将学生引入仗势欺人的罪恶行径中去,是对学生极端的不负责任。对正处于人生观、世界观、价值观形成关键期的学生来说,无疑有不可挽回的影响。真善美要从小培养,从每节课培养。

(2021 年 12 月 14 日　淮安市实验小学)

研读教材无止境,有时候一个字音、一个标点都需要我们用心研究。我们要像苏霍姆林斯基那样"用一辈子去备课"。

"琢磨"的读音

今天上午批改学生第 4 课的补充习题,我发现其中关于"琢磨"的"琢"的字音,有的同学选择平舌音,有的同学选择翘舌音。

一时间,我也不知道哪个读音是正确的了。我顺手拿起手机查了一下,输入"琢磨",找到"琢磨"的词条,上面竟然有注音,是翘舌音。

于是我就以翘舌音为正确答案。改着改着,我感觉学生选择平舌音的也挺多的,我有些怀疑"琢"到底是不是翘舌音。于是,我到办公室里问同事,大家都觉得应该是翘舌音,于是我以翘舌音为正确读音,继续批改着。

到了教室,我把补充习题发给学生,有几个学生举手,我一了解都是反映我改错了,他们觉得"琢"就是平舌音,甚至有个学生将教材捧给我看。我一看,教材上"琢"的注音就是平舌音。

我连忙让学生安静下来,请大家迅速翻开字典看看。原来"琢磨"是个特殊的词,"琢"有时候读平舌音,有时读翘舌音。表示玉器等打磨或加工使精美(指文章等)时读翘舌音。表示思索、考虑时读成平舌音。课文里的句子是这样的:"我从一本书上知道蜻蜓有复眼,从那以后,就一直琢磨复眼是怎么回事。"联系上文,这里的"琢磨"应该是思索、考虑的意思,因而,读平舌音。

造成这次失误的原因,一是备课不认真,二是遇到问题要么凭感觉,要么就问人,缺少自己钻研的精神。

如果教材内容连自己都模棱两可,怎么能让学生弄明白呢?

作为老师,对教材的解读要细之又细、实之又实,不能放过一点含糊不清的东西,否则既是对学生不负责,也是对自己的职业的不敬。

教学上来不得半点马虎啊!

(2021年3月4日　淮安市实验小学)

再如:

学完《池子和河流》课文后,一个学生问:"为什么文中很多地方前面有上引号,而后面没有下引号呢?"

例如:

"我总是看见,
你一会儿背着沉重的货船,
一会儿驮着长串的木筏,
还有小划子啊小船,
简直数也数不完。

"你几时才能抛开这样的生涯?
要是换了我,说句老实话,
我可真要愁死啦!
我的命运有多好,
比起来,你我相差竟这么大!

……

"这清闲的生活无忧无虑,
还有什么能够代替?
任凭人世间忙忙碌碌,
我只在睡梦中推究哲理。"

这的确是个问题。平时,我们反复强调引号必须成对使用,但文中却出现了这样的特例。这到底是什么原因呢?

我请学生先试着回答。我同时也在思考。

很快从学生回答中,我也逐渐明白这是因为一个人的话没有说完,但是又要分自然段写,这时候引号才会有这样的用法。

课后,我也查到这样的用法:将某个人所说的话按照其内容在书面上进行了分段,若其中一段结束时未出现下引号,则表示该段说话并没有结束,另起的一段仍旧是该段说话的内容。但是下一段开头时是需要有上引号的。直到下引号出现,则表示该说话者说的话已经结束。

(2022年3月10日　淮安市实验小学)

研读教材最好的方法,就是教师反复朗读文本。要求学生把课文读正确、流利、有感情,教师首先要做到将课文读正确、流利、有感情。在此基础上,读懂、读透课文。如果连自己都还有没读懂的地方,那是不能进课堂的。最理想的状态是不借助教学参考之类的书籍,读出自己的理解和思考。

备课,从课题开始

今天,我在办公室备课,备课的内容是《金色的草地》。

读了几遍课文后,我心里突然想:这篇课文不是主要写蒲公英吗?作者写到蒲公英给作者带来快乐,以及作者观察到了蒲公英花瓣的秘密,就是蒲公英花瓣张开是金色的,草地就变成金色的了。花瓣合拢,就是绿色的,草地看上去就是绿色的了。这样一来,文章中心事物应该是蒲公英,按理说文章题目应该是围绕蒲公英来起名,但是课题却是金色的草地,明显侧重于草地,似乎有文不对题的嫌疑。

带着这样的疑问再读课文,再看课题。本来草地应该是绿色的,为什么是金色的呢?那是因为有蒲公英的缘故,蒲公英的花瓣打开就是金色的,许多蒲公英的花瓣就把草地映衬成金色的了。再回过头来看课题——金色的草地,实际上还是指蒲公英。用金色的草地为题,更容易引起读者的兴趣:草地怎么会是金色的呢?一般的草地都是绿色的啊?这些问题吸引读者去从文本中探究。

文章开头"当蒲公英盛开的时候,这片草地就变成金色的了"已经回应了课题,下文写到蒲公英花瓣的变化引起草地颜色的变化,则是更加详细地回答了课题为什么是金色的草地。

看来,反复读课文是最好的备课方法。

(2021年11月10日　淮安市实验小学)

教师要能在课堂上得心应手,灵活应对学生的问题,就必须深入研究教材。给学生一碗水,教师自己得有一桶水。不然,我们有时候会在课堂上出现最尴尬的场面——"挂黑板"。

<h3 style="text-align:center">原来,云母是一种矿石</h3>

今天和同学们一起学习古诗《嫦娥》。

说实话,我是第一次接触这首诗,之前从来没有看过。我只知道嫦娥奔月的神话故事,没想到还有一首《嫦娥》的古诗。最关键的是,这首诗还是大诗人李商隐写的。

课前,我通过查询百度,大致了解了诗歌的意思。在熟读古诗的基础上,我请学生自学这首诗,将不懂的问题写下来,后面再交流。

学生的问题主要有:一是第一行诗"云母屏风烛影深"读不懂,这句诗是什么意思?这个问题是我意料之中的,因为我如果不查资料,也是读不懂的。二是"渐落"是什么意思?这个问题有点令我意外,我觉得这个词似乎是一读就懂。三是什么是"灵药"?这个问题虽然引起学生的哄笑,但是我却觉得是个有意义的问题。四是"夜夜心"是什么意思?

我像往常一样,没有直接讲解,而是让他们记下这四个问题,先自己去思考,最后再交流。

我没有按问题顺序交流,而是按照学生解决问题的顺序交流。

"我明白了'渐落'就是渐渐落下。"

"你是怎么知道的?"

"根据上下文读出的,'长河渐落'就是银河渐渐落下。"

"联系上下文是理解词句的好方法。"

"'灵药'是从西王母之处得到的不死灵药,被嫦娥偷吃而奔月。"

我借此追问:"嫦娥偷吃了灵药为什么要后悔呢?"

"嫦娥成仙到月亮上后,见不到自己的丈夫和孩子,心里很难受。"

"她还会有什么样的心情?"

"孤独、寂寞、伤心。"

到这儿,我趁机将"夜夜心"的问题一并解决了。

"'夜夜心'就是每天晚上都是——"

生补充:"孤独、寂寞、伤心的心情。"

最难的要数"云母屏风烛影深"的意思。我在查资料的时候,只是知道"云母屏风"是用云母装饰的屏风的意思。至于云母,我觉得应该是海里的一种生物,因此也就没有去深究。

结果学生恰好问到"云母"是指什么。一个学生说是一种矿石。我觉得应该是一种海洋生物,因此,就否定了该生,并且向学生强调云母是海洋生物。

下课后,我自己有点心虚,毕竟我是凭感觉,如果学生是查资料的呢?我查了一下,不好,云母果然是一种矿石,不是一种海洋生物。

于是我赶紧抽时间到班级纠正:云母是一种矿石。

(2022年11月1日　淮安市实验小学)

(四)师范

教师对于学生特别是小学生来说,是榜样,是引领。作为语文老师,我们经常要求学生博览群书,如果自己却不爱读书,这是说不过去的。教师的一言一行都是气质的外显。小学语文教师最大的气质应该是"腹有诗书气自华",要有书香味。

什么时候开始读书都不算迟
——读《江苏教育》有感

今天,我处理好孩子们的作业,感觉特别轻松。于是,我随手翻阅起办公桌上一本《江苏教育》来。

我一边看一边动笔圈画,越看越觉得这些文章写得真不错。首先,这些问题都是教学一线教师经常遇到的,比如"如何指导学生拟好作文题目?"平常我也关注这个问题,但是没有系统地去分析、研究,更没有去总结。看了别人的观点,虽觉得没有什么新意,有似曾相识的感觉,但是别人用语言把我想表达但表达不出来的东西说清楚了。作者语言的条理性、逻辑性深深地感染着我。我也从没有像今天这么认真地看过。

我对一篇关于假期综合实践作业的论文印象最深,非常佩服这位作者。每年寒暑假我们都会布置一些实践作业,但是,我们的实践作业都是教师、学校从成人的角度布置给学生的,没有考虑到是不是孩子需要的,是不是每个孩子需要的,缺少儿童化、个性化。假期的监督更是缺少,因而,每到学期开学时我们发现很多学生的实践性作业都没有完成,或者应付式地糊弄一下,失去了实践性作业的意义和价值,成为学生、家长、教师挥之不去的阴影,徒增大家的烦恼。结合作者的论文,我认为假期的实践作业应该少而精,不要贪多,一个假期一件足矣。关键是这件实践作业能激起学生的兴趣,使学生自觉乐意去完成,而不是被动完成,或者求助家长完成。

文中提到了寒假搜集短信:分别搜集最有创意的短信、最意外收到的短信、感情最真挚的短信……最后,再自己创编两个短信。这样的实践性作业,多贴近学生的生活,可操作性多强!作业如果就是生活的一部分,学生何来难处?此外,作者还通过QQ等现代通信媒体进行假期互动,共同提高实践作业的质量,很值得提倡和学习。

看得出,这位作者是个很善于观察、善于思考的教师。大家习以为常的实践作业,在他看来却是极其宝贵的教育资源、研究资源,这是一位多么敏感而又智慧的教师。

回到德育处,我继续翻阅《江苏教育》(小学教学版第八期)杂志上的杭州师范大学张华教授的《论教学改革的方向》一文。这篇文章几天前就在看,感觉作者水平很高,道理说得透,而且经常旁征博引,信手拈来。虽然文章长,但读起来不觉得累,而且感觉每句话都能切中要害,说到你的心坎里。

今天看书最大的收获,是让我进一步产生了危机感。我应该抓紧时间广泛阅读各类教育教学书籍,否则,自己就真的落后了。

好在我已觉醒,我想,什么时候开始读书都不算迟。

(2015年12月11日　清河实小)

的确,什么时候读书都不算迟。书读得多了,我们的认识水平也就提高了,思想水平也会提升,思维也更加开阔。这样,我们就能做一个独立的自我,而不是人云亦云,永远跟着别人去模仿。

我谈李镇西
——读李镇西系列书籍有感

以前曾听过李镇西之名,但仅仅是听说而已。近两年在清河实小工作,承蒙区教育局厚爱,能读到好几本李镇西的书籍。因此,对李镇西略有了解。

李镇西,有思想,有睿智,爱读书,善思考,勤写作。他的教育思想一下子刮遍清河区。教研活动、班主任交流,大家都能时不时用上李镇西的真知灼见。可见李镇西的思想深入人心。一个老师,一位校长能有如此的影响力,足见其成功。

但是,李镇西就是李镇西,李镇西只能是李镇西。我们仰望,我们羡慕,我们学习,终究不能成为第二个李镇西。因为我们不是李镇西,我们没有李镇西的海量阅读,没有李镇西的经历和机遇。我们是我们自己。我们是千千万万平平凡凡、普普通通的老师。

这不是说我的消极。我们要做的不只是模仿、照搬。因为每个人的成功路径都是不一样的。经验不只是简单的复制,理念更不是简单的引用。我们虽不能望其项背,但可以扎实地做好自己,做更优秀的自己。

你阅读吗?

作为教师,除了教材、教参、教育教学杂志之外的书我很少读。我和很多人一样,心里明白读书对一个人的重要,尤其是对一名教师来说更为重要。相信有很多人和我一样,也曾信誓旦旦制定过读书的计划。大部分人最终还是没读几本书。这不仅是因为工作节奏快,没时间读书,而是因为我们没有养成读书的习惯。这个习惯应该从小培养。从某种程度上讲,我们这些不太读书的人曾经错过了培养读书习惯的关键期。现在再来培养,需要时间和毅力。外在强行推动读书的压力,会被我们一些小小的伎俩轻而易举地消除掉。每年寒暑假,学校的读书笔记大家都会如期上交,但是书不一定读了。甚至没读过书的人比那些读过书的人写的笔记还要好,写的读后感还要深刻。行政推动,对于像我这样的人来说效果不大。倒是身边那些时常捧着书、才华横溢的人,更触动我。几年教海探航,很多人硕果累累,而自己只有收获小得可怜的战果。心里那股隐隐的痛,不时逼着自己:该去看书了。

尽管如此,硬着头皮抱着书,很多时候还是看不进去。每当快放弃的时候,再来读一些励志文章,又会点燃我看书的热情。

我很赞同定期开展读书交流。但是,这种交流不能简单地写一篇读后感了事。可以再细致一些,就像我们引导学生读书漂流一样。同一本书,看完要围绕一个问题研讨。问题的产生可以从读这本书的人群中征集。有了问题,就有了话题;有了话题,就有了对话;有了对话,才会有思想碰撞;有了思想碰撞,才会进一步激起阅读的兴趣。

想想看,如果像我这样不太爱看书的教师爱上了看书,是不是学生的福音?是不是教育的硕果?

你写日记吗?

李镇西有写教育日记的习惯,几十年笔耕不辍,我们能做到吗?以前我做不到,现在才刚刚起步。写日记有多少的好处不必言说。曾国藩等很多名人都有写日记的习惯。当然,教师写日记不只是为了专业的成长,更重要的是不断地丰富自己。

在我看来,日记的作用至少有这些:

首先,它会让人学会冷静下来。冲动是魔鬼。但是天天与心智尚未成熟的学生打交道,却不发脾气的教师是很少的。发脾气,尤其是乱发脾气,不仅伤害学生,也让教师自己受伤。现在的教育环境、现在的小孩,容不得你乱发脾气。发脾气的后果,有时是我们无法承受的。现在各种有关教育的负面新闻,诸如"六年级孩子不满座位安排纵身跳楼"之类的比比皆是。这需要我们时刻提醒自己头脑要清醒,学会控制自己的情绪。写日记就是一个有效的方法。每天抽时间,静下心来回顾一下一天的校园生活,有哪些事不该做,哪些话不该讲。过一段时间,再看看,自己一共发了多少次火,哪些是不该发的火。这样就慢慢减少乱发脾气的次数。

其次,它会让人变得智慧起来。当你坚持写一阵日记,你会遇到瓶颈。你会有不知道该写什么,没东西好写的痛苦。这时候,如果我们是个意志坚强的人,还想坚持下去的话,我们就会逼自己到校园生活中去寻找素材。有时看上去不起眼的事情,我们会发现其特别之处。有些司空见惯的事情,我们会想方设法做得更完美些。慢慢地,我们会变得敏感,变得敏锐,变得有思想起来。

最后,它能让人变得意志坚强起来。一个人如果一辈子坚持写日记,他的生活一定很精彩。但是,每天坚持做同一件事是何等的难,没有坚强的毅力,是坚持不下去的。我也努力地坚持半年,但是中途还是有中断的时候。我希望自己继续坚持下去。

你有爱心吗?

这个问题,大家一定会作肯定的回答。有时我们爱学生胜过爱自己的孩子。自己家的孩子放在一边,一心扑在班上的学生身上,全国各地都有很多的教师这样做。但是我们的爱,学生能感受到吗?有时我们爱得愈多,学生越是恨我们。越想越痛心。

同样的事情,要是换成李镇西就不一样了。

李镇西说:"爱不等于教育,但教育不能没有爱。不是我爱学生,而是学生爱我。"很多时候我们的爱是一厢情愿的爱。

但是我们毕竟不是李镇西,我们知道他的理念,却未必能做到。即便做起来,也未必能达到李镇西的程度。这就需要我们有从容和平常的心态。不是每个运动员都可以成为冠军。但是只要我们每天改变一点点,我们照样可以拥有自己精彩的教育故事。做一个有故事的真实的自我,也不错呦!

(2016 年 6 月 28 日　清河实小)

谁都知道读书的好处。有的教师抱怨没有时间读书,有的教师则埋怨工作太累,还有的因为回家后要陪伴孩子,等等。总之,每个不读书的人都能为自己找到一个看上去合理的理由。实际上,我们没到那种挤不出时间读书的程度,我们的工作强度也没有累到我们读不下去书的程度。时间就像海绵里的水,只要你愿意挤,总是能挤出来的。每年寒暑假、每周的周末,我们都有大把的时间可以用来读书。有时候,我们回家陪伴孩子同样可以是我们读书的时间。想想看,我们和孩子一起读书,或者我们以看书陪伴孩子,那是多么美好的时光。

时间都去哪儿了
——读李希贵《新学校十讲》等有感

每天早晨,在上班的路上,看到的都是行色匆匆的身影,似乎各行各业都是马不停蹄,每个人都有做不完的事情。朋友见面,"最近忙吗?"是聊得最多的话题。每个人都似乎觉得一天 24 小时不够用,时间都去哪儿了呢?

是啊!时间总觉得不够用,这难道就是现代社会的特点吗?

学校都在忙什么?教师每天平均上 2—3 节课,批改作业 1 节课,评讲订正作业 1 节课,每周集体备课 1 次,教师会议 1 次,每两周班主任培训 1 次,教研组活动 1 次,再加上突发应急的任务,留给每位教师的时间已经不多了。难怪李希贵校长坦言,现在的教师已经没有时间与学生交流。没有交流,何来了解,怎么因材施教?有的老师戏言,每天都像在打仗一样。

有人说,素质教育就应该是学生轻松,教师忙。

李希贵校长是个智慧的校长,他知道,学校应该让师生一起成长,教师也可以轻松些。

记得李希贵在《新学校十讲》一书中说:"如果每一位校长和教师都能像莎士比亚写诗那样研究学生、研究教育教学,不断地用我们的眼睛发现问题、解决问题,我们的学校就一定会成为学生快乐成长、教师幸福工作的新学校!"

再看看我们的学校。学校设有德育处、教务处、教科室、总务处4个部门,8个中层领导,他们要与教育局办公室、人事科、财审科、资助中心、初教科、政教科、体卫艺科、督导室、装备中心等至少8个科室对接。在学校运转过程中,部门主要任务是完成教育主管部门的目标考核。学校部门的首要功能就是架起桥梁,将上级部门下达的工作任务,传达给一线的教师们,再将工作总结汇总反馈上级部门。学校部门的作用难道就是个二传手?

我们可以改变吗?

李希贵说,学校管理不仅仅是服务,"如果仅仅给老师提供服务,有时候不能解决所有的问题"。"我们建立一道防火墙,对各方面来的东西进行消化、审核","避免给教师和学生制造麻烦"。现实中,我们常常是教师、学生的麻烦制造者,突击的任务、突发的想法、没有意义的会议,不时地冲击着教师工作的条理性、延续性。

了解规划的重要性。我想教育主管部门应该做好3—5年的规划,每一年每学期有工作思路、有重点,将各个科室的工作整合协调好。这样,学校的计划才有章可循。学校的计划就更重要了。每个学期前的假期,各个部门应根据学校的实际情况,结合教育局的工作思路和工作重点,将工作责任到人、安排到周。在此基础上,组织全体教师研讨,看计划的合理性、科学性、可操作性。在执行计划的过程中,还要根据学生的状况,具有灵活性,及时修订。我想这样学校一学期乃至一学年的工作会更有条理,更有层次,更有重点,做到忙而不乱。

做到岗位的多元化。根据学校工作的特点,尽量让更多的老师和学生参与到学校的管理服务中去。首先要充分发挥每位教师的特长,有的教师擅长多媒体,可以负责学校现代教育技术的培训和维护,做好校园网站的管理和运行;有的教师文采好,可以负责学校宣传工作,成立通讯报道团队;有的教师细心专注,可以负责学校人事管理和档案建设,等等。教师参加学校管理,既能体验到管理的辛苦,也能体现自身的价值。其次,校园的主体是学生,学生能做的事尽量让学生做;学生不能做的事,教师要慢慢培养学生做。学校的管理随时随地能见到学生的身影。有了广大师生的积极参与,学校行政领导才能解放出来,部门才有时间和精力,策划、组织一些高质量而又受师生喜爱的活动来。这不就是李希贵校长所提倡的新学校的样子吗？

注重活动的延续性。学校的很多活动，因为这样或那样的事情冲突，常常是虎头蛇尾，雷声大雨点小。很多校园里的小事，值得做一学期甚至一年。就如校园卫生，如何引导孩子做个校园环境的小卫士，这不是靠一次国旗下讲话、一次班队活动、一次签名仪式就能完成的，它需要全校教职员工共同努力，有计划，有步骤，逐步推进，最终让孩子们养成良好的卫生习惯。我们应该把校园里的小事做大，做实，真正为学生的成长服务。那种轰轰烈烈的运动式的活动，只能收效一时，不能影响学生的一生。

综观李希贵的几本书，里面没有深奥的理论，从中感受到的是真诚的交流、务实的研究、不断的创新。无论是交流、研究还是创新，都需要静下心来。闲暇出智慧，校园里如果有更多的人有更多的时间去思考教育的事，相信我们的教育离我们的理想会越来越近。

思考才会敏锐。有了时间思考，人才会敏感。敏感才会对周边的小事关注、挖掘，使其成为教育的资源。北京十一学校就是抓住大家司空见惯的小事入手，将每一个细小的教育资源开发到极致，拉长了教育的宽度，增加了教育的厚度，拓展了教育的深度，使校园变成学生向往的地方、教师充满激情的场所。

思考方能取舍。"决策就是选择，选择就是放弃。"有时候学会放弃比懂得珍惜更难。现代社会节奏快，一个重要的原因就是"加法多，减法少"。过去的东西没有取舍，不断增加新的内容，基数越来越大，学校里教师经常遇到遭遇战、突击战，大家疲于奔命也就不足为奇了。这就需要我们思考我们需要什么，站在师生的立场，舍弃一些无谓的工作。

（2016 年 4 月 22 日　清河实小）

要想让自己成为一个捧起书本读书的教师，自身的内驱力最重要。自从我开始写教学日记后，越发感觉自己很多时候不能用语言将自己的所见所闻清清楚楚地写下来，最关键的是，自己对一些教学的得与失反思得不深入，找不到相关的依据，不能进一步促进自己教学的改进。于是，倒逼自己向书籍要答案。看着看着，发现原来自己很多想不明白的、发现不了的东西，都能从书上找到分析和结果。

教育的敏感
——读《教育的情调》有感

今年寒假学校推荐的一本书是《教育的情调》。初读这本书，感觉书里面提及最多的一个词就是"敏感"。敏感的意思是生理上或心理上对外界事物反应很快。这个词是个中性词，有时用在贬义上，有时用在褒义上。

在这之前，我听到敏感这个词，还是当我在长征校区的时候高海军校长讲到的。当时高校长在多个场合提到敏感一词，那时我只是觉得这个词挺新鲜，但是理解不是很深,也没有产生强烈的共鸣。

后来,在清河实小工作期间,区教育局发的一些教育书籍里偶见"敏感"一词,渐渐地,我开始对"敏感"熟悉起来。自从写日记后,我就开始每天寻找日记的素材。一开始还好写,越往后写,越会觉得没有内容可写。于是,我逼着自己回顾一天的教育教学过程,从中找到成功的或者不成功的地方。在这样反复地寻找自己教育教学过程的得与失的过程中,我逐渐体会到教育的敏感性是多么重要。

寒假翻阅《教育的情调》,一次次"敏感"的气息扑鼻而来,让我对"敏感"的理解更加深刻和丰富。

教育的敏感再怎么强调都不为过。越是对教育敏感的教师越是尊重学生,敬畏生命,越是能实现师生的共同成长。

怎样提高教育的敏感度呢?

一是要认真学习理论知识。理论知识能提高我们的视野,提高我们的认识水平。这样我们在平时的教育教学过程中才会用先进理论支撑的方式去处理、解决日常的问题。有的问题虽然是平常的问题,如果有前瞻性的理论知识支撑,我们就会更加理性、更加科学地去处理,而不会依靠经验或惯性思维简单处理,因为我们的教育是个复杂的过程。

二是要学会反思。每节课下来,每件事处理完,每天结束,我们都要习惯性地反问自己,这节课有哪些不足?怎样做会更好?这件事哪些地方处理得不到位?还可以怎么补救?哪些话说得不恰当?等等。每节课进步一点,每件事进步一点,每天进步一点,日积月累,我们会感受到自己的成长。

三是学会记录。很多时候我们反思的内容都是我们思想的结晶,这些好比灵感一样金贵又容易失去。所以我们一定要养成勤于动笔的习惯。把平时自己所见所闻所思的东西及时记录下来,日积月累,会大有裨益。

让我们一起努力,做一个对教育敏感的教师。

(2022年2月15日　淮安市实验小学)

当然,有时候,外界的刺激也能让人不得不去读书。我工作的淮安市实验小学,每年寒暑假都会为每个教师赠送一本教育书籍,并且假期结束后,组织读书交流活动。这些活动的组织,也成功地倒逼一部分教师读起书来。

领读是个不错的读书交流方法
——《核心素养十讲》读书交流活动有感

今天是教科室安排的以年级为单位的教师暑假读书交流活动时间,这是学校的常规活动,旨在促进教师认真读书。

放假前,学校特地为每位教师购买了一本《核心素养十讲》。要求每位教师利用假期时间认真阅读,开学后要交读书笔记,进行读书交流活动。

今天的活动就是检查教师暑假读书情况。年级主任请提前准备的三位老师,每人用 10 分钟交流读书体会。然后,每位教师把自己读书过程中印象最深的句子读给大家听。可以是一句话,也可以是一段话。领读,是个不错的方法,领读的人算是温故而知新,对于那些寒假压根儿没有读书的人,也算是一次弥补,补上了寒假落下的阅读。

如果还可以改进的话,那就是可以在教师代表领读后,请其他教师紧接着谈体会,增加互动的环节。

时光再往前倒退到寒假,可以组织假期进行视频读书,一人领读,其他人跟读,再交流。这应该是"逼"教师读书的好方法了。通过视频读书,可以看到每个人一举一动,大家没办法做其他事情,只能坐在那儿。因为有人领读,即便再不想读书的人,也会听到一些书上的内容,听读也是不错的读书方法。还有交流,每个人都有尊严,为了在大家面前发言的质量高一些,也不会太随意。所以说,这个方法应该是"强迫"教师读书的好方法。

如何能让教师主动读书,甚至爱上读书呢?这的确很难,因为一个人读书习惯的培养关键期应该在中小学的时候。而那些不爱读书的老师,往往就是错过关键期的人。这时候再来培养读书的习惯,要付出更多的努力。

除了逼迫的方法,还有就是榜样的影响。教师群体中还是有一部分真正喜欢读书的人。要让这些人现身说法,讲讲他是如何爱上读书的,怎么读书的,读书带来什么样的影响。通过榜样影响,可以带动更多的人走向书籍的世界。

(2021 年 9 月 1 日 淮安市实验小学)

二、"向美课堂"之学生美

小学生(儿童)本身就具有纯洁、善良、真诚等美好品质,"向美课堂"特别强调教师发现学生自身具有的良好品质,同时,在教学中将这些品质强化、放大。

(一)纯洁朴实

"儿童的可贵在于单纯,因为单纯而不以无知为耻,因为单纯而又无所忌讳,这两点正是智慧的重要特征。"[1]现实中,在我们的课堂上,当我们面对学生单纯的举动与我们的课堂规矩相冲突时,我们经常会对学生的天性说不,让他们臣服于我们的课堂纪律。

---

[1] 周国平.让教育回归人性[M].武汉:长江文艺出版社,2017:118.

上课为什么喜欢站起来

今天早上第一节课我先让学生自己订正已批改的学案。接下来我边投影一份学案边评讲。

讲着讲着，班里的周同学就站了起来。他经常这样，上课的时候喜欢站起来。为此，我也是经常提醒他，但是效果都不好。班里还有几个同学也是如此，因为他们都不是坐在最后一排，所以他们站起来就影响到后面同学的视线，也影响到我对下面同学的观察。因此，只要他们不由自主地站起来的时候，我都会第一时间去提醒他们赶紧坐下去。

今天我看到周同学又站起来，我有点生气，直接向他吼道："周××，想站就到最后面站着，不要影响别人上课。"说着，我就请他到后面的黑板前站着，并提醒他站累了想坐下来的时候直接回到自己位置上坐下来。

我继续评讲学案。我看他站了有一会儿了，就让他回座位上去。好了，刚坐下几分钟，他又站起来了。于是，我又让他回到后面的黑板前站着。

后来，上课过程中那几个爱站着的同学一会儿这个站起来，一会儿那个又站起来，我是一会儿暗示这个坐下去，一会儿暗示那个坐下去，简直就像在打地鼠一样。

我在想，他们为什么会不由自主地站起来呢？

难道是椅子的高度不适合？坐在上面不舒服？我下课曾问过那几个爱站起来的同学，他们都否认了。看来不是椅子的原因。

难道是他们坐在位子上看不到前面的老师和黑板吗？也不存在呀，教室的位子是滚动的，很多比他们矮小的同学坐在他们后面也没有站起来呀。

还是习惯不好，连基本的上课常规都不想遵守呢？据说国外的学生上课的时候是可以随便站立或者坐下的。是不是我们对学生上课的要求太高了呢？

（2019 年 12 月 20 日　淮安市实验小学）

"英国《每日邮报》2017 年 9 月 27 日报道，英国小学近日陆续开始引进可以让学生站立听课的桌椅，来提高小学生的课堂活跃度与健康指数。"[1]据说，这些学生站着上课比坐着上课拥有了更多的自由，变得更加积极活跃，而且注意力明显提高。也许那几个上课突然站起来的学生，正是他们积极参与课堂探究的表现。让我们对儿童多一点宽容和尊重吧，要知道很多天才人物的"成才史就是摆脱学校教育之束缚而争得自主学习的自由的历史"[2]。爱因斯坦在为母校成立 100 周年撰写的纪念文章中，毫不留情地批判了母校的不合理的地方，如要求严格遵守课堂纪律等。

---

[1] https://www.sohu.com/a/197280316_99951112.
[2] 周国平.让教育回归人性[M].武汉:长江文艺出版社，2017:8.

（二）正直善良

人之初，性本善。儿童就像天使般，善良、正直。他们喜欢动物、植物，同情弱小，他们也敢于对不同意见大声说"不"。我们有时看到的不可思议的执拗、耍脾气，正是他们真实的写照、可爱的一面。

"我没讲话"

我中午睡了一觉，起来浑身有精神，然后急急忙忙往教室走去，看看孩子们是不是在教室里安静地看书。因为前些日子，孩子们有些不自觉，中午来到教室后，不是安静地看书，而是叽叽喳喳讲话。于是，我请了中午到校较早的并且能认真负责的杜同学维持中午的纪律。这几天明显好转。但是，我还是不放心，所以早早到校。

我走近教室的后门，感觉一点声音没有，悬着的心放下来。我轻轻推开门，孩子们果然在教室里安静地看着书，竟然连前面的灯也忘记开。我赶紧伸手帮他们把灯打开。

突然，杜同学的讲话声，划破教室的寂静。"中午丁同学到校讲话了。"原来是杜同学看见我进教室，立即向我汇报中午的纪律情况。我没有马上训斥丁同学。一是因为这时的教室很安静，我不想破坏大家良好的读书氛围；二是我想了解清楚情况再处理。但是，我还是没有控制住自己的嘴，随口问丁同学一句："丁同学，你讲话了没有？"

没想到就这一句不痛不痒的问话，竟然引起丁同学的强烈不满。他大声地说："我没讲话。我是跟谁讲话的？"说完脸红得像猴屁股。看这样子，好像是杜同学冤枉了丁同学。我很后悔刚才的一问。我赶紧弥补："好了，等会儿再说！"

教室里又恢复了安静。可我的心里却翻江倒海，这件事怎么处理？我在琢磨着，也不能就这样过去。不然，不好向帮我维持纪律的杜同学交代。他辛辛苦苦负责班级纪律，结果被同学埋怨，作为老师我不能也不应该坐视不管。再看丁同学，他也不舒服，好像被冤枉了，我也不能眼见一个同学被冤枉而无动于衷。如果我不处理好这件事，也影响自己在学生中的威信，因为其他学生都在默默地看着，等我的处理结果呢。我知道，丁同学表面上是对杜同学发火，其实也是对我发火。因为杜同学就是我的代理人嘛！

我先把杜同学叫到办公室，了解情况。杜同学说："中午他一来与李同学讲话，我提醒他。他回到位子又与郑同学讲话。"我首先表扬了杜同学，说他很负责任。接下来我把丁同学与郑同学同时请到办公室，有了杜同学的汇报，我直接开门见山："中午有没有和郑同学讲话？"丁同学依然坚决地说："没有！"我又朝郑同学："你们讲话了没有？"郑同学说："真没有讲话，丁同学的笔坏了，在忙着修笔。"

事情的经过我大概弄明白了，我对委屈的丁同学说："没讲话很好，可能你修笔的时候头歪到一侧，杜同学感觉你是在和郑同学讲话。你们不能怪杜同学，他是负责任的。

遇到这种情况,要好好与杜同学沟通。"丁同学连连点头。看到他的情绪平静下来,我就让他们进教室看书了。

我也跟着进教室,教室里依然是一片安静。我悄悄地走到杜同学旁,让他跟我到教室外去一趟。我把了解到的情况告诉他,然后对他说:"你很负责任,很好!但是在遇到事情的时候要先了解清楚,再处理。这样大家会更加服从你的管理。"杜同学点点头:"老师,我知道了。"

此时的我心情也平静多了,我希望今天涉事的杜同学、丁同学、郑同学都能没有受这件事的干扰,有个好心情。

(2016年3月8日　清河实小)

现在再看看上面的日志,里面每个同学都是那样的率真,虽然他们之间因为彼此的想法和角度的不同造成了小小的误会,但这却是成长之路必不可少的小插曲。正是这一个个小插曲奏出了美妙的童年旋律。

(三) 胸怀感恩

英国教育家怀特海有句名言——"忘记了课堂上所学的一切,剩下的才是教育。"我想,课堂上除掉那些所学的知识外,剩下的是引领学生学会自学,养成良好的品德以及与人沟通的能力。

被批评最多的学生却是最关心我的

今天早上第一节课,一进教室,班级里的淘气包李同学就坐在那里小声嘀咕:"你们看,花老师的嘴。"

他这一嘀咕,周围的几名同学立刻响应,看过我的嘴,就在那儿窃窃私语起来。我知道,他们是说我的嘴被火疮冲破了。

我假装没听见,面向大家大声说:"上课!"随着班长响亮的起立声,全班同学立马起立。我原本打算通过宣布上课,让他们停下讨论。没想到,我准备上课了,参加讨论的人反而更多了。

看到这样的情形,我索性停下上课,和学生聊几句。我对大家说:"你们猜猜,我的嘴巴是怎么回事?"下面一阵嘈杂。两分钟后,教室里逐渐安静下来。我笑着说:"就是因为李同学老是少写作业,我着急得上火了。"大家听完,哄堂大笑。

李同学不好意思地脸红了,也跟着大家呵呵地笑着。

有了这样的一个小插曲,整节课,我都感觉很轻松。看得出,孩子们在这节课上也很高兴。

有时候,我们老师也可以随便一些,放松一些,与学生聊聊他们关心的事,不仅能增进师生的感情,还能对课堂教学起到意想不到的作用。

如果我们不仅仅盯着学生的成绩、学习、作业,那么你看到的就是每个学生的可爱之处。李同学,一个平时经常少写、漏写作业的学生,在学习上真让人很着急。他拖了一周,还没有完成《习字册》上的任务。但是,他却是个观察很仔细的人。他第一个发现我嘴上的火疮。看来,我的一举一动,他都在关注。

现在回忆一下工作这么多年的感受,老师记住的也大都是学习特别优秀的学生和学习不好、调皮捣蛋的学生,然而学生记住老师并对老师怀着感恩之心的大都是那些我们经常批评的所谓后进生。

学生的内心有把尺,老师的批评是真心的关心还是讽刺、挖苦,他们是有数的。只要我们教师真心对待学生,孩子们会永远感激的。做一个学生爱戴的老师不是件很幸福的事吗?

(2015年11月30日 清河实小)

教师的眼睛千万不能紧盯着所谓的成绩,每个年段的学生都有每个年段的特点,每个孩子都有每个孩子的特点。只要是学生身上向善、向上的美好一面,我们都要格外珍惜。懂得感恩的孩子,生活不会亏待他。

(四)助人为乐

爱表现是学生身上积极向上的基因。他们希望在不同情境下,展示自己的本领,为帮助别人而感到高兴,这是非常可贵的一面。

老师的助手

班级里的杨同学,头脑聪明,思维敏捷,但是习惯很不好,上课不认真听讲是小事,很多时候还随便讲话,有时还转头讲话。因此,包括我在内的老师都不是很喜欢他。

家长也很苦恼,各种方法都用过,就是效果不大。

之前,我为了惩罚他,让他每节课一下课就到我办公室报到,原来的设想是让他一个人课间玩不起来,达到惩罚他的目的。可是,对我的命令他竟然置若罔闻,小家伙竟然拒不执行。课间我带他去办公室,他才会站在我旁边,否则他是不会一下课就主动到我办公室来的。

在一次和他母亲的电话交流中,我提到这件事,当然我是把对他的惩罚进行了"美化"。让他课间到我跟前当助手,如果有什么作业需要拿回去订正,就请他找同学订正。没想到他母亲觉得这是个好机会,说回家一定给杨同学好好谈谈,让他按照我的要求去做。

果然,他母亲与他的交流很有效果。下午的课间他就主动找我报到。于是,我顺水推舟,把一沓订正的《练习册》请他拿回去找同学订正,并且要求订正好收齐给我。我也算是在考验他。

下午我去上晚辅导,我问他:"订正的《练习册》都收好了吗?"

他说:"一部分好了,还有一部分没有订正好。"

我追问:"哪些人没订正好,你知道吗?"

他摇摇头。这在我的意料之中,按照他的习惯,他不会有那么细致。

我赶紧引导他:"做什么事都要动脑筋,你应该把订正的名单都写下来,然后每交还一个同学,你就在他名字旁做一个记号,这样就知道哪些人完成,哪些人没有完成。"

他点点头。

第二天课间,他依然积极主动到我跟前报到,这一次,我又把一沓需要订正的《补充习题》请他找到相应同学订正。他吸取了上次的教训,将发给他的《补充习题》一份不少地收齐递给我。我仔细看看,发现这些需要订正的小朋友都订正好了,而且没有一个同学的订正是有错误的。

我问:"他们的订正你是不是都检查过了?"

他一边点头一边说:"他们交一本,我就查一本,发现有漏订正或订正错的,我就告诉他们,请他们重新订正。李同学是我一直站在他旁边,他才订正好的。"

我连忙向他竖起大拇指:"好样的,你真是老师的好助手。"

有时候学生就是这么单纯,给他一个展示的机会,他会给你意想不到的精彩表现。

(2021年3月11日　淮安市实验小学)

做教师的幸福很大程度来源于学生,可以这么说,学生是影响教师职业幸福感最重要的因素。优秀的教师一定是善于观察的教师,只有教师走进学生的世界,才能了解学生是怎么想的。只有这样以儿童的视角看儿童,你才不会觉得儿童是那样的顽皮,那样的不懂事。"向美课堂"的教师一定要欣赏儿童。每个儿童身上都有很多美好的品质等着老师去发现和培育。

三、"向美课堂"之关系美

构成课堂的诸要素之间是相互联系、相互作用的。影响课堂的几个关键人物之间的关系必须是融洽的,即师生关系、生生关系、家校关系等。和谐的关系,既为学生成长营造了良好的成长环境,又引领学生提高待人接物能力,完善人格,塑造美好品质。

（一）师生关系

1. 不要习惯定势

我们很多时候自认为对学生非常了解，于是，经常出现主观臆断，在不明事理的情况下粗暴对待学生，教师的这种行为严重破坏师生之间和谐的关系。

错怪了学生

今天是周一，我检查了学生的读书笔记和日记（写给爸爸妈妈的一封信），还好不用我一个个点名，只是在班级里问一下，没有按时交作业的人就清楚了。两项作业都是 4 人没有交，希望下午都能按时交。这 8 人的作业我也指定两位同学下午收。因为我怕自己忘了。如果我忘了，学生会提醒我，忘带作业的学生就不会有空子钻，这样，今后按时交作业的人会更多，有利于学生养成良好习惯。

我在批改读书笔记的过程中，发现了几个问题：一是有 4 个同学的读书笔记没有做到每天写一篇，有少写的现象，而且这几个人基本上是"常客"。其实这几位同学还经常没写完作业却自己都不知道，就这样交上来一本空本子。每次少写的都是这几个同学。

但是今天我差点误会了一位同学。因为他之前就是这几个"常客"之一，虽然最近发现他每次的读书笔记比过去认真多了。主要表现为字写得工整，特别是摘录的内容多了，关键是这些词句很有价值，是真正的摘录，不是应付式的糊弄。这一点进步我上次就表扬过他了。但是今天他好像又漏做了作业。我匆匆翻阅他的读书笔记本，一看日期是 5 月 20 日，这不明显是少写两天的内容吗？他前一阵子在我脑海里积累的好感一下子烟消云散了。

我在课间立即请同学找他们到我办公室，结果其他几位少写的学生都来了，偏偏他和陈同学没找我。我准备提前进班级，找这两位学生好好了解一下，看看到底是为什么。结果，我刚进教室，就发现了夏同学："你读书笔记又少写了吧？"他不可思议地回答："没有啊？"说实话，我的气不打一处来，为了让他心服口服，我狠狠地说："把你读书笔记本拿来，自己少写都不知道。"他一溜烟地跑去拿读书笔记本，走到我跟前，翻开本子："老师您看，后面不是有两篇吗？"我一惊，不会吧，我明明记得他只写一篇读书笔记，现在怎么突然又冒出两篇？看来是我批改的时候太急，没注意。看到这儿，我的脸色也只好由阴转晴，微笑着对他说："不好意思，看来是我看漏了，赶快拿来给我批改。"他乐呵呵地把读书笔记本递给我。

（2022 年 5 月 22 日　淮安市实验小学）

学生对老师是最计较又是最不计较的。最计较的是老师对他们的一言一行，他们非常希望老师了解他们，与他们友好相处，不要对他们乱发脾气，不希望老师委屈他们。

最不计较表现为即便是老师委屈了他们,只要教师一个轻描淡写的道歉,他们立马就释怀了,恢复如初,对于老师刚才的一切"不是"都统统忘掉。他们最怕教师给他们贴上标签:不交作业的学生,不爱发言的学生,不守纪律的学生等等。

我们平时应该对学生多一些前向期待。期待就是对一个人的期望,罗森塔尔效应就是这个道理。所谓前向期待就是教师对学生有着积极、美好的期待。信念与期待比智力更能影响一个人的成长。

道理大家都明白,但是有的时候对于一些特殊学生,能做到这一点,并不是件容易的事情。所谓特殊学生往往是屡次不完成作业,多次违反课堂纪律或其他纪律,作为老师,如果单纯站在学校秩序的维护者或学校纪律的执行者的角度,肯定是不能接受这些学生的行为,也不能接受这样的学生的。

结果就是,这些学生会被老师冠以"为你好"的美名,强行拉入正轨,但是,过不了几天,有的甚至是过不了几时,这些学生的老毛病又会犯。长此以往,这些学生留给老师的印象就是调皮捣蛋、好动、爱搞恶作剧等。而这些又加强了教师对这些学生的后向期待,导致他们在恶性循环圈子里出不来,甚至越陷越深,越来越差。

在双胞胎身上的表现更有比较性。因为双胞胎生活的家庭一样,父母亲一样,接受的外部环境大体一致。但是有的双胞胎在校的表现却差异很大。去年我带了2.5对双胞胎,就是两对双胞胎还有一对双胞胎中的一个在我们班。两对双胞胎长得特别像,教了两年,我还是没有区分开来。他们中的一个在学习上明显优于另一个。同样的老师,同样的教育场所,但是老师对双胞胎的期待不一样。表现稍差一点,总会被老师要求向自己的哥哥或弟弟学习,表现好一点的经常受到表扬。不同的期待下,就连双胞胎的成长都有显著差异,更何况班级里的其他学生。

对这些问题学生要抱有前向期待,教师就必须了解学生,发现学生。也许他在课堂上经常插嘴,但是他思维敏捷;也许他学习有困难,但是运动很有天赋;也许他字写得不好看,但是手工做得却很好。我们要放大学生身上的优点,培养自己对学生的前向期待。有了前向期待,期待指数越高,学生的幸福指数就越高,师生关系就越和谐。

2. 不要太过强势

在师生关系中,我们教师往往是强势的一方,拥有绝对的权威,有时候甚至显得霸道。设想一下,经常在教师强势的压迫下,学生何来学习兴趣?谈什么愉快地学习和生活呢?

查字典风波

今天早上,我连续上两节语文课,想借此机会,进一步强化学生的查字典能力。

一开始,我就检查昨天晚上布置给学生的四个字的部首查字法的作业。结果有好几个同学没有按时完成。我只好再给时间让这些同学补完。同时,请其他同学自学下面的成语和古诗。

过了8分钟左右,终于大部分同学已经补查好了。还有个别同学仍没有完成,我想不能再等了,毕竟还有大部分同学等着交流呢。

我问:"'穷'字谁来说怎么查?"

胡同学:"先查部首'点',再查4画。"

话音一落,教室里叽叽喳喳。

"怎么回事?"

"应该再查6画?"

我知道这个胡同学根本就没查字典,凭自己猜测写的。

"你到底查没查?"

"查了。"

竟然还一口咬定查了,我倒要看看他到底是怎么查的?我一边请其他同学按照"点"部首查"穷"字,一边请同桌看看胡同学究竟怎么查到"穷"字。

一会儿,学生纷纷报告根本用"点"部首查不到"穷"字。我再问他的同桌,果然胡同学也查不到这个"穷"字。

原来胡同学耍小聪明。他根本没查字典,就根据确定部首的方法推测填了,最后也没有查一查自己的推测是不是正确的。我估计教室里像胡同学这样的,不是个例。

我决定继续检查下去,看还有多少学生是这样的。

"严同学,'凸'字用部首查字法怎么查?"

严同学在黑板上竟然写了个上框。我怎么看都觉得不对,怎么会是这个部首?心想,严同学一定没查。

"你查了没有?"

"查了!"

"查到没有?"

"查到了。"

我连续追问,严同学的表情已经变得不自然了。他的表情变化更让我觉得他是在撒谎。

还好,我没有当着全班同学面直接批评他是在撒谎。我请其他同学按照严同学给的部首查一查。不一会儿,有的同学告诉我能查到。

我不由一惊:怎么可能?如果起笔是部首,应该是竖才对。从笔顺的角度,上框也不应该是它的部首。

51

很快,很多同学都举着字典告诉我可以查到。

看来是误会严同学啦!

我不好意思问严同学:"你是怎么想到查上框的呢?"大概他被我刚刚的气势吓到了,到现在还没有恢复过来。只见他小声地说:"是陈同学告诉我的。"

教育无小事,凡事多看多听多问,了解清楚再决策,切不可妄下结论。

(2018年3月14日 淮安市实验小学新城校区)

每每看到这篇日记,我都提醒自己在课堂上谦逊点,柔和点。在学生的眼里,特别是低中年级学生的眼里,教师是绝对的权威,是高大的。在他们眼中,教师是火眼金睛,一眼就能看透他们;在他们眼中,教师就是知识的化身,无所不能,永远不会错。当我们在课堂上恃强凌弱,对学生说着"请不要""给我闭嘴""关你什么事"等时,其实也是在一点点破坏教师在学生心中崇高的形象,让师生关系越来越对立。

3. 说话尽量算数

教师与学生朝夕相处,教师的言行对学生影响很大,同时,也影响师生关系的维系。如果教师经常言而无信,就会失去在学生心中的威信。教师对学生所讲的每句话都要慎重,说到就必须做到。如果做不到,就不要轻易允诺学生。

讲故事比赛

年级统一要求每班进行讲童话故事比赛,并将活动图片发到年级。我本想找几名学生讲故事,拍几张图片完成任务。

细想一下,找谁来讲故事呢?为了公平起见,我将通知发到班级群内,请有意愿的同学自主报名参加。通知一发,很快就有几个家长响应。我想有人报名,完成学校任务是不成问题了。

原计划是上周五下午举行讲故事比赛的,但是因为我参加行政会,没时间举行。好在我没有事先通知学生周五比赛。于是,我准备下周一进行讲故事比赛,并在群内发了周一比赛的通知。

我和配班老师协调了周一下午的晚辅导时间准备进行讲故事比赛。我原以为没什么人参加,这样几分钟就可以结束了。我先请报名讲故事的同学举手,了解参加的人数。没想到一下子有十几个同学举起手。我给他们排好讲故事的顺序,孩子们就开始陆续上台讲故事。

有的记不得故事内容问我可不可以拿着书讲,我爽快地答应了。有的问我以前没报名现在可不可以讲,很显然,小朋友看别人讲故事自己也想试试,我继续爽快地答应了。看到孩子们有这么高的兴致,我实在不忍心拒绝。

孩子们上台讲故事,大部分都能脱稿讲,看来之前做好了准备。只有个别是拿着书讲的。虽然讲得不够生动，但是能敢于上台，勇气可嘉。

台下的同学有的对听故事不感兴趣，但是我努力维持着教室的秩序，除了听故事，绝不允许干其他事情。于是教室安静了，学生讲故事的激情也更高了。

就这样，晚辅导时间只进行了一半的学生讲故事。没办法，只好周二再找时间继续讲故事。

晚上，我在QQ上竟然收到一位家长的短信，大概意思是问下午的讲故事人选是不是之前报名的。原来，他家小孩是报名的，但是没有安排上台讲故事。看来家长和小孩还是很重视这项活动的嘛！

我不敢大意，于是在周二的第三节语文课上继续将没讲完故事的同学安排讲故事。整整一节课，终于圆满结束。

讲完了要不要评奖？不管年级有没有安排，我还是趁热打铁一气呵成，请每个同学写上自己觉得讲故事讲得最好的两名同学的姓名。其实这就是将评判权还给学生。

尽管他们才三年级，很多连同学的姓名都需要用拼音代替，但是我依然这么做。统计也安排学生统计，尽管一开始他们无从下手，经我一提醒，他们用自己的方法也统计出来了。

这样再选择一个合适的时机，举行一个颁奖仪式，本次活动算顺利结束了。

我想：活动要么不做，要做就尽全力做好。那种应付式、糊弄式的活动不如不搞，不然，学生在活动中得不到应有的锻炼，有时甚至会伤到学生和家长的心，破坏教师和学校在学生心中的形象。每件事都应成为学校的风景。认真做事能把事情做对，用心做事能把事情做好。

(2020年5月26日 淮安市实验小学)

教师的"言必信，行必果"，会给学生带来积极影响，有利于学生从小养成诚实守信的品质。作为一名语文教师，无论是课上还是课外都要谨言慎行。现实是我们在课堂上经常会管不住自己的嘴："把课文抄一遍""抄写古诗10首"，等等。且不说这样的惩罚是否合规，学生在学校哪里有时间完成这样的惩罚？学生只能利用课余时间，而且回家还有家庭作业等着完成。因此，最后的结果要么是不了了之，要么是学生继续冒着犯错误的风险停掉其他课来完成抄写的任务。无论哪种结果都是我们不想面对的。溯本求源，我们要做的是不应该对学生进行那样的惩罚。这样的惩罚，一是不切合实际，超出学生的承受范围，根本完成不了，起不到惩戒的效果；二是这样的惩罚风险很大，甚至结果不可控。学生有可能为了完成你的惩罚而放弃其他学科的课堂学习，也有可能回家挑灯夜战，熬夜完成你的惩罚任务，最终影响学生的身心健康，也一点点吞噬师生之间良好的关系。

（二）家校关系

有人曾打比方,家庭教育是根的教育,以此说明家庭教育的重要性。这一点已经得到很多家长和学校的认可。不重视家庭教育很有可能会出现"5+2=0"的现象。那就是在学校的良好教育,周末两天回家就完全被抵消掉。因此,很多学校非常重视家校关系,但是具体行动少,策略单一,效果不明显。主要是因为:一是活动形式简单化。家校交流的形式通常就是每学期一次的家长会,家校交流不充分。二是家校沟通的方式不对称。家校沟通往往是教师主动联系家长,而且还经常是告状式的交流。三是家校双方缺少换位思考。双方总是站在自我的角度看教育,不知道如何配合,形成合力,有时甚至还会出现相悖的教育。

1. 凡事多站在家长的角度考虑

因为教育,学生、教师和家长成为特定关系人。双方有着共同的目标（把孩子培养好）,相同的教育对象（孩子）,但是教育的时间、地点、环境不一样,效果和作用也不尽相同。双方很多时候也会有交集,比如学校开展活动,需要家长参与,这时候,学校和教师一定要多站在家长的角度看问题,不要总是用命令的语气,这样有利于构建良好的家校关系。

我替家长参加亲子活动

今天是学校秋季实践活动的日子。

按计划今天学生由家长接送到钵池山公园,而且还要家长全程陪同。说实话我是比较反对家长接送的,而且还要陪同全过程。为什么呢？主要因为我自己女儿在二三年级时候也有过这样境遇,我是苦不堪言。因为这项活动是全校性的,所以作为老师的我要带自己班级学生参加活动。但是作为家长的我还要负责接送小孩,如果再参加活动,只能请假。但请假又是不可能的,我不能放下一个班级的学生,而仅仅为了陪自己家小孩。但是如果不请假,亲子活动就没有了家长的参与,孩子一定会不开心的。

基于自己有过这样的经历,所以我很反对这样的要求。

今天,我早早到达目的地,已经有一些家长带着自己的孩子到了。

活动开始,果然遇到跟我一样境遇的学生家长。班级里的一个学生,他的父母都是我们学校的老师。他们都要肩负着组织一个班级学生活动的任务。他们昨天就打电话给我了,希望我能代替他们和孩子一起参加亲子活动。我自然爽快地答应了。

早早到公园的人自然有我的同事和他儿子。我到了,他如释重负,终于可以去自己班级活动了。几句寒暄,他就匆匆离开了。做老师真不容易。

第一个亲子活动是家长与小孩一起配合将三块垫子依次往前挪。很快轮到我和刘同学了。我们配合得很默契。活动结束了,有学生问我,花老师你怎么陪刘同学一起游戏呢?我说他爸爸带班级学生活动了,没有来,花老师临时代替他。

第二个两人三足的游戏,我们刚训练好。这时,刘同学的爸爸也就是我的同事来了,刘同学一下子比原来开心多了。虽然前面我带着他一起游戏,但还是没有和自己家长一起玩游戏那么开心,不然怎么叫亲子游戏呢?

活动中还有一个小孩,他的姐姐是我十年前的学生。一早上,他爸爸、姐姐都来了。他姐姐我已经认不出来了。我原来以为他爸爸、姐姐都参加,但他爸爸还要上班,于是留下姐姐陪弟弟参加活动。不知道是不是因为她之前是我的学生,还是她一直就内向,总之她一直很拘谨。到了他弟弟要活动,她却跑到前面去拍照了。弟弟在那儿焦急地喊姐姐。看姐姐没理他,他索性跑过去请姐姐。姐姐不情愿地来了,脖子上还挂着相机。感觉她不好意思参加活动。我对她说:"我陪你弟弟活动吧。"她开心地点点头,背着相机到前面去拍照了。我感觉是替她解围了。

亲子活动对学生来说真的是很开心,但是对一些工作繁忙的家长来说就有些为难了。有的家长请不了假,陪不了孩子,孩子会很失落。这就需要我们老师格外用心照顾好这些孩子。

(2018年10月18日　淮安市实验小学)

作为学校,应充分考虑大部分家长工作的特点,在征求大家意见的基础上,确定好活动的时间、地点以及方式。对于一些特殊的家长不能参加活动的,教师要格外关心这些孩子。作为家长,如果情况允许,尽可能参加学校、班级组织的亲子活动,增进彼此的感情。只有双方都同向发力,才能形成最强的合力。再如,因为疫情影响,不能召开线下家长会,学校和教师可以考虑开展线上视频家长会。

在第一次线上家长会上的发言

各位家长:

下午好!很高兴再次与各位家长交流。今天的家长会采用线上交流的方法,这也是我作为教师工作24年来第一次召开线上家长会,与过去面对面的线下交流方式不一样。

不得不承认,新冠疫情给我们的生活带来很多的变化。特别是现在,我们出门如果不戴口罩你会觉得缺了什么,就像出门不带手机一样不方便。

这些变化虽然有些不得已而为之,但是辩证地看,我们也能发现一些变化有弊也有利。就拿这次家长会来说,采用线上的方式,各位家长就避免了过去到学校来回奔波之苦,忍饥挨饿之苦,有的还避免了小孩无人接送的烦恼。想想看,如果不是进行线上家长会,我们用什么时间召开呢?要么是周一至周五学生课后服务结束的时间,那样的话至少18:20才能开始。要么利用周末时间召开,占用大家休息时间。我想这两个时间都没有我们现在这个时间好,孩子的课后服务正常进行,大家手上的事情也不受影响。您只要打开手机加入会议就可以了,一边听一边做一些其他事也未尝不可以。

今天我主要与大家交流语文教学的三个方面内容:一是回顾这学期开学以来我们语文教学的重要举措以及培养的主要习惯;二是现阶段期末复习的计划和效果;三是假期语文学习的安排和建议。

一、开学以来我们语文教学重要的举措以及重点培养的几个语文学习习惯

(一)勤查字典的习惯

我们要求学生每天都要带上《新华字典》,每节语文课也几乎随时用到字典。孩子们在校学习也随时需要字典。可喜的是,现在班级很多小朋友基本上养成勤查字典的习惯。我要求他们先不要对我说哪个字不会写,必须在字典里查到这个字音,然后带着字典问我应该选哪个字。这样做就是希望他们遇到不会写的字,第一想到的是查字典而不是问人。查到这个字的字音,他需要思考究竟选择哪个字,这是个学习的过程。一般学生拿着字典问我字的时候,我会先问:"你觉得选哪个?"如果他选不出来或者选错了,我再告诉他。总之,希望他们学会拜字典这个好老师为师。

如果学生偶尔有一次忘记带字典我能接受,可惜的是,有两三个学生有很长一段时间都没有带字典,一到查字典的时候就看着别人查。

(二)主动预习的习惯

主动预习的习惯对于学生提高学习力以及今后形成持久的学习后劲都是有好处的。特别是到了初中、高中,如果没有预习的习惯和能力,是很难跟上老师的节奏的。所以,每次新上一篇课文或内容时,我都会检查学生的自学情况。我主要看生字词是否自学,课文是否读连贯,课后习题是否思考。除了朗读课文,我是课堂上现场检查之外,我要求学生把上述的自学内容在书上留下痕迹,在课前给我检查。这里特别要提出,班级很多同学提问、质疑的水平很高,每次都能提出很有价值的问题,这是会预习、会学习的表现。

很多学生都能提前自学。但也有部分学生拿别人的旧书代替自己的自学,还有个别同学几乎都要在学校补上自学内容。

(三)读书做笔记的习惯

其实让学生读书做笔记本意是希望他们养成读书的习惯,做到不动笔墨不读书。很多同学的读书笔记很有收藏价值,精彩词句还有读后感都值得保存,随时翻阅都是一种享受,一次再学习的过程。特别是王××、陈××、陈××、韩××、朱××等同学的读书笔记写得非常棒。还有一些同学进步特别大,他们是夏××、常××、范××等,特别是夏××原来每天是不肯写的,近期写得特别好。也有几个同学不爱读书,我就让他们每天抄一首诗代替读书笔记,结果好几个人跟着学,不写读书笔记了,就直接抄一首诗。我看这情形赶紧"加码",不写读书笔记的要每天抄三首古诗,就这样还是没有把个别同学拉到阅读上来。

(四)写日记的习惯

从上个学期开始,我就让学生每周周末写一篇日记。学生从一开始不情愿写,写不出内容,到现在主动写,写得很精彩。这学期我们一共写了16篇日记,每个学生每篇日记我都会快速浏览一遍,很多学生的日记写得越来越精彩。从最好的三颗星到四颗星。现在,每次都有十几个小朋友得四颗星,只有少部分是三颗星以下的。每周我也会抽时间专门进行日记讲评,从我每周主动读日记、讲日记,到如今的学生催我讲日记、读日记。我发现,他们最快乐、最喜欢的就是评讲日记了。这个时候我会请得四颗星的同学起立并给予他们表扬,同时让他们说说自己写的内容,目的是让其他同学知道怎么选材。然后,我再从中挑2～3篇日记读给同学们听。被读到日记的人感到很幸福,听日记的人也是一种享受。

二、现阶段的复习计划和效果

目前,我们已经结束新课,全面进入复习阶段。《语文补充习题》和《习字册》《作文》已经全部完成。现在主要是《练习册》和《学案》。《练习册》也将很快全做完,重点是做《学案》。

基础知识我们也在同步复习,上一周已经进行了第一轮生词、字音听写,成语、古诗、名言默写以及订正,其中王××、史××每次都全对,这是件很不容易的事情,说明这两位同学的基本功非常扎实。相反,有些同学则错的比较多,因此,有部分孩子被要求每天增加听写词语的作业。经过一个星期,这些同学的基础知识进步很大,有的现在听写只错两三个。从上周五开始,我们进行第二轮的听写、默写,这次明显有进步。各位家长可以抽空关注一下孩子的语文本。

因为复习,作业相对会多一些,为了减轻孩子们的负担,原来每天的读书笔记和每周的日记都停了。

三、假期语文学习的安排和建议

首先,要完成《暑假生活指南》上语文作业;其次,希望利用好暑假时间,引导学生广泛阅读。暑假的时间是学生补充课外阅读量的最好机会。读书可以在家,也可以在书店。

(2022年6月11日　淮安市实验小学)

从我上面的发言不难看出,内容完全是围绕学生的成长展开,情真意切。没有高高在上的那种与家长作报告式的交流,而是站在学生和家长的角度,交流自己的做法和看法,很容易与家长形成共识。

2. 凡是教育矛盾,要善于处理

有人的地方就会发生矛盾,甚至产生冲突。一个班级有几十个学生,来自不同的家庭,具有不同的性格特点,难免会出现矛盾和冲突。教师要做一个矛盾的化解师,妥善处理好学生之间甚至家长之间的矛盾。

调解家长间的矛盾

今天是六一儿童节,可是一大早竟然收到班级杨同学家长的短信。打开一看,原来是与这件事有关:杨同学上课玩橡皮泥,被我发现后,我将他的橡皮泥扔到垃圾桶里。总之,这件事应该成为下面事情的导火索。

班级整理垃圾桶的张同学认真负责,一下课就将垃圾桶整理好准备将垃圾扔到垃圾房里。杨同学一见,赶紧追了出去,而且还情绪激动地拽着张同学的衣服,要求张同学将垃圾桶里的彩泥拿给他。张同学只好照做。回去后,张同学告诉爸爸妈妈,家长心疼,一着急竟然就在家长群内数落杨同学。杨同学家长觉得自己孩子的确有错,但是对方家长不应该在群内说这件事,应该私下沟通。于是,双方家长在群内互相指责,并且约好今天早上到校找老师解决。

唉,六一儿童节,两位家长竟然要闹到这样。

我想,小孩子在学校之间的矛盾,家长尽量不要参与,特别是像这样没有对对方产生严重伤害的冲突,家长没有必要因此大动肝火。相反,家长应该充分利用这样的机会,加强对学生的教育和引导。

如果我是张同学的家长,我这样处理。首先安抚一下张同学,不要太难过。然后告诉她,遇到这种情况,首先是配合杨同学,将他的彩泥拿出来。再将这件事告诉老师,而且一定要告诉没收杨同学彩泥的老师,也就是我。这样,老师会找杨同学,而且也不会伤害到自己。

如果我是杨同学的家长,我会这样做。首先,批评杨同学,老师没收的东西未经老师允许不可以随意拿走,更不可以命令同学从垃圾桶里拿。另外,最重要的是上课时间是不可以玩彩泥的,要认真听讲,尊重老师的劳动。让他明白自己的错误后,希望他主动找同学和老师承认错误。

如果我来接待他们,我要和杨同学的家长私下沟通一下,首先要向人家道歉,为自己孩子给张同学带来影响道歉。其次与张同学家长委婉地沟通,希望今后再遇到这样的事情能私下交流,而不是在群内交流,毕竟是孩子之间的矛盾。

今天早上,因为我临时有事,班主任黄老师在传达室(由于疫情,家长不可以进入校园)接待了两位家长,还好,现场双方比较坦诚,没有新的冲突。不过,上午两节课后,黄老师跑到我跟前,将手机给我一看,原来,从学校离开后,双方家长在群内又开始互相指责。杨同学的家长还感觉委屈,又向黄老师诉苦。黄老师不知道怎么回复,于是来咨询我。我想了想说:"请杨妈妈调整好心态,不要因为孩子的事情影响自己的身体(她说自己已经两个晚上没睡好觉),另外,要通过自己的言行做好'严于律己,宽以待人'的榜样。"

还好,黄老师的信息发过后,杨妈妈没有回信息,双方也没有进一步激化矛盾。

(2021年6月1日　淮安市实验小学)

很多时候,发现矛盾也是一件好事情。因为你至少知道学校教育、家庭教育或者家校关系出了什么问题。有了矛盾我们不要回避,要想办法去解决矛盾。在尝试解决矛盾的过程中,我们不仅收获自己的成长,也会增进彼此的相互了解,促进关系方的共同成长。

家长志愿者活动

今天是女儿(上初二)开学的日子,也是我们实小六年级开学的日子。

碰巧轮到女儿班家长值周护导,我是家长志愿者之一。又逢我自己在学校长征桥值周。正左右为难,是向女儿学校请假呢,还是向自己学校请假?一时不知该如何是好。

庆幸的是,两所学校的值周时间一前一后,这样我就可以错开来,兼顾到了。

早上6:40,我到女儿学校的传达室,领取背心、帽子等物品,巧遇初二的年级主任,打个招呼,赶紧上岗。

一路上遇到同事、熟人,一开始我还有点不好意思,后来,逐渐随着角色的代入,慢慢地感觉挺自豪的。看来,这就是作为家长志愿者的乐趣吧。这种感觉不知道用什么语言来形容,有一种为学校做事的自豪感,又有一种执法的愉悦,毕竟有一身的行头。

短短二十分钟不到的时间,大部分家长见到我们都能主动把孩子放下来让他们自己走。极个别家长只要看到我们竖起手中旗帜,就放下孩子让他们自己走。原来狭窄的道路,加上接送孩子的车辆,经常堵得水泄不通。现在有了家长志愿者在两边服务、引导,不允许家长的车辆进出,道路就变得通畅多了。

看来家长志愿者这一角色对于学校来说是很有意义的。既是引导其他家长,也是自我教育。相信参加过家长志愿者的家长今后一定不会违反规定,用车把孩子送到校门口了。人的自律都是由他律开始的,说的就是这个道理吧。当然,家长志愿者应根据学校实际需要,决定是否招募。不是所有的学校都需要,也不是随便邀请几位家长为了应付检查而虚设的,更不是让他们做超出他们职责范围的事。

怎样把家长志愿者这项工作做得更好?我觉得首要的是选人的问题:哪些家长适合做志愿者?有的家长本身工作忙,没有时间参加活动,如果硬性规定他们参加,有可能影响到他们自身的工作,即便克服困难参加了,可能积极性也不会高。因此,建议让家长自主申请,学校审核,最终确定志愿者名单和需要设置的岗位。

人选好了,其次就是要培训。不仅穿戴好行头,还要指导如何做。最后,每个学期结束至少评选一次优秀家长志愿者,并且在家长会上给予表扬。

(2020年4月7日　淮安市实验小学)

相信很多规模较大的或者主城区的老学校都会有这样的问题。每逢上下学期间,校门口的道路上拥挤不堪,到处是接送孩子上下学的家长和车辆。周国平在《让教育回归人性》里描述这样的场景:"街道上站着许多人,一律沉默,面孔和视线朝着同一个方向,仿佛有所期待。我也朝那个方向看去,发现那是一所小学的校门。那么,这些肃立的人们是孩子们的家长了,临近放学的时刻,他们在等待自己的孩子从那个校门口出现,以便亲自领回家。"[1]这就是中国式的父母,在望子成龙的心态下,恨不得把除了学生学习之外的一切全部包办掉。校门前上下学的拥堵不是靠家长志愿者疏导就能彻底解决的,还需要加强家庭教育的引导,提高家长的育人理念。需要家校合力给学生创造独立、自由成长的空间。孩子们自己上下学其实就是其独立、自由的一个空间,这个空间没有教师和家长的监督,只有自己和小伙伴之间的交流,这不是他们成人之后最美妙的回忆吗?

有了和谐的家校关系、良好的家庭教育、平等的师生关系,何愁学生不喜欢你,家长不支持、配合你呢?学生喜欢你,家长信任你、支持你、配合你,你的课堂教学已经成功一大半了。

---

[1] 周国平.让教育回归人性[M].武汉:长江文艺出版社,2017:150.

第三章 "向美课堂"之教学美

我们研究的主体是课堂实践。"向美课堂"构成的美体现在很多方面,为了便于叙述,笔者将它们简单地概括为十个方面:语言美、朗读美、思维美、个性美、情趣美、创造美、情境美、幽默美、生成美、习惯美。这样的分法也许不科学,一是相互之间可能有重叠之处,二是除此之外其他重要的向美因素也许没有提及。但是这十个方面是我们在课堂实践中感悟最深刻、最真切的内容。

一、"向美课堂"教学之语言美

课堂教学的语言主要包括教师的语言、学生的语言,还有最重要的审美客体——教材语言(文本)。文本是中华民族优秀文化的结晶,具有丰富的艺术性,是师生、生生、生本、师本课堂交流的媒介,值得细细体会。

(一)品悟教材语言

《义务教育语文课程标准(2022年版)》提到:"核心素养是学生通过课程学习逐步形成的正确价值观、必备品格和关键能力,是课程育人价值的集中体现。义务教育语文课程培养的核心素养,是学生在积极的语文实践活动中积累、建构并在真实的语言运用情境中表现出来的,是文化自信和语言运用、思维能力、审美创造的综合体现。""文化自信是指学生认同中华文化,对中华文化的生命力有坚定信心。通过语文学习,热爱国家通用语言文字,热爱中华文化,继承和弘扬中华优秀传统文化、革命文化、社会主义先进文化,关注和参与当代文化生活,初步了解和借鉴人类文明优秀成果,具有比较开阔的文化视野和一定的文化底蕴。"

成语、名言、古诗和文言文等是中华文化、中华优秀传统文化的代表。

成语和名言的教学

今天的语文课主要教学"练习三"的成语和名言。

成语是"披星戴月、流星赶月、众星捧月、烘云托月"。名言是:"博学之,审问之,慎思之,明辨之,笃行之。"

这些成语、名言还是比较难的。我估计有些学生课前能读准、读连贯都会很费劲。

课前,我自己尝试理解这些成语、名言的意思。成语的字面意思我大都能了解,但是成语的比喻义就不一定说得准了。像"众星捧月"的比喻义,不看参考书我还真说不上来。另外,"流星赶月""烘云托月"这两个成语,我连字面意思都有些把握不准,所以只好查一查了。

至于这句名言,如果不查任何资料,不看任何参考书,理解起来也是挺困难的。

老师尚且如此，学生应该更加困难。

因此，在上这一节语文课时我特地留出一些时间给孩子们自学。

今天上课伊始，我了解了一下学生自学的情况，发现很多学生自学的效果不是很理想。于是我决定暂缓上课，继续给学生10分钟的时间自学，并且可以同桌研讨。

看得出，孩子们自学得很努力，但是也很费劲。我在教室里不停地了解大家自学的情况。有的小组10分钟连一个成语都没解决，好一点的小组也就解决两三个成语。

我想这时候需要老师指导了，完全让孩子们自学是解决不了问题的。

我让大家停下来，并请解决一些成语的同学来交流一下。我先请他们说说成语的意思，再说说怎么知道成语的意思的。

一位同学说："'流星赶月'就是指像流星追赶月亮一样，形容行动迅速。"

我追问："你是怎么知道的？"

同学答："我是查成语词典知道的。"

好小子，有办法。要想知道成语的意思当然是查成语词典最方便。如果单靠查字典的方法理解成语的意思还是很难的。

我表扬道："很好，这个方法简洁方便。选择合适的学习工具也很重要。"我又问其他同学："还有同学用其他方法理解其他成语意思的吗？"

一位聪明而又好动的小姑娘举手示意，我连忙请她介绍。她说："我从新华字典查到'披'字，里面正好有披星戴月的意思。"

我立马表扬她："查成语里的关键字，有时能帮助我们了解整个成语的意思。"

现在想想，当时应该再指导得细致些。首先要指导学生确定哪个字是关键字。比如"披星戴月"这个成语，如果不查"披"，就要多花很多时间，而且不一定查出来。其实，我们可以根据字典的特点，可以选择查成语的首字。如果首字里面没有该成语，再查成语里不理解的字。如果结合前面同学的回答再举一反三指导一下就更好了。

"烘云托月"对学生来说绝对是个难理解的成语。我问了一下，结果没有一个同学知道这个成语的意思。

名言的意思，我重点以"审问之""笃行之"为突破口。对于"审问"，很多同学选择了审讯的意思，我请他们再结合句子想想：学习会与审讯有关吗？很快学生知道了这儿"审问"的"审"意思应该是"仔细地、翔实地"。"笃行之"的"笃"一查便知道意思，难在对"行"的理解，学生不知道"行"就是实践的意思。

（2018年3月29日　淮安市实验小学新城校区）

因为成语，特别是名言，离我们年代久远，与我们现在的语言相差比较大，所以学生读起来，比较费劲，理解起来也很难。这时候的教学，应尽可能让学生在充分朗读的基础上自己尝试去读懂意思,鼓励学生用自己的方式去读懂它们。即便有些句子读不懂,一知半解,也不必计较,只要能感受到成语、名言的博大精深,读得朗朗上口就很好了。

现在使用的统编教材,比以往的教材更加注重学生对传统文化的学习。除了成语、名言,每一册都增加了古诗的量,从三年级开始增加了文言文的学习。古诗和文言文都是汉语的精华,值得每一个中国人认真学习。

古诗教学中的想象

今天教学古诗三首中的第二首古诗《饮湖上初晴后雨》。

按照教学第一首古诗《望天门山》的教学方法,我仍然注重培养学生的自学能力。

在布置提前自学和课堂上自学古诗的基础上,我开始检查自学情况。

首先,反馈同学们自学古诗的过程中读懂的和读不懂的地方。读不懂的问题基本上集中在"淡妆浓抹总相宜"一句上。

"水光潋滟晴方好,山色空蒙雨亦奇"这两句虽然看上去陌生,但是因为诗后面有注释——"潋滟,波光闪动的样子""空蒙,就是迷茫的样子",所以学生读懂并不难。

接下来,我请学生用过去自学古诗的方法,尝试着说说每行诗的意思。

在相互试说的基础上,感觉还是有难度。

我发现学生在对"奇"的理解上有争议,有的认为是稀奇,有的认为是奇妙,有的认为是稀少……我帮助他们结合诗句理解:雨天的西湖给人的感觉是朦胧的,这样的景色应该是奇妙的,所以理解为奇妙比较合适。

在弄懂每行诗的大概意思时,我突发奇想:让学生想象一下诗句里的画面。

"水光潋滟晴方好",我引导学生抬头看,"看见什么?""太阳。""太阳怎样?""还有什么?""蓝天白云。"在我的追问和启发下,学生将短短的每行诗句中蕴含的画面通过自己的语言表达出来。我想这就是将古诗的意蕴读出来了。读懂、会背只是古诗教学的一部分,相较之下,读出意蕴才是古诗教学的重点。

试想一下,学生边读边想象出古诗中的画面,如同身临其境,与诗人产生共鸣,这是多么美好的意境!这样与诗人平等对话,才能感受到诗歌的温度和精华。

寥寥几个字竟然包罗万象,蕴含丰富的内容,这就是古诗的魅力。

(2020年11月24日　淮安市实验小学)

通过想象等路径,让学生充分感受古诗的精练,体会古诗所描绘的美好意蕴。"在中国所有艺术门类中,诗歌和书法最为源远流长,历史悠久。"[1]古诗具有音韵美、节律美、意境美的特点,值得学生反复品读和吟诵。

---

[1] 李泽厚.美的历程[M].北京:生活·读书·新知三联书店,2009:138.

抓住关键词读懂文言名句

今天上午第二节课要举行唱歌比赛,一早上,学生明显感觉很兴奋。早读课上,已经有很多同学无心读书了。我原本以为上午的两节课都会冲掉上不了。

班主任进教室,我问她需不需要用第一节课训练。他说不需要,只要提前5分钟下课整队进场就好。这样一来,第一节课我还能上35分钟,我很开心。

我知道孩子们的心基本上在唱歌比赛的事上,我决定这节课这样安排:先用15分钟时间,请同桌前后互查近期背诵课文的背诵情况;再检查"语文园地二"的"日积月累"的自学情况。

之所以这样安排,是因为这两样都需要学生投入,特别是学生互查的时候,是不容易分神的。

互查完背诵,发现有几名学生还有课文不会背。于是,我请互查的同学下课再督促他们继续背诵。接下来是重点指导学生如何根据关键词读懂日积月累的句子。

日积月累的句子是从《论语》《孟子》里节选的,对于大部分同学来说不要说理解,就连读顺畅都是件难事。因为上节语文课已经练习过读句子,这节课,我就直奔读懂句子的目标出发。

最难的一句应该是:"己所不欲,勿施于人。"

"这句话你如何理解?"

只有两三人举手。看来这个句子对学生来说理解起来的确很难。

我请举手的一名同学试试看。说得虽然不准确,但是也有些接近。既然学生理解有困难,就是教师需要指导的时候了。

我将这句话在黑板上写了下来。

"'己'是什么意思?""自己。"

"那'欲'呢?"学生都摇头。

"不知道'欲'的意思,我们应该怎么办?""查字典。"

"那我们通过查字典试试看,能不能知道'欲'的意思? 先查到'欲'字,看看都有哪些意思?"

"在这个句子里,'欲'是什么意思呢?"学生基本能猜出是"想要"的意思。

"看来读不懂的字可以用查字典的方法解决,下半句哪些能读懂,哪些读不懂?"

"'勿'就是不要的意思。"

"你是怎么知道的?"

"新亚前面的地下通道有广播:'行人过马路请走地下通道,请勿横穿马路。'"

"联系生活理解词语,是个很好的方法。"

"'施'读不懂。"

"查查看。"

"'施'就是'施舍,给'的意思。"

"这句话连起来说是什么意思?"

"自己不想要的东西就不要给别人。"

"自己不想做的事情就不要让……"生接:"让别人做。"

"不想写作业,还去收别人的作业,好吗?"

"不想劳动,指挥别人去劳动,可以吗?"

齐读这句话。

接下来用同样的方法去教学剩下的两句话。

(2020年9月24日　淮安市实验小学)

文言文和古诗一样,是中华传统文化的瑰宝。读着这些文言文和古诗,我们心中油然而生对中华传统文化的自信。歌德说过:"谁想理解诗人,就应该去诗人的国度。"这些中华文化的精髓把我们中华文明的伟大成就展现在我们面前,每个中国人都骄傲自豪,我是中国人。

当然,教材里呈现更多的是现代文章的典范,这些优秀的文章同样值得学生学习。

朴实无华也是好句子

在备《读不完的大书》这一课时,课后有道习题,让同学们从文中找出描写生动形象的语句,体会这样写的好处。

我猜测,学生认为写得比较生动形象的句子,一是有比喻、拟人等修辞手法的句子,二是有优美词语的句子。

这两类句子,在文中很明显,学生一眼就能看出,而且学生也善于说出其中的妙处。

难道形象生动的句子仅仅就是这两类句子吗?

比如,文中"我最喜爱的,是家屋后的两丛竹子和一株棕榈",这句话看上去平平淡淡,但是仔细品味,很有意蕴。

一是吸引读者眼球,前面所述的都不是作者最喜爱的,那么最喜爱的竹子和棕榈岂不是更有趣吗?二是两丛竹子和一株棕榈,是一幅多么美妙的图景。两丛和一株,竹子和棕榈,简单的数字,加上两个富有意蕴的植物,不用多说,画面感十足。这样的句子同样生动形象。

可见,生动形象的句子不仅仅是华丽的句子,有时给人震撼、画面感十足、激发情感等朴实无华的句子,也是生动的。

(2021年12月9日　淮安市实验小学)

现代诗歌里的语言同样是美妙的。它既有古诗的凝练和意象，又有现代语言独有的节奏感和音韵美。教育家苏霍姆林斯基说过："每一个儿童，都是天生的诗人。"他们有着丰富的想象力和纯真的童心，永远盛开着诗的花朵，在他们眼中，一草一木、一山一水、一桌一椅……都知冷知热，充满了生命的张力。现代诗歌与儿童同频共振，演绎诗的旋律。

蹦跳着的笑声

《溪边》的教学接近尾声，我请学生质疑。

一生说："'草地上蹦跳着鱼儿和笑声'中鱼儿可以蹦跳，但笑声怎么可以说蹦跳呢？"

我在备课时还没有注意这个问题，学生这么一问，我觉得这的确是个问题。如果单独拿出来这句话，可以说这是个病句。这属于典型的搭配不当，蹦跳可以形容鱼儿，但是不可以形容笑声。

于是，我试着将这些问题抛给更多的学生去思考。

"可能笑声有高有低，好像蹦跳一样。"

"小朋友钓着鱼了，心情很开心，一蹦一跳的。"

一是从笑声的起伏来看，笑声形似蹦跳；一是从心情方面来说，小朋友因开心而一蹦一跳的。我对学生们的理解表示认同，但是好像还远远不止于此。

"课文里还有没有这样的词语或句子？"

"人影给溪水染绿了。"明明是溪水染绿了人影，怎么说成人影染绿了溪水？人影怎么会被溪水染绿呢？这里的"染"字妙。

"人影碎了"，人影怎么会碎掉呢？因为鱼儿被钓出水面，水面产生涟漪，使水中人影晃动。这里的"碎"字妙。

学生找出了文中很多类似的句子。

这篇课文是诗一般的语言，诗一样的结构。诗的语言，强调反常搭配。诗歌的语言对反常搭配的"陌生化"处理，更是屡见不鲜。它不同于日常用语的逻辑思维，而更强调从诗的角度，尽可能地使语言有新意（形象艺术思维），从而抓住读者的阅读感受，为品味诗歌搭建好语言的平台。如北岛的《红帆船》："在被黑夜碾碎的沙滩/当浪花从睫毛上退落时/后面的海水却茫茫无边。/可我还是要说/等着吧，姑娘/等着那只运载风的红帆船。"

对于小学三年级学生来说，该如何解释呢？

还是回到诗句本身，这个"染"字突出了水清、树绿、溪静。"碎"字突出平静的水面突然被鱼儿激起的涟漪而晃动的情景，将静止的画面鲜活起来。这些字就是诗眼，起画龙点睛作用。"蹦跳的笑声"更是突出了孩子们的欢快、激动、喜悦之情。

学生从对这些词语的质疑,到体会它们使用的精妙之处,是一个学习提升的过程,对于学生了解诗歌,喜爱诗歌,甚至学习写作诗歌都有好处。

(2022年4月12日　淮安市实验小学)

有的时候,文本中的关键标点也值得带领学生仔细玩味。

"一匹马"的"马"为什么加引号

今天的语文课内容主要是复习第7课《一匹出色的马》和"语文园地二"。

在复习《一匹出色的马》时,我问同学们有没有要问的问题。到底是假期里学习过了微课,孩子们提出的问题质量都很高。比如,"为什么一家人不想回家了?"围绕这个问题,我们展开探索,重点感受美好的春光,以及一家人幸福的生活。并且,我还引导学生在第一、二自然段中边读边悟——在这样美好的景色里散步是件令人陶醉的事情。

还有个学生提出,"折下一支柳条,这就是出色的'马'"里的'马'为什么加引号? 我顺势说:"对呀! 为什么给'马'加上引号呢?"

我本以为学生不知道,没想到还有好几个学生举手。

我请了一个同学回答:"这不是真正的马,而是柳条。"

原来引号特殊含义的用法二年级学生也有知道的。尽管如此,我还是大力表扬提出这个问题的学生,我觉得二年级学生能提出这样的问题是了不起的,说明这个学生是用心读书的,也是会读书的。

小小标点,也蕴藏大学问。

(2020年4月21日　淮安市实验小学)

这就是汉语言的魅力,里面蕴藏着无数的瑰宝等着孩子们去探究和发现,这是一件其乐融融的事情。

(二) 指导学生的语言

课堂上学生的语言,既是文本语言的活化(先内化再表达),也是思维的可视化。学生语言的质量影响着课堂教学的质量。学生与文本接触,首先要学会将文本读薄。读薄的本领就是学生概括的能力。

学会概括

《蜜蜂》是一篇描写科学实验的科普文,作者是著名的昆虫学家法布尔。

我主要围绕课后两个题目展开教学。一个是关于实验的,另一个是关于语言的。其实这两个题目一个是内容方面的,另一个是语言表达方面的。这两个问题也是暗示我们要牢牢记住语文学科文道合一,是思想性与工具性的统一。

如果我们只注重研究实验的过程、方法、结论,那么我们的课堂就变成了科学课。如果我们过于注重语言文字的训练,课堂上就失去了文本中应有的科学知识的趣味性。

首先,我从内容着手,解决讲了什么的问题。课后习题引导我们去探究实验的过程和结论,特别是实验的过程,如何去概括呢?

"捉一些蜜蜂,到 4 公里外,放飞!"

"有没有补充的?"

"捉一些蜜蜂,装进布袋,到 4 公里外,放飞!"

"对,这样就说清楚怎么把蜜蜂带到 4 公里外了,非常重要,不能省略。"

"捉一些蜜蜂,装进布袋,到 4 公里外,做上记号,放飞!"

这儿有不同意见:"应该是捉一些蜜蜂,做上记号,放进布袋。"

"到底是在什么时候做记号的呢?"我引导大家从文中找根据。

"还有没有要补充的?"

"捉一些蜜蜂,做上记号,装进布袋,让自己的女儿在家等着,到 4 公里外,做上记号,放飞!"

我赶紧表扬,做实验一定要考虑周全,如果不提前安排女儿在那儿等候着,后文讲到的先于作者回来的几只蜜蜂就会被漏统计,这样就影响了实验的结果。

"还有补充的吗?"

"法布尔捉一些蜜蜂,做上记号,装进布袋,让自己的女儿在家等着,到 4 公里外,做上记号,放飞!"

"是谁做这个实验的一定要说清楚。"

语文课上指导学生概括课文,一是语言要简洁,二是要素要完整,重要内容不能遗漏。这项能力要在语文课堂实践中不断地提升,在师生互相完善的过程中习得。

(2022 年 3 月 27 日　淮安市实验小学)

长话短说,看上去简单,其实不然。学生首先要对文本有初步的理解、整体的把握,才能开始逐步尝试提炼其中重要的元素,并连起来说出来,这是培养学生口语表达精练的重要途径。

现行的统编教材和过去的苏教版教材都有专门的口语交际训练安排,而且非常注重口语交际训练的体系安排。这是教师培养学生良好的口头表达能力的好机会。

劝说,不简单

今天上午,上了一节口语交际课《劝说》。

教材提供的情境是一名同学顺着楼梯扶手往下滑,还有三个方式的劝说。分别是:

1. 你这样做太危险了,有可能会撞到别人的。

2. 你怎么不遵守学校纪律呢?太不应该了!

3. 小同学,别这么玩!扶手很滑,如果没抓稳的话,你会摔伤的。

让学生选择哪种方式的劝说更容易让人接受。

我以为学生都会选择第三种劝说方式。没想到,课堂上还有学生选择第一和第二种劝说方式。

"为什么你觉得小同学会接受第一种劝说呢?"

"小同学滑扶手,很危险,就应该直接严厉批评。"

"这种劝说方式是最严厉的吗?再读读其他两种劝说方式。"

很快,学生体会到第二种劝说的语气更加严厉。

"第二种劝说更严厉。"

"为什么呢?"

"'你怎么不遵守学校纪律呢?'是反问句,反问句的语气强烈。'太不应该了!'语气也很强烈。"

"如果说严厉的话,应该选择第二种。还有其他意见吗?"

"那位同学更有可能接受第三种劝说。"

"为什么呢?"

"第三种劝说语气委婉,没有过多的责备,而是从小同学的角度告诉他滑扶手会摔伤自己。"

"第一种劝说是站在保护别人的角度。小同学听了劝说不一定会接受。"

"第二种劝说语气太生硬,批评、责备的成分太多。小同学容易产生逆反心理。"

"第三种劝说是站在小同学的角度,而且从保护小同学的角度出发去劝说,让小同学感受到更多的是对他的关心,小同学会更容易接受。"

回过头来看一下,学生为什么会选择第一种和第二种。一开始,我以为是我提问方式和内容不当。后来我再仔细一想,学生的选择不无道理,他们有的是站在被劝说者的角度,有的是从效果分析。这些都是基于他们自己的生活和经验,因为他们犯错误时,教师或者家长都会严厉地批评他们,甚至是惩罚他们。所以,他们觉得严厉的批评效果会更好。

到底哪种劝说会被接受?这还得考虑被劝说者的年龄、性格特点等。生活中我们经常会发现,有的小朋友玩危险游戏,别的小朋友劝说,结果引起小朋友之间的矛盾,甚至是争吵和打架。

因此,劝说,不是一个简单的一蹴而就的能力,需要在实践中反复习得。

(2022年5月5日　淮安市实验小学)

儿童的语言是儿童讲出来的,教师要始终以儿童的立场去审视儿童的语言。儿童的语言要符合儿童的身份,与儿童的年龄特点和认识水平相匹配。

从模拟到生活学口语

今天上午的一节语文课,我教学了第七单元的口语交际《劝告》。

课上我尽力发挥学生学习的主体作用。

板书"劝告",我问学生:"谁来说说'劝告'是什么意思?"

"劝阻别人不要做什么事?"

我没有给予评价,而是交给学生,请学生评价。

"我觉得还可以表示劝别人做什么事?"

学生能理解到这样的程度已经可以了,在此基础上我再提升一下:"劝告就是劝说别人做什么事或者不做什么事,要想劝说成功,需要方法和智慧。"

出示书上的情境:一个学生坐在楼梯扶手上滑下去,应该怎么劝说?

我要求同学们先自由读三位同学的劝告,再小组讨论谁的劝告好,并且说说理由。

指名说,请其他学生在此基础上完善或修改。这样的做法,比再请一位同学重新说要好。修改或完善,首先要求学生必须认真聆听发言同学的讲话,有利于培养倾听的习惯;其次还要与自己的劝说相比较,进行修改或完善。对发言的同学、其他同学都是有益的,让他们知道怎样劝说才能更完善,更有效。

然后我又以书上一个例子作为情景,引导同学们在小组内练说。

最后,我想还是要来到真实的生活中去,正好班级里有位同学上课会开小差,我请他们劝说一下这位同学。

"××同学,上课开小差,会影响听课效果,课后要花更多时间去弥补,得不偿失啊!"

我再加把油:"这样算下来,的确不划算啊!××同学,你觉得呢?"

"这些我也知道啊!可到上课的时候我就是控制不住自己。"

同学们都来帮他想办法:"你首先要收好上课时可能引起你分神的物品,然后尝试努力集中注意力跟着老师,也可以请旁边的同桌提醒你。"

"谢谢你!我现在有信心改掉这个坏习惯了。"

"我们一起努力!××同学,加油!"

从书本到实际生活,这才是学语文的重要意义。学生在劝说时,我还适当指导了说话时的动作、表情等,要比虚拟的情境更有实践指导意义。

(2021年5月24日 淮安市实验小学)

当然除此之外,作为教师要做到在课堂上随时引导学生规范、生动地表达自己的想法,能让别人听得懂,喜欢听。在此基础上,每个师生还要学会做一个有素养的倾听者。

倾听，从课堂开始

——读《静悄悄的革命》有感

寒假，我浏览了《静悄悄的革命》，虽然有一些章节读得不仔细，但是感觉作者描写的内容很接地气。

我想之所以接地气，正如作者在"序"中所言，是因为他每天都走进校园、走进课堂。尽管本书的作者是日本人，在所描绘的教育现象中可能有些与我们不一样的地方，但整体感觉还是与中国教育的现状有很多相似之处。

有时，我觉得书本里描绘的情景，仿佛就在自己身边，好像就是在说中国教育的事情。

也许国情不一样，对教育的理解也会不一样，但是文中对校园、课堂的观察之入微，分析之深刻，作为一线的教育工作者深有同感。难怪此书一直畅销。

书中的观点很多，对我印象最深的还是关于倾听的内容。

以前，我对倾听也关注过，但是我所关注的倾听是单向的，只是教师要求学生倾听教师的讲话。

在我的实际课堂中也同样存在，课堂上我要求孩子们倾听我的讲话，倾听我的理解，倾听我的观点，如果仅此要求也还说得过去。但是，我还会要求孩子们重复我的讲话，认同我的理解，服从我的观点。现在想来，虽然嘴上说、心里想着要尊重学生，其实自己做的却是另一回事。

课堂上的倾听，不仅是学生倾听教师的。还要有教师对学生的倾听。从某种程度上讲，我觉得教师对学生的倾听比学生对教师的倾听更重要。如果没有教师对学生的倾听，我们就不能了解学生当时真实的状态、真实的感受。

不了解这些，我们就无法与学生发生真正的交流。因此，学会倾听是师生有效交流的基础。

倾听还应该包括学生与学生之间的倾听。这一点也很重要。一个班级中不只有学生和教师之间的双向活动，它还有学生之间的互动。学生间的互动离不开学生的倾听。

课堂上，学生需要倾听什么？学生需要倾听同学的理解、感受、观点，并进行思考、比对，最终进行认同、补充或者反对、佐证。

学生间的倾听是课堂的精彩所在。正因为有了倾听，课堂才会产生碰撞的火花。这些火花就是智慧的结晶，情感的流动，理解的升华，认识的提高。

要想学生真正倾听教师的言语，作为教师，自身要练好作为教师必备的素养——课堂语言素养。

教师语言要表达清晰，说话有条理，学生听起来不吃力，这是基础。其次，教师的语言要有感染力,号召力。有时还要幽默、诙谐。这样学生才有兴趣去听。

我想如果我们的课堂上有了真诚的、真心的倾听,一定会有生命的活力、精彩的生成,这样的课堂一定是有效、灵动的课堂。

(2017 年 2 月 16 日 淮安市实验小学新城校区)

倾听的姿态是课堂上一道亮丽的风景线。有了良好的倾听,课堂上才有师生、生生之间高质量的对话。这些对话就是课堂审美场域里最动听的音符。每一个音符都洋溢着生命的气息。

二、"向美课堂"教学之朗读美

现代汉语,具有"音节界限分明,乐音较多,加上声调高低变化和语调的抑扬顿挫,因而具有音乐性强的特点"①。这个特点特别适合有声的朗读。朗读的分类按照不同的维度可以有不同的分法,如果按照朗读的时间和场合,可以分为课前的自读、课堂上的朗读以及课后的朗读;如果按照朗读的方法,可以分为指名读、齐读、交替读、配合读等;如果按照朗读的次数和熟练程度,可以分为初读、熟读、背诵等形式。

(一) 初读

什么是初读?"初读就是教师在课堂上让学生初次接触课文的读。"②笔者认为,这种观念只是对初读的一种狭隘的定义。事实上,初读的外延要远比其描述的宽广:从时间、空间上说,初读不只是课堂上的读,还应包括学生课前的预读课文;从量上来说,也不应该仅限于"初次"(初次即第一次),而是多次的读,具体次数因人因文而异。由此,我们可以说初读是学生与文本接触的开始阶段,是阅读教学的一个重要过程。

认识了初读,我们就应该明确一下初读的目标。许多教师认为,初读的目标主要包括两点:一是正确、流利地朗读课文,即读通课文;二是整体感知课文,对课文有总体感觉,能大致读懂课文。笔者认为,初读还应该"给学生以愉悦、美感化的心态,生动而富有情趣的感受,强烈而明确的阅读期待"③。

1. 重视预读

初读包括预读,作为初读前奏的预读,必须受到教师的重视。预读是学生课前与文本的第一次亲密接触,因其有不可控性,可通过教师在课内的交流与点拨,逐步提高预

---

① https://wenda.so.com/q/1364823332060222.
② 《初探"如何提高学生初读课文的实效"》(徐智霞)https://wenku.so.com/d/fc7b2af17b6f8347f8ca62faa3b39f.
③ 《浅谈如何让初读更加精彩》(刘晓妹)http://www.doc88.com/p-4314414332419.html.

读的质量。如,教学《秦兵马俑》时,可让学生课前搜集秦兵马俑的资料,课堂上让学生进行交流。让学生在搜集、交流资料中,激发其阅读文本的积极性,同时也能为深入地阅读文本打下基础。

2. 巧引初读

学生有了一定的预读基础,怎样激发学生在课堂上,进行愉悦而有效地初读呢?

(1) 创设情境,引导学生初读

如教学《观潮》:

教师播放视频《钱塘江大潮》。

师:同学们,我们刚才看到的场面是——钱塘江大潮。你们看过吗?

……

教师一开始通过让学生观看《钱塘江大潮》视频,使学生在心灵上与作者产生共鸣,继而对文本的阅读产生了强烈的欲望。

(2) 抓住课眼,引导学生初读

课题,是文章的眼睛,往往也是一课教学的课眼。抓住课眼,往往能起到"牵一发而动全身"的效果。如《一只窝囊的大老虎》一文的初读教学预设:

教师板书课题后,师生齐读课题。

"读了课题,你有什么发现或疑问,和我们交流一下。"

"一只窝囊的大老虎是指作者。"

"作者演的是一只老虎,为什么说它窝囊呢?"

"因为这只老虎不会豁虎跳。"

"我想知道,作者扮演的这只老虎在台上到底是什么样的?"

……

让学生抓住课题质疑问难,不但训练了学生的思维,使其对文本内容进行预构,而且能激发学生接触文本、走进文本的积极性,为学生有效地初读提供了强有力的内驱力。

3. 初读的指导

学生有了阅读文本的内驱力,如果教师此时不注意读的策略、读的方式,只追求学生读通、读懂课文,很有可能会使学生已有的阅读探究欲望减退。笔者认为,在初读阶段既要注意读的"范式",也要追求读的"变式"。这样才能使学生在"百读"中不断享受读的情趣,产生读的期待。具体地讲,初读可以自由读、听读、齐读、跳读、猜读、赛读,也可以是合作读和默读。当学生第一次阅读文本时,由于低中年级学生预习的习惯还没有养成,预读的能力还有待提高,应以听读、自由读为宜,而高年级学生有了课前预读的基础,这时可以自由读、默读。在读通课文的基础上,可以让学生进行赛读、合作读。在整体感知,大致读懂课文后,可以跳读、默读。

4. 初读的反馈

为了更好地落实初读的目标,教师还应精心设计,适时、有效地检查学生初读的情况。初读的反馈,既要注重对学生读通、读懂课文的反馈,还要注意通过反馈不断激发学生读书的欲望,提高学生读书的质量。

支玉恒老师的《太阳》一课的教学为我们初读检查提供了一个精彩的示范。

教师让学生充分朗读课文后,做了如下的初读检查:

师:咱们作为一个人哪,不管你是现在学习还是将来去工作,都要有自信心。什么叫自信心呢?就是相信自己,一定能经过努力把工作做好。有这份自信,将来才能成为一个有作为的人。现在我问:谁敢举手表示一下,我是全班读课文最好的?好,你第一个举手,请你读第四段。(学生读文)

师:读得确实不错。你先别坐下,他现在站在奥运会第一名的领奖台上,谁要比他读得好,你就站在台上,他坐下。谁能把他读坐下?(学生争着举手)

师:好,你来读下一段。(学生站起来读第五段)

师:(问读四、五段的两个学生)你们俩谁觉得自己应该坐下来,就自己坐。(众笑)两个都不坐?那我可不客气了,(指刚才读第五段的学生)你该坐下来。哎,你先别坐,你得坐得明白是吧。第一,读错了一个字;第二,翻页的时候不痛快,读到快该翻页了,就该事先准备好。等读到那一句时,马上把下一页翻过来接着读,中间就不至于中断。你没有提前做好翻页的准备,所以你读到这句的时候中断了。接不接受这个意见?(生:接受)好,你先坐下。(指站着的学生,问大家)谁能把他再读坐下?谁有百分之百的把握?(学生们争先恐后地举手)

师:好,你来。我有一个条件,你要读不坐下他,罚款十元。(众笑)行不行?行?那你带钱没有?(众笑)没有?没带钱你为什么说行?(众大笑)那你先读,下课再说,你一定要把他读坐下。(学生开始读第六段)。[①]

……

不难发现,这样的初读反馈,要比我们传统的"课文主要写了什么""课文可分几段""每一段主要写了什么"的刻板模式,更易让学生接受,更能调动学生初读感知的积极性。这样的初读反馈,也为学生准确地把握课文内容和特点架好了梯子,使初读的课堂精彩纷呈。

---

① https://www.diyifanwen.com/jiaoan/jiaoxueshilu/22535007612253503447 6375.htm。

特级教师周一贯曾发出这样的感慨:"当仰望这如横贯天际之彩虹一般美丽的阅读教学理想境界时,也极需我们低头看路:积跬步方能致千里,阅读教学的'底线'在哪里?如果连底线都保不住,夫复何求?"是啊,初读教学是阅读教学的基础,如果初读这一基础我们不研究,阅读教学的"底线"怎么保呢?让我们行动起来,为初读教学营造一个更加绚丽、广阔的舞台。

初读的反馈看起来没有意思,显得沉闷,关键看教师怎样利用好学生初读的资源。学生读得正确连贯可以成为课堂上的精彩之处,有的时候学生读错了,也是课堂上一个精彩片段的生成。

"发颤"不是"发癫"

今天我和同学们学习《爬天都峰》。

首先检查学生课文朗读情况。在检查前,我特地又请学生自由读一遍。

接下来我开始指名读。为了确保每个同学在别人朗读时都能认真听,我照例指名读课文,一是读到哪儿是随机的,没有完全按自然段来换人读;二是接下来是谁接着读,也是随机的,没有提前指认。

杨同学被第一个请到读课文。在读到"再看看笔陡的石级,石级边上的铁链,似乎是从天上挂下来的,真叫人发颤!"时,他把最后一个词"发颤"读成"发癫"。

很明显,杨同学是把"颤"和"癫"混淆了。他刚读完这句话,教室里就哄堂大笑。

我没有直接指出他读错在哪儿,也没有请其他同学告诉他哪儿读错了。因此,此时的杨同学一脸茫然地看着我。

"想想看,哪儿读错了?"

他摇摇头。到这时候,我也只能告诉他哪儿读错了。

"谁来告诉杨同学,你刚才笑什么?"

一生:"不是'发癫'是'发颤'。"

"这儿可不可以用'发癫'?"

一生:"'发癫'是指浑身抽搐,发癫痫。'发颤'是心里发抖。这儿不可能看到天都峰的铁链吓得发癫痫。"

说完,教室里又是一片笑声。杨同学也是恍然大悟地傻笑着。

(2022年11月4日　淮安市实验小学)

(二) 有感情地朗读

汉语是表意文字,每个汉字都有着自己的意义和文化。教材里的文本又是经过层层筛选而来的,应该说每篇都是经典中的经典。文本中的每句话甚至每个词都蕴含着作者丰富的感情,有感情地朗读课文就要把作者想表达的感情有声地朗读出来。

真情实感是最好的有感情朗读课文

今天上午的两节课是一年级语文教研活动展示。

一位老师执教了《比比尾巴》。整个课堂教学节奏明快,非常适合低年级学生的年龄特点。根据一年级学生有意注意时间短的特点,穿插调节的环节,让学生劳逸结合,能始终保持高度集中的注意力。

当然这节课也有不足的地方,那就是如何指导学生有感情地朗读。教学中顾老师在指导学生朗读"谁的尾巴长""猴子的尾巴长"时,要学生读出尾巴长的特点,原来学生读得还挺好,但是老师这么一说学生就把"长"拉长,一下子感觉读得怪怪的了。这就像北大一位给我们培训教师语言的教授说的那样:"教师的指导,让学生不会说话,假声假语,不伦不类。"

这一组对话读出节奏,读出问和答的语气,就可以了。读到"长"字不一定要拉长。如果过度拉长有时候让人感觉不舒服。有感情朗读是读出语言中的感情,读出自己体会到的感情,而不是简单的模仿。

凡事都有度,过分的声情并茂,让人也觉得不舒服。真性流露,真情表达,才是最好的。

(2020 年 12 月 1 日　淮安市实验小学)

有感情朗读课文的过程,实际上就是学生先读进去,再读出来的过程。作者在文本中总会流露出自己对事物的喜爱与憎恶,以及自身的喜怒哀乐的情感变化。这些情感需要学生读懂,才能与作者产生共鸣共振,才能用自己的朗读表达出来。

声音大不代表害怕

今天,我和孩子们继续学习《牛和鹅》。这篇文章充满了童趣,文中很多地方描写了自己见到鹅以及被鹅袭击时的动作、心理、语言等。因而,很适合学生有感情朗读课文。

我先让学生一边默读一边画出体现"我"见到鹅和被鹅袭击时心情的相关语句。接下来,我们集中交流这些词句。在交流的过程中,我相机指导学生有感情地朗读这些词句,读出作者当时害怕的心情。

在交流到"我就又哭又叫,可是叫些什么,当时自己也不知道,大概是这样叫吧:'鹅要吃我了!鹅要咬死我了!'"时,我说:"谁能把作者被鹅袭击时叫的内容读给我们听?"

一生站起来扯着嗓子:"鹅要吃我了!鹅要咬死我了!"

教室里哄堂大笑。我连忙问:"你们笑什么?"

"他的声音太大了!"

"那你来试试看!"

这个学生没有刚才的学生大嗓门,带着哭腔:"鹅要吃我了!鹅要咬死我了!"教室里又是哄堂大笑。

我又问:"这次你们又笑什么?"

"课文里就是又哭又叫,陈同学带着哭腔,读出了作者当时害怕的样子。"

我连忙表示肯定:"说得有道理,我们读课文的时候,一定要读懂作者此时此刻真实的状态,再把这种状态读出来。第一位同学的声音很大,但我们并没有感觉到作者很害怕,反而有滑稽的感觉。第二位同学边哭边叫,让我们听众感受到他的害怕,也与作者当时的情景相吻合。这就是有感情朗读课文。"

在下面的词句交流中,学生们将这些词句读得生动有趣,教室里成了快乐的学园。

(2022年11月22日 淮安市实验小学)

有感情朗读既是学生审美(发现文本的语言美、内容美、情感美)的过程,又是学生再现、创造美的过程。有的时候学生已经不满足再现文本中的情感和语气,还能将自己融入进去,通过自己的想象,补充上一些动作、表情等,让课文读起来更加情趣盎然,也让课堂余音绕梁。

(三) 背诵课文

学习语文是特别要重视积累的,没有长期的积淀、内化,就很难达到较高的语文素养。背诵是常见的语文积累方式。背诵原本应该是学生从内心觉得相关文字很优美或者很有同感,发自内心地喜欢,自主地去记忆。事实上,我们很多语文老师对背诵的落实只是检查而已,很少有背诵的指导。因此,有的学生对背诵缺少主动性,再加上没有方法指导,背诵起来显得很困难。长此以往,有些学生就害怕背诵了。

指导学生背诵课文

今天学习《日月潭》第二课时。因为这个单元要求背诵的课文比较多。前一篇课文《黄山奇石》已经学了几天,也布置背诵了几天,查了几天,但是仍然有两名同学不会背诵。

到底是什么原因导致接近一周的时间还有两名学生不会背诵课文呢?我仔细想想,认为:一是实习老师在教学这篇课文时,课文内容理解得比较多,读得比较少。二是指导背诵得少。只是强调要背诵,给时间背诵,但是没有指导学生如何背诵。学生死记硬背的比较多,对于一些记忆力差的学生可能难度会大。

因此,我打算在教学《日月潭》时做一些调整,减轻学生背诵课文的负担和压力。

课堂上我围绕"哪些地方让你感受到日月潭的美丽"展开教学,请学生找到相关语句,仔细读,并在小组内讨论美在什么地方。这个过程实际上帮助学生理解课文内容,同时，通过品读语言，内化、积累语言，为接下来的课文背诵打好基础。特别是对一些优美的句子的反复朗读，有助于学生入心入脑。

接下来，我单独指导学生背诵。我请学生通过发现作者描写日月潭的顺序去了解文章脉络，从而建立背诵课文的逻辑线索。很快学生就发现文章的写作逻辑：先介绍日月潭的位置，再介绍日月潭的地形特点，再从早上到中午的时间顺序描写日月潭的美丽景色，其中中午时段还分太阳高照时候和雨天的日月潭景色。我将这些表示顺序的关键词语写在黑板上。

我再结合黑板上的板书，引导学生读课文。在此基础上请学生练习背诵课文。

学生练习背诵5分钟左右，我再检查一下背诵效果。我按照黑板上板书，引导学生分自然段背（读）。再给学生时间自由练背。

这样反复几次，30分钟的时间里，大部分同学都能背诵出来了，只有个别学生背诵得不熟练。

我想，要实现背诵的教学目标，教师在课堂上还是要设计一些教学环节指导学生背诵，而不是作为一项课外作业简单布置下去。

(2019年10月30日　淮安市实验小学)

背诵的指导首要的是激发学生背诵的内驱力，也就是让学生知道为什么要背诵这些内容。因此，在教学中要加强引导学生对文本语言的品悟，让学生深刻地感受到这些文字是写法上的典范，是值得我们学习和铭记的。有了这样的驱动，学生就有了背诵的能动性。对学生背诵方法的指导，尽量追求无痕的教学。理想的状态是学生在一遍又一遍忘我的朗读中，自然而然地背诵出来。

(四) 复(讲)述故事

《义务教育语文课程标准(2022年版)》要求小学生："阅读表现人与社会的优秀文学作品，走进广阔的文学艺术世界，学习品味作品语言、欣赏艺术形象，复述印象深刻的故事情节。"在"学业质量"里指出："主动阅读成语故事、寓言故事、神话故事、革命英雄故事等叙事性作品，能向他人讲述主要内容。"复(讲)述故事，也是语文课堂上一个重要的内容。

复述不容易

今天，我继续带领学生学习第20课《肥皂泡》。按计划，今天重点指导学生用自己的话说说吹肥皂泡的过程。

在课前我已多次给时间让学生自学课后习题。我以为有这个基础，学生说话的练习应该不是什么大困难。

我先请同学们找到吹肥皂泡过程的段落。有的说是第三段。这个段落找到很正常，因为学生一读就明白了。

我接着问："还有没有补充的？"

学生又陆续提到第4、5自然段。第4自然段写的是吹出肥皂泡后用扇子扇的过程。第5自然段写的是用扇子扇肥皂泡后的想象。

我没有直接评价这两个自然段找得准不准确，而是让学生自己思考，发表观点。

果然，很多学生意识到，第5自然段写的是想象，不能算是吹肥皂泡的过程。

看来一部分学生读课文还是浮在表面，没有读透。不过经过大家的讨论，大部分学生应该明白了。

接下来，重点指导学生练习用自己的话说说吹肥皂泡的过程。

我先请学生自己练习说说。然后指名试说，被请的学生平时学习成绩还不错。说完后，我请学生评价优缺点。很多学生提到该生是看着书读的，不是自己说的。再请一名学生试说，再评价，虽然这位同学没有照着书说，但是过程说得没有条理。

根据这两名学生试说的情况，我决定让他们在小组内再练说，希望通过组内成员的帮助提高说的水平。

小组练习后，我再请学生说。其他学生评价，发现学生说的时候有些关键词会漏掉，如"慢慢地吹，轻轻地提"。我顺势而问："还有哪些词也很关键，我们在说的时候要用上？"学生找到了一些动词，如"蘸"等。

我继续追问："还有哪些环节很重要，不能漏掉呢？"

学生指出，"肥皂溶化，产生黏液"等等不能漏掉。

我又让学生边说边做动作，希望他们脑子里的画面能活起来。学生再练习。我再指名上台边说边做动作。但是，感觉学生仍然存在说的和做的不配合，还有的竟然将有些环节颠倒了。

花了整整一节课的时间，感觉学生还没有说到位。我想主要原因大概是学生的课文读得还不够，缺少对文本深入理解的过程，所以学生说得很困难。

应该先让学生边读边做动作，说说哪些环节重要。在此基础上再讲述，学生可能要少花些时间，难度也会小一点。

(2021年5月11日　淮安市实验小学)

现在再看上述案例，可以先将做肥皂泡、吹肥皂泡的过程里表示动作的词语找出来，然后引导学生注意这些动作的顺序。在此基础上再练习边做动作边讲述。这样做能减少学生讲述的难度。复述内容重要的是为学生找到助力复述的支架，如，列表格、画示意图等，帮助学生记住故事情节，这样学生练习复述故事就会轻松一些。

放样子

今天交流完《盘古开天地》中盘古是个什么样的人以及故事中神奇的地方后,我让学生来讲讲这个神话故事。

先请学生自己准备。学生怎么准备呢?无非就是反复读这个故事,熟悉了再尝试着讲讲。我看到的是有的同学在读故事,有的在练习讲故事。

接下来,我请一学生上台试讲。我请了王同学上台,请其他同学边听边记,等王同学全部讲完后交流。王同学虽然内容都能讲出来,但是给人的感觉不是在讲故事,而是在背书。开始和结束都没有和大家打招呼,如"大家好,今天我给大家讲一个神话故事。""我的故事讲完了,谢谢您的聆听!"此外,目光一直是看着斜方的窗帘,没有看着台下的同学,更别提与下面的同学交流。还有,讲故事的语速、语调都没有变化,不吸引听众。

王同学讲完故事后,同学们也基本能点评到上述不足。

我开始让同桌两个人互相讲,互相点评。

有了这个基础,我再请同学上台讲。下面也有几个同学举手主动要上台讲。这一次我打算找一个讲故事水平高一点的同学讲,刚才在教室巡视时,我发现陈同学讲得不错。我决定找他试试,争取给其他同学做个榜样。

果然,陈同学没有让我失望,声音响亮,能用自己话语体系讲述故事的内容,讲得流畅。在讲故事的过程中,还不时加上动作。

当然他的讲故事也有提升的空间,比如,讲故事的时候动作有些多,有些动作不太恰当,有时没有讲出抑扬顿挫来。于是,我以"他一使劲翻身坐了起来,只听'咔嚓'一声,'大鸡蛋'裂开了一条缝,一丝微光透了进来"为例,再请同学看看如何能讲得抑扬顿挫。几个同学先后起来试讲,但是效果都不是很满意。没办法,我只好自己试试,给学生放个样子。

接下来学生的讲述比之前都要生动些。

(2022年10月20日 淮安市实验小学)

讲故事不是简单地背故事。讲故事是有听众的,要考虑听众的感受。怎样讲才能吸引听众呢?一是要尊重听众。开头、结尾以及讲述故事的中间能与听众打招呼,有时还可以进行适当的眼神交流。二是要讲得生动吸引人。这一点也是最主要的。如果孩子们讲述的效果不是太理想的情况下,不妨请一些优秀同学进行示范,有时教师的示范效果会更明显。

创意复述

今天的语文课,主要指导学生讲《普罗米修斯》的故事。

一开始让学生结合黑板上的板书讲故事,这样可以降低难度。接下来,指名讲故事。

当然,我是要挑选平时表现比较好的学生讲述。这样既可以保证能把故事讲下去,又能成为课堂上师生共同评讲的资源。

果然,这位学生顺利地将这个神话故事讲出来了。我让其他学生来补充完善。

"在没有火的时候,人们的生活很艰难,可以说得具体一些。"

"比如呢?"

"一到夜晚,人们只能躲在家里不敢出门,因为外面一片漆黑,而且随时有猛兽出入。"

"每天都要吃着索然无味的生肉。"

"冬天到了,大家冻得瑟瑟发抖,只能抱在一起取暖。"

还有的学生觉得宙斯派火神去惩罚普罗米修斯时,可以补充对话。

"宙斯说:'火神,交给你一个任务,将普罗米修斯锁在高加索山上,让他痛苦不堪。'"

我启发学生:火神会有什么反应?

"火神说:'好吧!'""看来这是个听话的神。那从他后面的做法,你能想象他会怎么想呢?"

"火神嘴上虽然爽快地答应了宙斯。但是,他却想:普罗米修斯一心为老百姓,自己却落得个如此下场,真是不值得。"我给予肯定:"想象得很合理。"

"火神会不会有其他反应?"

"火神说:'宙斯,普罗米修斯为了人民过上好日子而盗火,我们一定要惩罚他吗?'"

"这是火神向宙斯提出疑问。想想看,宙斯会怎么回答他?"

"宙斯可能说:'你不用管那么多,叫你去干什么就干什么。'""这真是霸道的宙斯。"

还有的学生说宙斯可能不放心,抽空到高加索山上去看看被罚的普罗米修斯。

"他们会有怎样的对话?"

"宙斯说:'现在你知道自己错了吗?'"

"普罗米修斯说:'我为了让人类过上好日子,受点惩罚算不了什么。'"

"好吧,那你就在这儿好好待着,一直等到你知错为止。"

……

就这样引导学生在讲述书上内容的基础上,展开想象,把故事讲得更加生动,更加饱满,更加吸引人。

把故事讲生动,除了故事本身内容的生动讲述,还要能根据故事内容展开合理想象,将故事中留白处的情节补充出来,这样才能把故事讲得更加传神,更加吸引人。

（五）永不褪色的朗读

在课程改革蓬勃发展的今天，"书读百遍，其义自见"已让越来越多的语文老师形成共识。朗读是学习语文最重要的方法。作为教师，我们无论在什么时候都要坚持这个理念，并在课堂上认真落实。琅琅读书声永远是课堂最动听的声音。

磨刀不误砍柴工

节前，我已经用了一节课的时间给孩子们自由阅读安徒生的童话故事《卖火柴的小女孩》。

今天，我们继续学习这篇课文。

为了更好地读懂课文，必须让学生做到读准、读通课文。我请同学们先自由读一遍课文，心想检查读课文时学生应该会读得好点。学生大约读了10分钟，教室里渐渐安静下来。我开始检查学生读书的情况。

为了了解学生整体的读书水平，我挑选不同层次的学生检查。好的学生读得还不错，中等及偏差的学生，明显读起来很吃力，主要表现为读错字、读漏字、读不顺等现象。

虽然节前有一节课的练读，但是从目前的效果来看，一大部分的学生还没有做到读准、读通课文。鉴于此，我决定放慢教学的节奏，继续让学生练习读课文。

这一次，我请前后两个小朋友相互读，考虑到课文长、花时多，这样能节约时间，而且能互相监督、互相提醒，效率也高。

学生互读完，我继续检查，这一次重点是中等及以下朗读水平的同学，除了个别同学读得磕磕碰碰的，大部分都有进步，基本上能读准读通。

就这样几个来回，两节课的时间没有了。尽管如此，我觉得接下来学生与文本的交流会有基础，有深度。磨刀不误砍柴工，大概说的就是这个意思。

（2020年10月9日　淮安市实验小学）

特级教师于永正特别强调朗读在语文教学中的重要地位。他说："朗读法是教语文的根本之法，也是学语文的根本之法。""我把读正确、读流利当作硬任务。它是'保底工程'，要求人人做到。"我们应该永远向于永正老师学习，学生不把课文读得正确、连贯，绝不往下教学。哪怕花再多的时间，也绝不能应付了事。

略读课文不是省掉读课文

今天上午第一节课，我们组老师听了组内一位教师执教《小虾》。

教师教学设计很讲究。特别是导入环节，从猜谜，到大师绘画作品展示，再总结描写事物抓住特点，前后共用了7分钟时间。接下来的词语认读、多音字等检查，花了9分钟。学习概括每段话意思，用时13分钟。交流描写具体生动的句子，用了11分钟。

虽然每个环节都是精心设计,但是总感觉缺点什么。这篇课文是略读课文。纵观整节课,没有一次学生完整地读课文的机会。学生课文读得到底怎么样?如果连课文朗读都没有过关的话,其他的设计就算是再别致,也会影响到预期效果。

第三节课是我自己来上这节课。

我是这样上的:

首先,我出示课题。检查课文朗读,相机将文中的多音字以及容易读错的字音强调一下。指名读完课文后,根据检查情况,仍需同桌互相读一遍。目的是确保每位学生能准确、连贯地朗读课文。

接下来,直奔本课重点。一是概括第三自然段的意思。二是画出文中描写生动细致的地方。首先,让学生自己默读、思考以上两个问题。接下来,全班进行交流。

概括第三自然段的意思,没有什么难度。孩子们很容易找到这段的中心句,然后概括出这段话的意思。重点放在交流文中描写生动细致的句子。

什么时候你都不要怀疑学生的力量。学生画出的句子都是文中描写生动细致的地方。如,不同年龄段的小虾的外形不一样;小虾搏斗时的情景以及生气时的动作描写等句子。学生都能找出来,而且理由以及是如何写具体的也都能说清楚。这节课后面环节的顺利开展,得益于学生前面对课文充分的朗读。

(2022 年 3 月 28 日　淮安市实验小学)

课堂上学生朗读的次数和时间的安排,取决于学生课堂上朗读的水平。朗读的水平往往和文本的难易程度相关。除了长文,还有外国文学,对于学生来说读起来要比平常的文章难一些。教师要抓住这些文章难点,引导学生快速读好,确保每个学生达标。

难读的外国人名

今天和学生一起学习一篇外国的神话故事《普罗米修斯》。

说句实话,我本人不太喜欢读外国的书籍和文章。最主要的原因是文中的人物名字很难读,也很难记。

因此,这节课一开始,我就直奔故事中几个人物而去。

读完课题后,我请学生从文中找出人物的名字。我根据学生的汇报,将这些名字写到教室的黑板上。他们分别是赫淮斯托斯、宙斯、赫拉克勒斯等。

接下来就是带领学生反复读这几个名字。果然,不出我所料,很多学生和我一样,读了很多遍,依然读不好名字。

没办法,我只好再请学生同桌两个互读。前后花了 10 分钟左右的时间,终于大部分学生把这些名字都能读顺了。

虽然在这儿花的时间较多,但是我觉得是值得的。毕竟这是学生的朗读和阅读的难点。帮助学生解决学习的难点,这是教师的义务和责任。

(2022 年 10 月 25 日　淮安市实验小学)

读好课文既是课堂教学的底线,也是亮点。于永正说:"语文教学的所谓'亮点',首先应该在朗读上。"无论是学生自己读的过程,还是个别学生的展示朗读或反复朗读,抑或是有感情地朗读课文,都是学生学习语文最主要的过程,精彩的也罢,出错的也罢,都是课堂上应然的状态。"读"占鳌头,才能让语文课更有语文味。

三、"向美课堂"教学之思维美

柏拉图说:"思维是灵魂的自我谈话。"思维是人用头脑进行逻辑推导的属性、能力和过程。思维最初是人脑借助于语言对事物的概括和间接的反应过程。思维以感知为基础又超越感知的界限。通常意义上的思维,涉及所有的认知或智力活动。它探索与发现事物的内部本质联系和规律性,是认识过程的高级阶段。[①]

思维的分类有很多种,我们一线教学人员通常喜欢将思维分成低阶思维和高阶思维。课堂教学中学生高阶思维体现的多就是深度学习。"倘若一个学习者的见解与思维方式的架构通过与他者的架构相互切磋、产生纠葛,引起对自身见解与思维方式的质疑,进而激发认知矛盾的质疑,就会产生寻根究底的'主体性'——怎样思考才是正确的,怎样从模棱两可的困惑中摆脱出来。这种'主体性'容易通向'客体所具有的意义与关系性的编织'这一意义上的'深度学习'。"[②]

亚里士多德说:"思维从疑问和惊奇开始。"我在这儿着重讲讲如何通过质疑能力的培养,促进学生课堂高阶思维水平的提高。

当下,小学语文课堂中学生质疑能力的培养并不乐观。笔者在学校通过调查问卷、访谈师生以及观察课堂现场,发现仍有一部分教师在课堂上从不给学生质疑的机会,牢牢地霸占着课堂的主角。还有很多教师在课堂上虽然有质疑的意识,但是因为自身对质疑能力培养的研究不够,导致出现两种极端:一种是没有学生提问,即便有人提问也是简单的质量不高的假问题,教师束手无策,课堂冷场不断;另一种是学生满堂问,问得无重点、无目标,教师不善梳理,不善反馈,表面热闹,实则低效。这严重影响师生课堂教学的质量和幸福的指数。

笔者在教学实践中,坚持学生质疑引领,在梳理问题、探究释疑中,提高学生语文学习的高阶思维能力,并在其中体验深度学习带来的审美愉悦。

---

① https://baike.so.com/doc/5398845－5636291.html.
② 钟启泉.深度学习[M].上海:华东师范大学出版社,2021:36.

(一) 大胆质疑,孕育个性思维的萌动之美

一切伟大的发现都源自问题。牛顿从苹果为什么落下来之问中发现万有引力;特斯拉从如何把电传递到世界各地之惑中发明了交流电……如何让学生保持一颗好奇心,敢问、会问呢?

1. 在自学中质疑,体验发现的快乐

爱问问题是孩子的天性。但是我们发现,随着孩子年龄的增长、年级的升高,学生却不敢也不会提问题了。特别是在语文课上的表现更加突出,要么是教师滔滔不绝,学生昏昏欲睡,要么是教师满堂问,学生被动答。学生没有提问的机会,也没有提问题的能力。教师教得累,学生学得苦。我们不妨改变一下。

(1) 与文本接触中产生认知的冲突

学生与文本的初次接触,无论是语言表达方式还是作者的观点,一定会与学生已有的生活经验、知识储备、认识水平有不同或冲突。这就是学生接触文本产生问题的现实基础和客观事实。教师要做的是小心呵护他们的问题意识,哪怕是幼稚的问题,甚至是假问题。教师应该从问题数量开始,激励学生提出自己的问题,课前比一比谁提的问题多、谁的提问数量进步大,尽可能给予不同层次学生进行表扬和激励,营造一个良好的氛围。

产生问题的过程就是学生已有知识、经验、能力、水平与文本之间的较高质量的冲突。它需要专注、比较、分析,是进行高阶思维学习的基础,也是持续高阶思维学习的原动力。可见,问题的产生,会给学生带来学习的冲动、激情、兴奋,这样的体验是被动思考所不能比拟的。

(2) 于圈圈画画中留下思考的足迹

学生与文本接触的过程中产生问题,很多时候就是一刹那的事情,也就是灵光一现,如果不及时记录下来,可能会稍纵即逝。作为教师,应该指导学生学会将这样的灵光一现捕捉到。"好记性不如烂笔头",抓住这些思维的火花最好的方法就是"不动笔墨不读书"。

圈画法。学生在自读文本时,在有疑处,做好标记。对拿不准的读音、不理解的词语、有疑问的标点、读不懂的句子等,只需要画一道横线或画个圈,标上一个问号就可以。这样简单快捷的圈画,就能记录下学生思维的痕迹,同时,又不会打断学生阅读文本的节奏,也不会影响学生阅读的兴致。

备注法。随着阅读的深入,学生对文本的叙述顺序、结构安排、遣词造句,以及人物情感、观点认同等方面会有自己的感悟,与作者在文本中的呈现产生困惑或冲突,这时

候就可以用笔将自己的困惑记录下来。

学生的自主质疑,对于学生主动学习、深度学习、快乐学习具有重要的意义。在这个过程中,学生不会受到别人意见的影响和左右,只是自我和文本的对话,能充分体现学生自我意识和独立的思维品质。

让学生去发现

今天,我教学《场景歌》。这是一篇识字儿歌。去年在教学这课时,我主要是让学生理解量词,然后读读背背。今年在读教材时,我不仅发现量词的问题,还发现每一节之间的内容有一定的顺序性,即从远到近。

尽管在课前我发现这些特点,但是在课堂上我坚持让学生自己去发现。我在学生熟读课文后,请同学们看看有什么疑问或发现。

在同学们交流了疑问后,我开始让学生说说自己的发现。

首先有个学生提到量词,我当即给予了表扬。我随即问:"谁知道文中的哪些词是量词?"

果然有学生说不上来或说错。在我们看来简单的问题,有时候对学生来说却是很难的。在一个学生的带动下,大家终于知道了量词是什么。原来就是"一艘军舰"中的"艘","一只海鸥"中的"只","一群飞鸟"中的"群",等等。

在此基础上,我请同学们再说说生活中还有哪些地方用到量词,这样学生对抽象的量词有了具体可感的体验。

接下来,我想让孩子们发现我所发现的每节内容之间的远近关系。这对于学生来说比较难。起初,根本没有学生发现。我让孩子们继续读,尝试着找找。我灵机一动,既然这样找不出来,我不如换一种方式。我说:"文中的每节内容,我们可不可以交换一下顺序?"这下,学生豁然开朗。我追问不能交换顺序的理由时,他们自然看出顺序的远近问题。

课堂上既要给学生自我发现、自我探究的机会,也要善于顺势而为,及时调整教学策略,让学生有自我发现、自我探究的可能,品尝到成功的喜悦。

(2019年9月16日　淮安市实验小学)

2. 在互动中质疑,感受思考的魅力

超越自我是每个人的追求。故步自封无法突破,只有开放才能成长。因此,在学生自我提问的过程中,我们要逐步引导他们从数量到质量的聚焦。

(1) 在生生互动中练就一双明亮的眼

在课堂上,笔者会拿出专门的时间了解学生质疑情况。目的是让学生之间了解彼此的学习困惑。在了解的基础上,通过对大家提出的问题和困惑比较,了解自我的学习状态,思考程度以及学习效率,再不断修正、完善、提高自己的问题意识和提问能力。在统编教材二年级上册《妈妈睡了》的教学时,笔者这样回应学生的提问。

在交流中进步

师:同学们在课前自学和刚刚自主阅读课文的时候,都有哪些问题?我们一起来交流一下。

生:"慈祥"是什么意思?

师:这是词语理解方面的问题。(教师板书:词语　慈祥)提个小小的建议,再说问题时,如果能够提醒大家在课文中什么位置就更好了。你再说一遍。

生:第三自然段的"慈祥"是什么意思?

师:这样说,我们其他小朋友就能很快找到问题的位置。

生:课文第四自然段"风儿在树叶间散步,发出沙沙的响声",风怎么会散步呢?

师:这是句子理解。(教师板书:句子　风儿散步?)

生:第四自然段的"深沉"是什么意思?

教师将"深沉"板书到词语一列。

生:第二自然段"弯弯的眉毛也在睡觉",眉毛怎么睡觉?

教师在句子一列板书:眉毛　睡觉?

……

生:妈妈哄我睡午觉,怎么自己睡着了?

师:这是课文内容方面的问题。(教师板书:内容　自己睡着了)

生:第三自然段"妈妈又想好了一个故事,等会儿讲给我听……"最后面的六个小点是什么符号?

师:这是标点符号方面的问题。(教师板书:标点……)

……

(2019年10月29日　淮安市实验小学)

教师在课堂上舍得花时间让学生交流自己的问题,把所有提到的问题在黑板上呈现出来,这是对学生提出问题的肯定。在板书的过程中,通过分类板书,又将所有的问题进行了分类。学生透过板书一目了然,看出哪些问题是其他同学提到而自己没有提到的,哪些问题是自己和其他同学想到一块儿的。自己在读文本时哪些地方还缺少思考。为今后深入阅读文本,高质量提出问题,指明方向,清晰路径。

找不同

第三课《不懂就要问》是一篇略读课文,也是学生使用统编教材时遇到的第一篇这样的课文。

略读课文,其实就是我们以前教材里的自读课文。主要训练学生的自学能力,以学生自学为主。

这篇课文主要了解课文讲了一件什么事,至于里面一些读不懂的词语不必要求都读懂。

因为学生第一次遇到这类课文,因此,我首先请同学们仔细观察一下这篇课文与其他课文有什么不一样的地方。

这个找不同的问题,一下子激发起学生的思维。

有的说:"课题颜色和其他课文不一样。"

有的说:"3字后面有个*。"

有的说:"课后没有习题,后面也没有黑线生字。"

同学们的观察力真的是出乎我的意料。

还有的说:"前面两篇课文讲的都是和学校有关的,这篇课文没有提到学校。"

这个同学虽然说得不是很有道理,或者说是课文没有读懂,但是,他能从内容角度比较课文的不同,这是非常难能可贵的。

课堂上,我虽没有立即把握住这个难得的教育契机,但是我在让学生初步读懂课文后,组织学生探究了这个问题。

这篇课文到底有没有提到学校呢?

学生很快找到私塾。

什么是私塾?就是古代人学习的场所,相当于我们现在的学校。

再引导学生比较私塾与现代学校的不同。

这下子,又引发了孩子们智慧的发现。

有的说:"老师上课的方式不一样,私塾老师只是让学生背书,我们的老师上课很生动。"

"私塾的老师叫先生,我们的老师叫老师。"真细心,连称呼的不同都发现了。

"私塾先生用戒尺,我们的老师用教棒。"

我趁机,引导一下:"戒尺知道是什么吗?是干什么用的?"

"戒尺是私塾先生用来惩罚犯错误或不听话的学生的。"

……

从课文形式的不同,到学习方法的不同,再到比较私塾与现代学校的异同,这节课在找不同中快乐地度过了。

(2021 年 9 月 22 日　淮安市实验小学)

（2）师生互动中拥有一颗敏感的心

课堂上学生能提出有价值的问题、高质量的问题，能一下子激发师生学习的热情，很快凝聚师生探究的精神，让语文课堂呈现生机盎然的活泼状态。学生要具备这样的能力，必须日积月累，系统培养。在《妈妈睡了》的教学中，学生交流问题后，教师是这样处理的。

一切皆可成为问题

师：同学们，刚才大家提出的问题非常好，有的提出读不懂的词语，有的提出读不懂的句子，有的提出不认识的标点，还有的提出有关课文内容的疑问。这些都是我们读课文时应该思考的问题。你们觉得除了这些方面，还会遇到哪些方面的问题？

生：还有课后习题的问题。

师：这是个好方法。课后习题的问题也是我们要重点思考的问题。

生：课文下面的文字——"选作课文时有改动"。

师：什么意思？

生：我想知道哪些地方改动了？

师：你真了不起！不但心细，而且很有好奇心，你一说，我们也非常想知道哪些地方改动了，为什么要改动？

……

（2019年10月29日　淮安市实验小学）

课堂上，这样的师生对话，引导学生去深读文本，引导学生如何深读文本。个别学生除了关注文本本身，还能关注到课后习题的思考题，甚至关注到教材下面的标注。这些一般学生都会忽略的细节，却是非常重要的教学资源。长此以往，学生对文本的敏感度不断增强，产生一个又一个新颖、闪亮的问题，生成课堂上珍贵的资源，引领师生度过美妙的课堂生活，走向更广阔的语文学习天地。

追问出精彩

今天上午，我继续和同学们学习课文《大青树下的小学》。

昨天，让孩子们思考了课后习题：这所学校有哪些特别的地方？

今天组织大家交流。

一生说："这所小学是一所边疆小学。"

我连忙引导："你从哪儿看出这是边疆小学？"

现在想想，这个问题不是很好回答，应该改为"边疆小学和我们学校有什么不同之处？"这样就可以继续引导学生将不同之处往具体细节去说。

好在课堂上我也及时发现了，继续引导学生找不同。

一生:"有很多的动物。"

我追问:"有哪些动物?"

"小鸟。""这在我们学校也能见到。"

"蝴蝶。""我们也能见到。"

"猴子、山狸。""对,这些动物在我们这样的学校是不可能见到的。"

一生:"绒球花、太阳花。"

"绒球花在我们这儿很少见,大家从书上能找到吗?"

"还有凤尾竹。"

"青铜钟。"

"青铜钟是用来打铃的,我们学校是怎么打铃的?""是通过播放音乐告诉我们上课的。"

"从山坡上可以看出周边有山。"

"坪坝是什么意思?"只有几个人举手。

"这说明大家预习课文时不够深入,读不懂的地方自己没发现,更别提自己想办法解决了。表扬举手的几个同学。"

我请优秀的王同学说说看。

"我是问妈妈的,坪坝就是平整的地方。"

"就应该像王同学那样,不懂就问或者查字典,这样学习才有进步。"

"还有什么不同?"

……

"下课了,跳舞、摔跤"和我们的课间活动不一样。

"还写了学校的哪些情景?"

"上课、上学。"

"我们来看看上课、上学是怎样的?"

……

上课的时候我能随着学生的回答,进行追问或因势利导,进入更深层次的探讨。

(2020 年 9 月 4 日　淮安市实验小学)

(二) 巧理质疑,发现综合思维的清新之美

学生在交流问题时,问题都是点状的、零散的,铺天盖地,显得凌乱。虽然教师对这些问题进行了分类,但是还不够,需要教师"不断做出评估和取舍"[1]。质疑教学最关键

---

[1] Piaget,J.The moral judgment of the child.[M].New York:The Free Press.1965.

的是要对这些凌乱的问题进行梳理,师生共同找出一个最主要的问题,或者是贯穿其他问题的核心问题,或者是一个特色鲜明的问题。

1. 挑选"最大的一穗"

根据文本的特点以及教学的重难点,从学生众多的问题中引导学生去发现和抓住最重要、最主要的问题,这是学生质疑能力的重要体现,也是教师着重培养学生综合思维的需要。笔者以统编教材《树之歌》的教学为例。

学生在自学文本时,提出了很多问题。如"木棉是什么?""桦树为什么耐寒?""梧桐树叶为什么像手掌?""银杏为什么是活化石?"这些问题基本上都是关于树木知识的问题,看上去似乎与本课识字教学的重点有些远,但是却是学生好奇和关注的地方。怎样把这些问题引导到与树木有关的识字教学上来,也就是引导到本课教学的重难点上来呢?

笔者以"木棉是什么?"这个问题为抓手,展开教学。

抓住重点问题

师:刚才同学们提了很多问题,某某同学问木棉是什么,有知道的吗?

生:木棉是一种树。

师:对,木棉是树名。这首歌里还提到哪些树名?

生:杨树、榕树、梧桐树、枫树、松树、柏树、木棉、桦树、银杏、水杉、金桂等。

教师根据学生回答依次板书。

师:请同学们仔细看看这些树名,你发现有什么特点?

生:都有"木"字旁。

师:有不同意见吗?

生:"杏"是"木"字头。

师:以"木"为偏旁的字和树有关。你还知道哪些树?

生:柳树(板书 柳)、栏杆(板书 栏杆)。

……

(2019年9月17日　淮安市实验小学)

在学生众多的问题当中,选择一个离教学重点最近的问题为切入口,才能保证语文教学的学科精准性。《树之歌》的教学重点是识字教学,能掌握木字旁的生字,加深对树种的了解。如果教师在课堂上过多地解释"桦树为什么耐寒?""梧桐树叶为什么像手掌?""银杏为什么是活化石"这些问题,有可能把语文课上成了植物科学课。当然在抓住重点同时,对于学生感兴趣的问题,在课堂上也可以适当组织讨论交流,或者延伸到课外拓展,尽可能满足部分学生的兴趣。因此,质疑教学中,区分问题的主次、轻重缓急尤为重要。

2. 厘清"最顺的一线"

"教学和学习的有效性在于其对学科逻辑的掌握。"[①]在学生众多的问题中,我们有时会发现有的问题具有非常重要的价值,它能起到一根线的作用,串联起看似零散的问题,引领学生清清楚楚,明明白白学语文。

统编教材三年级上册《司马光》是一篇文言文,也是学生在小学阶段首次接触的文言文。因而对于教师和学生而言都有着特别的意义。在交流学生自学问题时,很多学生提出,课文难读,有很多词、句读不懂等共性问题。

笔者根据学生的这些问题,引导学生发现为什么会出现难读、读不懂的现象。从而引出这篇课文与我们平常课文有什么不一样的问题。学生很快找出这篇文章有注释,篇幅短,读起来费劲的特点。教师顺势而问:"篇幅短,有注释,应该容易读顺,怎么会难读的呢?"再让学生结合注释,自主练习朗读。再请学生说说难读的句子。

在失败中进步

生:"群儿戏于庭。"

师:谁来读读这句话?

生读:"群儿/戏/于庭。"

师:为什么这么读?

生:根据注释,这句话的意思是"一群孩子在院子里玩耍",所以这样读。

师:按照我们现代的表达方式应该是"一群孩子在院子里玩耍",而句中把"院子"放在了后面,表达方式的变化给我们阅读带来了麻烦。这也是文言文的一个特点。

生:光持石击瓮破之。

师:这句话在课文里算是最长的一句了。谁来试试?

生读:"光/持石/击瓮/破之。"

师:为什么这样读呢?

生:这句话的意思大概是"司马光拿着石头敲击大缸,缸破了"。

师:说得真好!光就是司马光。文言文中的一句话仅用几个字就表达了这么多的意思。所以同学们读的时候感觉困难。

……

(2019年10月28日　淮安市实验小学)

学生初接触文言文,最难的是把句子读顺。教者没有采取教师范读的方式简单直接地处理,而是让学生自己结合注释自己悟读。即便读错了也没有关系,毕竟学生深度

[①] 朱德全,张家琼.论教学逻辑[J].教育研究,2007(11).

参与了,最后反而印象更加深刻。在帮助学生读顺课文的过程中始终抓住"课文与我们平常所学的课文有什么不一样"这一核心问题展开,感受文言文的特点,慢慢学会断句。学生探索断句的过程,犹如攀登山峰,会读只是登上山顶时所见的风景,而爬坡的过程即自己摸索的过程却是另一种美妙的风景。"创设审美化的教学情境,使得学生在情境中接受学科之'美'的熏陶。"[1]这要比跟着教师范读,失去爬坡的艰辛而一步就领略到山上的风光更加美妙。

(三)审辨质疑,体验批判思维的独到之美

随着学生对文本的深度接触,学生对文本的理解和感受会更加深刻。学生伴随着生生、生本、师生的互动,会产生新的更加有思维深度的问题,不同学生也会有不同的解读,这就会在课堂上呈现"百家争鸣",据理力争的学习场面。

1. 做不一样的叶子

歌德说:"一棵树上很难找到两片叶子形状完全一样,一千个人之中也很难找到两个人在思想情感上完全协调。"学生在阅读中的感受也是不一样的,同样的问题应鼓励学生大胆表达自己的独到见解,而不是人云亦云。

在教学统编教材三年级下册古诗三首的第二首古诗《惠崇春江晚景》时,有学生提出一个问题:"春江水暖为什么是鸭先知?"我一开始觉得这是个很简单的问题,只要稍有生活常识的学生都能理解。尽管如此,我还是将这个问题和同学们提到的其他问题一起让学生自己思考。

春江水暖为什么是鸭先知

今天,我们继续学习第二首古诗《惠崇春江晚景》。

有学生在交流不懂的问题时,提到:"春江水暖为什么是鸭先知?"

我将这个问题和同学们提到的其他问题一起让学生自己思考。

在交流反馈时,我问:"春江水暖为什么是鸭先知?"

"因为鸭子喜欢在水里游动,所以,鸭子先知道水温变化。"

这个回答是从生活常识的角度考虑的,也是常人的思维视角。如果顺着这个逻辑,鱼比鸭子在水里的时间还要长,更应该早知道水温的变化。

果然,另一个学生问:"为什么不说春江水暖鱼先知呢?"

一时间,我和同学们都被问住了。因为我们的内心也有这样的疑问。

优秀的董同学站起来说:"因为这是题画诗,我们从插图上看到只有鸭子在河面上,

---

[1] 黄耿东.美育,向着更完整的教育[J].人民教育,2018(20).

所以说是鸭先知。"

董同学的回答让我恍然大悟。为什么不说"春江水暖'鱼'先知"呢？我们可以从诗的类型思考，既然是题画诗，诗句就应该根据画作的内容去题写。而不是根据个人的臆想或推测来写。有了这样的逻辑，再结合教材里的插图去思考就理所当然了。

有时候课堂上遇到再难再刁钻的问题，都不要急，因为一个班级的学生组成了一个强大的"智囊团"。将学生的问题还给学生，不失为好的教学方法。一个班级的学生思考的角度不一样，有时不仅是将思考进行完善，还会给人惊喜，让课堂精彩。

(2021年2月23日　淮安市实验小学)

2. 开展一场理性的辩论

学习《狐假虎威》一课时，学生交流问题的过程中，就有了两种观点，一种是觉得文中的狐狸是聪明的，另一种认为狐狸不是聪明而是狡猾。教师面对分歧，没有急着下结论，而是在学完课文后，再抓住这个问题展开教学。

不妨看看原文

师：聪明和狡猾有什么不一样？

生：聪明是好的，狡猾是不好的。

师：那文中的狐狸到底是聪明的，还是狡猾的呢？请同学们说说你的观点和理由。

生准备。

生：我觉得狐狸是聪明的，在老虎抓住它的时候它能很快想到办法保护自己，而且最后也证明狐狸没有被老虎吃掉。这说明它是聪明的。

生：我觉得不能说狐狸是聪明的，它被老虎抓住，想办法逃生是可以的，但是不应该去吓唬其他动物。

生：我也觉得狐狸是聪明的，它如果不去利用老虎吓唬其他动物，就不能骗到老虎，就会被吃掉。

……

师：大家说得似乎都有道理。有时候我们读课文还要了解课文的背景。狐假虎威这个故事有这样的来源：楚宣王问群臣，说："我听说北方诸侯都害怕楚令尹昭奚恤，果真是这样吗？"群臣无人回答。江乙讲了狐假虎威的故事，借此告诉大王，北方诸侯之所以害怕昭奚恤，其实是害怕大王的军队，这就像群兽害怕老虎一样。

师：现在你觉得狐狸是聪明的，还是狡猾的呢？

……

(2018年12月11日　淮安市实验小学)

学生争论不休、莫衷一是的时候，教师不妨先做观众，再来当裁判。我们在狐假虎威的故事中如果把狐狸说成是聪明的话,很明显是曲解了成语的原意。怎样帮助学生理解狐狸的角色以及成语的寓意?先让学生根据现有课文据理力争,教师在适当的时候将故事的来源讲给学生听。学生经过唇枪舌剑之后,回归冷静,重新梳理,对故事角色和寓意的领悟就会更加深刻。

古人云:"学起于思,思源于疑。"学生在文本的交流中发现问题,发现有价值的问题,这是思考的结晶、智慧的流露,是深度学习的过程,也是审美愉悦的体验。教学中引导学生敢提问、会提问、善提问,是以学生为中心、以学为本的理念在课堂落地生根的体现,它指向学生的高阶思维、核心素养,必将为学生当下和将来语文学习带来快乐美好的审美体验。

四、"向美课堂"教学之差异美

班级里的每一个学生对于其他学生来说都是"异质的他者"。正因为大家拥有不同的家庭背景、不同的性格特点、不同的认知结构、不同的知识经验,所以形成了班级中万紫千红的你我他。面对几十个个性鲜明、各不相同的学生进行教学,这对于教师来说,既是挑战,又是机遇。教师只有拥有足够的智慧才能让每个学生都得到发展,班级学生之间存在差异的资源是课堂生机盎然、蓬勃发展的不竭源泉。以下为笔者记录的部分教学日记。

慎重对待学生的每一个问题

我开始让学生结合注释自学第一首古诗《暮江吟》,圈画出问题,或写下问题。

反馈环节,自我感觉很满意。

"'可怜九月初三夜'这一句我读不懂。"

我心里一惊,"可怜"就是"可爱"的意思,旁边注释就有。"九月初三夜"基本上是大白话了,一读就懂。我去引导:"结合注释,这句话的意思我们大概能读懂,你的问题到底是什么?"

"为什么说九月初三的晚上可爱?"

我连忙表扬:"这个问题就比开始的问题好多了。"

"'真珠'的'真'应该是'珍',为什么写成'真'?"

"'露似真珠月似弓'里为什么把露水比作珍珠,把月亮比作弓?"

"'一道残阳铺水中'中为什么用'铺',不用'照'?"

我觉得,学生的四个问题都挺好,于是,我请学生自己先尝试解决这些问题。学生自学后,我请同桌两个人交流一下,最后全班交流。

我首先从简单问题开始。

"'真珠'的'真'应该是'珍',为什么写成'真'?"

很多学生举手。

"'真'是通假字。"

"你还见过哪些这样的字?"

"'骚人阁笔费评章'中的'阁'。"

"'风吹草低见牛羊'的'见'。"

接下来,问:"'一道残阳铺水中'中为什么用'铺',不用'照'?"

"'铺'比'照'更加显得水面宽。"

"水面很平静,所以用'铺'。"

"'铺'还有拟人的色彩。"

这样一来,经过孩子们的补充,发现一个"铺"字竟然有这么多的妙处。

接下来问:"'露似真珠月似弓'里为什么把露水比作珍珠,把月亮比作弓?"

"既然是打比方,就要找相似点,露水和珍珠的相似点在哪儿呢?"

"形状、体积、色泽等。"

"月亮和弓呢?月亮和弓的形状像吗?"说着,我在黑板上画了一个'弓'的形状。

"初三的夜晚月亮应该是月牙,与'弓'的形状相似。"

下面是最关键也是最重要的问题:"九月初三"的夜晚可爱在哪里?

"诗人觉得夜晚的景色'露似真珠月似弓'可爱。""有道理,因为景色美丽而觉得可爱。"

"诗人就喜欢秋天的夜晚。""也有可能。"

我引导:"秋天一般给人伤感,诗人却觉得可爱。是什么原因呢?"

教室里一片沉寂。我猜想学生应该没有了解到诗人写这首诗时的背景。我也不卖关子了:"因为诗人当时厌倦了朝廷的政治斗争,想远离朝廷,现在朝廷同意他外出,想想看诗人此时的心情是多么的开心啊!人在高兴的时候,看什么都是美好的。所以即便是秋天的夜晚,有寒冷的霜露,有残缺的月亮,依然不影响作者的心情。"

学生的感悟太到位,远超过我的思考水平。

(2022年9月29日　淮安市实验小学)

不仅如此,我在课堂上面对学生的回答时,首先要学会倾听,其次要看看他为什么这样回答。因为每个学生的回答都是基于自己的思考,他们有自己的角度,有自己的逻辑,有自己的推理,只要他们能说得通,说得有根据,我们都可以给他们点赞。

尊重孩子的思考

今天上午的语文课继续教学《雪孩子》。课堂上我带领同学们探究雪孩子是个怎样的人的问题。

有个孩子首先提出,雪孩子是个乐于助人的人。我追问:"从哪儿看出他是个乐于助人的人呢?"

我引导孩子们从课文中去找关键的词句。很多孩子都能从文中找到相应的语句,并说出自己的理解。

这时班级里已经没有人举手了,问全班同学:"还有补充的吗?"

只见教室里一个同学把手举得高高的,连人都站起来了,而且还不停地哼哼,急着要发言。我一看是淘气的张同学,想请他发言,说不定有什么新的发现。

他读了第10自然段的内容,"这时候,树林里的小猴子、小山羊都赶来救火了。不一会儿,大家就把火扑灭了。"

我感觉他是信口开河。这和雪孩子乐于助人的品质有什么关系呢?

我压住内心的不快,问:"从这句话中,你是怎么看出雪孩子乐于助人的呢?"他不作声,我想他又是没有认真动脑子。

其他同学正准备看他的笑话。

我突然灵光一现:小白兔家的火被扑灭和雪孩子有关系吗?我连忙抛出这个问题让更多的学生思考。

果然有的学生再读课文,从前面雪孩子"边跑边喊",看出雪孩子的呼救让树林里的更多动物知道小白兔家起火了,从而使更多的动物加入救火的行列。有的从文章后面雪孩子化成了水,发现雪孩子化成的水对灭火也有作用。

这样一来,第10自然段的语言不也能看出雪孩子的乐于助人吗?

我庆幸自己没有像平常那样急着批评他一顿。

(2019年12月4日　淮安市实验小学)

根据文本内容在旁边写上自己的猜测和推想,这是统编教材三年级上册其中一个单元的语文要素。这是一个很好地将学生个人阅读思考可视化的过程,它完全不受别人的影响,体现鲜明的阅读个性化色彩。

猜测,不一定要准确

今天上午上了《总也倒不了的老屋》。这篇课文旨在引导学生读书时,要边读边思考。读到相应的文字后可以展开一定的猜测和推想。

这其实也是一种写批注的方式。批注的内容可以是自己的猜测和推想,可以是自己的疑问或困惑,也可以是自己读懂的体会和感受。

显然，这篇课文以及这个单元就是训练一种批注的能力。我想也许这就是引导学生读书做批注吧。

既然是批注，就要知道这些批注是根据哪些句子来写的。这个问题对于大部分学生来说并不是什么难事。

接下来，我说，既然是猜测与推想，是在读课文的过程中产生的，有可能与文章的结果相同，也有可能不同。我让学生去找找哪些猜想与课文的描述不一样，目的就是让他们明白，猜想就是根据当前的内容产生的，有错误、偏差才是阅读的魅力所在，如果都是猜想到的，这样的文章也就没有什么吸引人的了。

当然，猜测和推想也可以在读完课文后产生，如针对这篇文章的结尾，可以猜想：老屋又会遇到谁，他们之间会发生什么事，老屋最后有没有倒下去。

阅读时有了这些猜想，学生会更加深刻地体验到阅读的奇妙。

(2021年11月2日　淮安市实验小学)

课堂上我们经常会听到学生说出一些令我们觉得奇葩的观点和见解，出现这种状况，千万不要急于否定，请给学生一个陈述主张的机会，也许他们会给出一个令人满意的理由。

这个理由有点怕人

在教学《美丽的小兴安岭》一课时，我问同学们："你们喜欢哪个季节到小兴安岭？说说自己的理由。"

"我喜欢冬季的小兴安岭，下雪的时候可以堆雪人、打雪仗。"

"还有喜欢冬季到小兴安岭的吗？"

一位女生被我请到，她说："冬天到小兴安岭我可以看到黑熊。"

我听到她的回答一惊，还有这样的理由，忍不住说："你要是在小兴安岭看到黑熊，那还得了。"

同学们经我这么一说也都笑了起来。

女生不好意思地低下头。

我和同学们笑，是站在我们的角度的，但是这位女生是怎么想的呢？

课下，我走到女生前，悄悄地问："你喜欢黑熊，是吗？"

她不好意思地说："是的，周末，我和家长到动物园，看到里面的黑熊憨态可掬，觉得很可爱。我想小兴安岭环境那么好，冬季一定会有黑熊。"

听了她的解释，我觉得我在课上的看似幽默的一句，是对她的一种误会，甚至还带一点嘲笑，想到这儿我赶紧对她道歉："不好意思啊，刚才课上我没明白你的意思，希望你不要介意。"

她开心地点点头。

小女孩的理由乍一听,感觉挺吓人,似乎离教材很远。我们仔细分析一下,却不然。小女孩选择喜欢冬季的小兴安岭,本身就是基于教材。因为和家长周末到动物园而喜欢上黑熊,联想到冬季小兴安岭会有黑熊,是联系生活的理解方式。这样的理由没有什么不妥之处。

课堂上,遇到学生表达不一样的观点,要多问几个为什么,了解前后缘由,再因势利导引导孩子认识世界。

(2021年11月29日　淮安市实验小学)

要珍视学生差异的存在,允许阅读差异的存在,但也不能对学生的阅读体悟放之任之。当学生的表达出现误差时,教师可以适时地给予引导,使其表达更加准确,更加真实地反映自己思维的过程。尤其是对影响学生价值观形成的错误观点,要巧妙地引导到正确的认识上来。

为什么说"第一回觉得,门前的水泥道真美啊"?

节前,在第一课时就学习了《铺满金色巴掌的水泥道》。

7天小长假后,今天我们继续学习这篇课文。

我围绕"这条水泥道给作者留下了什么印象或者你对这条水泥道有什么感受"这个问题,组织学生讨论。

很快,学生们找到关键词"美"。

我继续追问:"从哪儿感受到水泥道的美丽?"

有的说从第5自然段,有的说从第2自然段,还有的说从第6自然段。

突然有个学生从最后一段话里找到这样的语句:"当我背着书包去上学时,第一回觉得,门前的水泥道真美啊!"

我的脑海里突然产生一个问题:"这条水泥道应该是作者走过多少次了,为什么说'第一回觉得,门前的水泥道真美啊'?"

我没有立即把问题抛给学生,我想看看学生会不会产生和我一样的问题。

我问:"从这句话也能看出水泥道的美丽,再读读这句话,你有什么感受或者疑问呢?"

可惜,等了一会儿,没有一个学生举手。我只好自己将这个问题交给学生思考。

孩子们对这个问题感到很不解。不过,过了一会儿,就有个别同学举手。

我示意一个同学试试看。没想到,这个同学说得还真不错,他说:"因为年龄的增长,这个小朋友现在发现过去没有发现的东西。"

我觉得三年级的小朋友能有这样的认识水平已经很好了。我没有在这儿停留过多的时间,继续回到原来交流的主要问题"从哪儿感受到水泥道的美丽?"我想等这个主要问题解决了再来讨论这个问题。

再来讨论这个问题,对学生来说依然很难,几个同学的回答似乎都不太合理。

这时,我只好告诉学生:同样的水泥道,过去没发现它的美,是因为作者没有用心去观察。同样的水泥道,别人没看出美,作者看出美,因为作者用心观察了。所以,用心观察,就能看到别人看不到的东西,发现别人发现不了的东西。

虽然牵强,也总算告诉学生这样一个道理。这个道理正好与课后的小练笔相吻合。

(2021年10月8日　淮安市实验小学)

课堂上的差异不仅体现在阅读教学上,在习作教学上也一样。在习作教学上,我们一线教师最喜欢以字数的多少评价学生的习作水平。有时候也会以学生一贯的习作水平界定学生当下的习作。事实是,每个学生都有自己擅长写作的内容,每个人都有可能写出精彩的文章来。

谁都能写好日记

上周末,布置学生第一次写日记。

今天上午,我阅读了学生的日记,感觉比预想的好。

我将日记按照特别好、比较好、一般分成三类,便于我到班级的评讲。

晚辅导我去班级评讲日记,首先肯定同学们这次日记总体写得不错,然后表扬了写得特别好的同学,请他们起来并进行表扬。

在我表扬到陈同学、张同学时,下面的同学都感到很惊讶。我也一惊。上午批改日记时,我压根没有去看日记本上的姓名,只是将优秀的日记本放到一起。刚才一读名单时,才发现优秀日记里面有陈同学、张同学两人。

这两人平时语文学习表现不是很好,所以我和大家都觉得意外,我们有这种感觉也在情理之中。

为了打消大家的疑惑,我决定先读这两个人的日记。

陈同学的日记被投影出来,有的同学忍不住惊呼"这么短啊"。的确,他的日记字数显得有些少,只有两段话。

看到大家满脸疑惑,我对大家说:"日记的好坏不能只看字数的多少。我们看看他的日记到底写得怎样。"

我将他的日记读完:"谁来说说他的日记写得怎样?"

"日记都是围绕自己掉牙这件事来写的。"

"写日记就要有重点。"

"'心里好舒服啊',写出了自己的感受。"

"对,这篇日记最值得肯定的就是写出了真情实感。"

"这篇日记很好,但哪些地方可以写得更好呢?"

"再写写舔牙后的感受。"

"怎么说?"

"我用舌头舔舔牙齿,牙齿跟着舌头摇来晃去,感觉牙快掉了。"

接下来,我带着同学们又一起读了张同学的日记,他写的是吃棒冰的过程。从看棒冰融化到用嘴巴等棒冰水喝,再到吃棒冰的全过程,写得具体、生动,活灵活现地再现了一个喜欢吃棒冰又舍不得吃棒冰的小男孩形象。

(2021年9月7日　淮安市实验小学)

教师在课堂上只有照顾到每一个学生,才能促进全体学生的发展。素质教育绝不是精英教育。班级里的几十个学生就像几十种树木,每种树木都有自己的生长特点,有的长得快,有的长得慢,有的喜欢多水,有的喜欢干旱……辛勤的园丁只有精心照料好每棵树,才能长成茂密的树林。

五、"向美课堂"教学之情趣美

笔者一直认为幸福的课堂应该是学生在不知不觉中,下课铃声悄然响起。课后仍意犹未尽,念念不忘。理想的课堂,是师生心驰神往的场所。语言文字是表情达意的,是有温度的。教师应该通过自己的激情、智慧,引领学生在语言文字的徜徉中,得到心灵的滋润,感受生命的伟力,体验成长的乐趣。在一节节趣味盎然的语文课堂中,让孩子们越来越喜爱语文。

然而现实的课堂却是这样的。

有些冷清的课堂

今天教研活动,我们听了六年级一节阅读分享课。

阅读分享的书是《哈利·波特》。

教师在课堂上主要是组织学生交流读完书后自己感兴趣的地方。然后根据学生的回答将吸引学生的地方列举出来。再选择学生感兴趣的地方深入交流,或用视频更加具体化,或品味语言反复揣摩,或仿写提升,但是总的感觉是课堂气氛沉闷。

按理说,如果不是在课堂上,学生私下交流自己看过的书之类的情景应该是这样的:孩子们讲得面红耳赤,手舞足蹈,神采飞扬。总之,是一副热热闹闹的景象。但是,在这节课上确实显得非常的安静,这与我们的期待不一样,也与这本书想象奇特的特点不大吻合。

到底是什么原因导致这样的差异呢？

一定是我们的课堂的束缚太多了，孩子自由的表达受到影响，所以才会出现这样冷的场面。

课堂上都有哪些束缚呢？

上课环境等姑且不谈，教师的课堂教学设计牵着学生走的痕迹比较重。可以采取一些措施进行改变，比如，学生感兴趣的内容列举出来后，可以尝试根据这些内容重新分成小组，志同道合的小伙伴在一起交流，这样氛围会更加融洽，交流更加顺畅，更加深入。再请小组汇报为什么会感兴趣，相信学生会讲得生动有趣。这样的分享质量也会更高。

在小组汇报交流的基础上，总结出小组汇报的方式有哪些，怎样的汇报分享会更吸引人，各小组再讨论汇报的形式以及汇报的内容。

或者之前做好这些准备，这一节课上直接进行小组汇报分享。相信如果教师给学生足够的时间准备，一定会讲得热火朝天，聊得酣畅淋漓。

（2021年10月12日　淮安市实验小学）

于永正老师说："在教学上，我追求的是'有意思'，而不是'有意义'。"语文教学不管什么法，不管基于什么理念，首先要把课上得有趣，让学生喜欢听、想听。一节好的语文课应该是让所有学生都乐此不疲地参与其中。有的时候，我们听到的语文课，连后面的听课老师都听不下去，忍不住走神，试想一下，身在课堂里的学生需要多大的忍耐力才能经受这样的折磨。如果我们的学生每天都在这样的课堂学习，怎么能喜欢语文呢？

没意思的口语交际课

今天下午第二节课听了一节一年级的口语交际课，主题是介绍自己。

课堂上，教师教的思路清晰，紧紧围绕"叫什么名字？今年几岁了？谁起的名字？为什么起这个名字？"四个问题展开教学。但从课堂效果看，学生除了对开头《找朋友》以及后来的《刘星辰同学的自我介绍》《朋友越多越快乐》等视频兴趣较高外，其他时间注意力不集中，随意讲话的现象比较多。

课后，大家进行研讨。

我觉得口语交际重要的使命就是交际。既然是交际，必须考虑到交际的对象。在班级，向熟悉的同学介绍自己与向老师介绍自己是不一样的，与陌生人介绍自己也不一样。在家里，向初次认识的叔叔阿姨介绍自己，与向在游乐场新认识的朋友介绍自己也不一样。

因此教师在教这一课时，需要对教材的内容进行取舍。首先，学会向熟悉的同学介绍自己，介绍时，也不一定非要按上面的四个问题一一介绍不可，可以删减，也可以增加个性化的内容,这样介绍起来学生应该会更感兴趣。

接下来,再创设情境向校园里陌生的师生介绍自己。课堂上,出示的教师与跳绳的小朋友交流的例子就非常好。可以在教室里,师生现场模拟交际。

最后,可以将空间延伸到课外。创设一个在儿童乐园结识新朋友的情境,指导学生在这样的情境下如何介绍自己。

因为交际是一个动态过程,是人与人交流的过程。这个过程一方面要学会倾听,另一方面要学会分析,积极应答。如何把话说好,说到位,要因时因地因人因环境变化而变化。

课堂上学生注意力不集中,到底是什么原因呢?

一年级学生的年龄特点决定了他们有意注意的时间短,作为教师,在设计教学时,应该设计适合学生年龄特点的教学方法,隔10分钟左右要有能引起一年级小朋友注意力的内容。有时甚至可以考虑增加游戏的环节,让学生调节一下。

(2015年12月8日 清河实小)

孔子云:"知之者不如好之者,好之者不如乐之者。"多年前就有这样的一句话:"小语姓小,语文姓语。"这句话太有道理了。我们的课堂面对的是小学生,要想让学生喜欢我们的语文课,首先要了解小学生的年龄特点和认知规律。著名学者张俊平认为,语文课的时间可以这样划分:12+2+12+2+12。意思是,先花12分钟学习、2分钟调节,再花12分钟学习、2分钟调节、12分钟学习。这样的时间安排是充分顺应小学生的心理特点的。小学生的有意注意时间最长就是5—12分钟,这时候如果调节一下,有利于学生继续后面的学习,如果没有调节而继续学习,学生就会产生疲累,学习的效果会大打折扣。

充满笑声的课堂

今天下午的语文课和学生一起学习"语文园地五"里描写各种各样笑的词语。

教材罗列了表示各种各样笑的词语,要求学生读一读并选择一两个词语演一演。

我先让学生自己读,再找学生读,目的是让学生读准这些词语,并且在反复读词语的过程中想象出这些笑的样子。

在反复读了多遍的词语后,我开始让学生表演。我原来想让学生自己选择词语演一演,但我担心有些冷僻的词语学生都不选,重复那些熟悉的有关笑的词语。于是,我决定按照书上的顺序,依次请同学来演一下。

第一个词"微笑",只见周同学高高举起手,我请他试试,结果他仰着头咯咯地笑,俨然就是一副傻笑的样子。其他同学,特别是几个活跃分子立马骚动起来,在下面表演着各种各样的笑来。我又请了一位女生,她微笑着站起来。我说:"这才叫微笑嘛!微笑会发出笑声吗?面带微笑,会给人温馨、热情的感受。"

"破涕为笑"这个词,对于二年级学生来说比较少见,有些同学不是很理解意思。我先请了一位同学,结果他果然不知道这个词语是什么意思,表演不出来。只见另一边的"开心果"吴同学把手举得老高。说句实话,我很不喜欢这样的举手方式。但是我环顾教室,也只有他举着手。我索性让他试试吧。他先装着呜呜哭的样子,不一会儿又突然笑起来,将破涕为笑完美地演绎出来。课堂的气氛也一下子变得更加活跃起来。

(2020 年 5 月 14 日　淮安市实验小学)

语文课的情趣不仅体现在教师的激情上,更体现在教师的智慧上;不仅体现在学生获得的趣味知识上,更体现在学生自主探究的过程中。课堂上给学生自主探究的机会,同样会带来兴致盎然的课堂。

热闹的课堂

今天学习了《宇宙的另一边》,因为是一篇想象的课文,总感觉课堂上师生都没有激情。于是,我改变教学策略,请学生提出自学时以及现在仍然没有读懂的问题。

一生说:"'尴尬'是什么意思?"

"有谁知道?"

"'尴尬'就是惊讶的意思?"

"是这样吗?大家把这个意思带到句子里看看合不合适?"很明显,这个学生是自己猜测的,没有查字典,也没有联系上下文。

"神情不自然。"

"你是怎么知道的?"我追问学生的学法。

"查字典。"

我没有停留在此:"联系上下文看看,'我'为什么会尴尬?"

"上课走神,被老师发现,觉得不好意思。"

我继续提问:"同学们在生活中有尴尬的时候吗?"

"组长收作业,自己忘带作业本,很尴尬。""上课的时候,偷看课外书,被老师发现,很尴尬。"

继续请学生提问。

"为什么……在空中飞呀飞,飞得越高,习作的分数就越高?"

我立马表扬该生的问题提得好。

这是因为想象越来越投入,所以写出来的作文会越好。

"为什么一开始是写在宇宙的另一边,雪是在夏天下的吗?后面是写'在宇宙的另一边,加法是这样的'……为什么前面用疑问句,后面用陈述句?"

这个问题同样是个精彩的问题,我引导学生探究这个问题。

因为刚开始想象还不投入,有点猜测的味道,所以用问号。后来渐渐地更加投入,仿佛自己已经置身到宇宙的另一边。

感谢学生提出这样精彩的问题,让课堂一下子热闹起来。

(2021 年 4 月 22 日　淮安市实验小学)

"情感对学习而言十分重要。学习是基于情感、动机、认知的动力性交互作用的影响而产生。"[1]学生越喜欢语文,他学习语文的动机就越强,强烈的动机促进学习的高效,高效的学习使学生更加喜欢上语文。这样的良性循环,是每个师生所期盼的。

六、"向美课堂"教学之创造美

课堂教学的创造不在于什么惊天动地的革新之举。事实上,要想在课堂教学上新创一种先进的模式,或者开创一个新的流派,不是一件容易的事。作为一线教师,只要在我们的课堂上,呈现一些微不足道的新举措,激发起微弱的新激情,闪现过一丝的灵光,让我们师生感受到从未有过的新境地,就足矣。

语文课上的表演

今天语文课教学的内容是《鞋匠的儿子》。课文主要讲了林肯就职总统时的演讲,以及维护祖国统一这两件事。文章重点讲述的是林肯通过就职演讲使参议员们深深折服的事情。这篇课文语言简洁,没有什么难懂的内容,于是,我决定这篇课文的教学采用以演代讲的方法。

之前,我已让学生进行了预习。上课伊始,我首先检查了学生的课文朗读情况。请几位平时读书比较困难的学生起来朗读,总体来说,基本上都能把课文读准,读顺了。

再让学生整体感知课文,了解了课文主要讲述的内容。接下来,我带领学生抓住教学的重点,理清参议员们对林肯前后态度变化的词语。为什么会有这样的变化?带着这个问题,同桌两个人互相演读课文。我要求,尽可能记住自己角色的讲话内容,表演时要加上适当的动作、表情。

学生开始分角色演读。从学生兴奋的表情,看得出他们很喜欢这样的学习方式。10分钟过后,我请一个我认为表演能力比较强的学生,上台扮演林肯,其他同学都是参议员。只见这位同学唯唯诺诺地走上台,我说:"林肯上台就这样没自信吗?"他回去,又自信地走上来。

我说:"我宣布美国第 16 任总统选举林肯最终获胜。现在,我来采访一下在座的各

---

[1] 钟启泉.深度学习[M].上海:华东师范大学出版社,2021:66.

位议员们。"

采访了几位同学,同学们基本上理解了课文内容,感受到议员们得知林肯竞选成功后的不服气,处于尴尬的境地。

这时,请一位"参议员"来羞辱"林肯"。一位同学站起来,显然没有进入角色,只是在背诵课文。我指导,这时参议员的动作是怎样的,他的眼神呢?有的说,他的手是叉着腰的,身体是斜着的。这样再让他表演,加上动作、神情,较之前投入多了。

"林肯"说:"我很感激……"又是在背书,这样的表演起不到走进课文的效果。我一边看他们表演,一边指导。一遍下来,我请他们同桌两个人,不换角色,继续练习表演。目的是让他们真正地走进角色,走进文本,并用自己的语言、动作、神情把自己的理解和感受表现出来。

这一次,学生们在座位上表现得更卖力,都加上了动作等肢体语言。

5分钟过后,我又请了一组同学上台表演。比第一次有很大进步,如果中途发现表演不到位的地方,我会和学生第一时间停下来一起指导,范演。

前前后后课堂上的表演一共花了两节课的时间。表演虽然深受学生喜欢,但到底效果好不好?

我想至少达到了这几点:

一是提高了学生对语文课的兴趣,以及对学习语文的兴趣。孩子们在课堂上的欢声笑语不断,岂不快哉!

二是提高了学生对文本的解读能力,孩子们要想表演好,必须把文本读懂才行。读懂文本就要边读边悟,边揣摩。

三是丰富了学生的想象力,孩子们读懂文本,再表演出来,需要展开想象,把文本中没有的动作、表情、内心活动等给想象出来,这样才能进入角色,才能表演好。

那课堂表演的关键是什么?

一是建立在学生对文本充分自学的基础上,学生有了自学的基础,才会理解好文本,想象好文本,表演好文本。

二是教师在课堂的指导。学生受自身知识结构、生活经验以及想象力的影响,可能表演不到位,这时就需要教师介入指导,帮助学生还原文本描绘的情景,指导他们再现出来。

经常练习表演,能提高学生的语文综合素养。

(2015年12月8日　清河实小)

课堂教学与表演有着很多相似的地方。他们都需要教师(演员)调动自身的能力以及身边的资源,进行富有感染力、号召力的展示,才能赢得学生(观众)的喜爱。同样,课堂上学生的表演也是在理解文本的基础上对其创造性地展示。表演本身就是一种创造。

给兴趣小组起名

昨天上了"语文园地一",里面有项内容是给兴趣小组起名。

上课的时候我先从书上提供的兴趣小组名字着手。请同学们先读读这些名字,再请他们猜猜都是什么兴趣小组。学生在自由朗读这些名字的时候,充满了激动,有的还忍不住与旁边的同学交流一下。

我读一个名字,就请同学们猜猜兴趣小组的名字。同学们小手直举,积极性高,而且都能猜出这些兴趣小组的内容来。

接下来,我问大家,这些名字有什么特点?

"名字很吸引人。"

"举个例子,哪儿吸引人?"

"篮球侠,我觉得很威猛,像大侠,告诉我们这儿是培养篮球高手的地方。"

"还有什么特点?"

"我们读了名字就知道这是什么兴趣小组。"

"举例说说看。"

"黑白棋社,是关于围棋的兴趣小组,围棋分为黑白棋。"

"还可以根据兴趣小组的特点命名。"

在此基础上,我提高要求:"你参加过哪些兴趣小组?你打算起个什么名字?"

学生思考了一会儿,陆续举起了手。

"马良画笔。"

"这是什么兴趣小组?"

"马良是画家,这是画画兴趣小组。"我补充:"用画家的名字命名兴趣小组,很好。"

"贝利足球俱乐部。"我补充:"用球王贝利命名足球兴趣小组,很好。"

我继续引导从其他角度命名:"有没有从其他角度命名的?"

"魔方圣手。"我赶紧表扬:"魔方高手的俱乐部,名字起得好。"

"百变折纸。"

"普通的纸可以有那么多的变化,真吸引人。"

最后,我在全班总结了一下:看来起名字是很有学问的,起得好,一下子就能吸引别人的注意力。

(2020年9月15日　淮安市实验小学)

"让儿童丰盈地展开'内言的外言化',这也是深度学习必须的一个要件。"[1]在教师的引导下,学生创造性思维被激发,他们由仿到创,给兴趣小组都起了精彩的名字,真是有才!

超乎你想象的回答

今天,我在教学的最后,留一点时间让学生质疑。

"课文《鹿角和鹿腿》已经学差不多了,现在大家看看还有没有什么问题?"说完,教室里表现得很冷清,没有一个举手示意有问题的。我想这也很正常,需要一个思考的时间。于是,我静静地等待。

果然,等待有效果了。5分钟过后,教室里陆续有两三个同学举手了。我是继续等待呢,还是先找这几位举手的同学试试看? 我想:给学生思考的时间够了,没有举手的,有的可能是的确没有产生新的问题,有的可能是产生新问题但是觉得不是好问题,或者是因为不好意思举手。总之,这时候应该请人在班级里面先试个水,给其他同学做个示范。

第一个学生:"'匀称'是什么意思?"这个词太重要,我前面的教学只是一带而过。学生的补问非常到位。

"谁来说说'匀称'是什么意思?"

"对称的意思。"

"对称就是匀称吗? 有没有补充的?"

"还要均匀。"

"课文里是说什么匀称?"

"鹿的身材匀称。"

"除了身材,还有什么可以称得上是匀称的呢?"

这样从课内到课外,从书本到生活,做到学以致用。

我表扬了这个学生的问题问得好,接下来又请其他同学。一个说:"为什么一开始水面平静的时候看不到鹿腿,湖面荡漾就能看到鹿腿呢?"

"因为湖面平静的时候像镜子,波涛滚滚的时候镜子的角度发生变化,就能看到刚才看不到的东西。"

学生问得好,回答得也好。

"听到动静,鹿的耳朵支起来。为什么用'支',不用'竖'?"

从这个问题可以看得出学生在品词析句,为什么用"支"不用"竖"呢?

---

[1] 钟启泉.深度学习[M].上海:华东师范大学出版社,2021:84.

"因为鹿的耳朵本来就是竖着的,这时突然听到动静,耳朵竖得更直了。所以用支起耳朵。"多么完美的回答。

没想到快要结束,学生的质疑竟然会带来这么多的精彩。不仅是学生在课堂上获得智慧的碰撞,教师的体验也是无比的愉悦。

(2022 年 3 月 8 日　淮安市实验小学)

"'推理与验证'是基于客体的判断与批判,进而设定别的可能性,或创造自身新的假设,再进行验证的过程,在这些过程中会催生'发现与创造'。涵盖这些要素的'探究过程'是深度学习所必需的,对于儿童而言,这些过程能够体悟到深度学习的喜悦。"[1]学生独特的见解,让我们看到孩子们独特的思维。这种具有挑战性,又异于常人的思维,极大地提高了师生课堂的幸福指数。

七、"向美课堂"教学之幽默美

"幽默"一词最早出现于屈原《九章·怀沙》中的"眴兮杳杳,孔静幽默",然而这里的释义是安静,现在所指的"幽默"则是英文"Humor"的音译,指诙谐、可笑等。孩子们最喜欢的是幽默的老师。教师的幽默是才气、灵感的结合,它像一根神奇的魔法棒,给课堂带来神奇的魔力。

会变魔术的老师

今天第二节课是我到新班级为学生上的第一节课。

课前先到班级将书本放下,走到走廊上就听到孩子们窃窃私语:"这是花老师。"看得出,学生对我很感兴趣。毕竟,我是他们的新老师。

本想回应学生的好奇心,开始自我介绍一下,但是被预备铃声干扰了。

音乐声一停,我问:"刚才是什么铃声?"

同学们异口同声:"预备铃声!"

我赶紧提要求:"接下来回答老师的问题,要举手,老师同意后才可以回答。"

我接着问:"听到预备铃声后,要干什么?"

"做好下一节课的课前准备。"

"你怎么知道下一节课是什么课?"

"看一下课程表。"

"语文课的课前准备怎么做?"

---

[1] 钟启泉.深度学习[M].上海:华东师范大学出版社,2021:84.

"把语文书放在桌子上。"

"还有吗？"

"还有笔……"我借此机会，指导一下文具的摆放，并且补充要求带上字典。

"课前准备做好了，那上课需要注意什么呢？"

"手不能乱动。"

我板书"手"，继续说："课堂上还有哪些与手有关的事不能做？"

"不能玩东西。"

……

在指导学生书写《补充习题》上的姓名时，其他学生都写好姓名坐正看着我，等我下一个环节。只见，最后一位男生，脸朝后在书包里找东西。我问："你《补充习题》的姓名写好了吗？"

他支支吾吾地说："我……写……好……了。"

通过他的表情和语言，我猜他的回答有"文章"。我连忙要求他把写好名字的《补充习题》拿给我看，他却说："我的《补充习题》找不到了。"

我和他开玩笑地说："哈哈，被我变魔术，变没了。"

其他同学听到我的回答后哈哈大笑。这位男生也不好意思地低下了头。

下课，我当然不忘找这位男生了解一下，到底是什么原因。

原来是书包里的东西有些多，《补充习题》一发下来他就随手放到书包里。结果，薄薄的《补充习题》一不小心塞到其他课外书里面了。所以，课上找来找去就是找不到。

(2021年9月9日　淮安市实验小学)

当然，教师的幽默感和教师本人的情商和性格都有关系，不是一朝一夕就可以变成一个幽默的老师。教师可以尝试从生活开始，逐渐变成一个积极乐观的人，只有生活上诙谐幽默的人，才可能是一位幽默的教师。

快乐的课前谈话

今天上午，我要执教校区教研课。

之前就准备如何与学生进行课前谈话。因为我上课的学生不是自己班级的学生。为了快速地拉近与学生的距离，减少学生因新老师、新环境带来的紧张或不适，我精心设计了课前聊天的内容。

我先问学生："有谁认识我吗？"

有几个学生在三年级时是我教过的，还有几个我似乎不认识的学生都举起了手。我先请了教过的鲍同学，他站起来说："您是我们三年级的语文老师花老师。"

我又请我不认识的但刚才举手表示认识我的学生："我好像没有教过你，你是怎么认识我的?"

那位学生:"三年级的时候您曾经到我们班上过一节课。"

我又请一位没举手的同学:"你认识我吗?"

"之前不认识,今天认识了。"

教室里发出了笑声。

我问一位刚才笑的同学为什么笑,他说:"我听了他的回答,觉得他说得太直接,太真实了,很好笑。"

我连忙提升一下:"但是这位同学说的是大实话,之前不认识花老师,刚刚才认识。我们课堂上就应该像这位同学一样知道的就举手,不知道的就说不知道,要实事求是,讲真话。要把自己真实的想法说出来,有时候不是件容易的事。"

"认识我的同学,说说我是个怎样的人。不认识我的人猜猜看我是个怎样的人。记住:你是怎么想的就怎么说。"

"您三年级教过我们,您是一位幽默的老师。在您的课堂上,我们经常被逗得哈哈大笑。"

"谢谢你对老师的夸奖。"

"我猜您是位平易近人的老师。"

"是从哪儿看出的?"

"您的长相看上去很亲切,还有您的表情和说话,不像有的老师那样严肃。"

"你这是以貌取人啊。"教室里一片笑声。

……

(2022年10月11日　淮安市实验小学)

课堂上教师可以幽默的地方很多,可以是像上面学生课堂违反纪律时幽默的批评,也可以在师生、生生交流的过程中捕捉到笑点,放大或点燃,成为课堂欢快的时刻。学生经常写错"猴"字,总会在中间多加一竖,于是,我就告诉同学们:"美猴王将金箍棒藏在耳朵里了。"将识字与孙悟空的特点结合起来,学生一下子就记住了。再如"念",我编了一个口诀:"今天心里好想家啊!"学生既开心又容易记住易错的字形。只要用心,教室里随时都可以成为欢乐的海洋。

课堂上的笑话

今天课堂上,检查学生《为中华之崛起而读书》课文朗读情况。

一生读到"奉天东关模范学校"结果因为停顿不当读成"奉天东/关/模范学校",刚读完教室里就一片笑声。

读书的同学也是丈二和尚摸不着头,不知道大家笑什么。

我问:"你们笑什么?"

一生:"应该是奉天/东关/模范/学校。"

这时读书的那位同学才恍然大悟。

又一生在读到:"一个星期天,周恩来背(bēi)着伯父,约了一个同学来到了被外国人占据的地方。"下面的同学开始窃窃私语。

我问交流的学生:"有什么意见要发表?"

学生笑着回答:"周恩来背(bēi)着伯父,伯父又没有生病,干吗要背呢?"

他刚说完,下面哄堂大笑。

我赶紧请大家联系上下文,看看这儿的"背"怎么读。

一生说:"这儿的'背'是背(bèi)着伯父,不让伯父发现自己出去的意思。"

我连忙添点柴:"你看,康同学,人家是想悄悄地溜出去到外国人占领的地方看看,你却读成背(bēi)着伯父去,这不是闹笑话了吗?"

我话音刚落,教室里又是哈哈大笑。读错音的康同学也不好意思地笑起来。

(2022年12月6日　淮安市实验小学)

八、"向美课堂"教学之生成美

课堂上,教师面对的是几十个活泼泼的生命。他们每个人都有自己的思想,都有自己认识问题的角度,因此,教师在课堂上随时会面临学生的所言所行与自己的设想不一样,甚至相差甚远,有时,你甚至会觉得不可思议。无论如何,请记住,教师在课堂上不要武断地对学生的思考加以否定。特别是在你没有弄清楚学生是怎么思考的情况下。

课堂不是完全设计出来的

我认真准备的校区教研课终于要登场了。尽管之前多次试教,但还是没有太大的底气。因为每次试教都有新的问题、新的发现、新的改变,现在的教学设计也是最后一次试教后又作的调整。所以,最终呈现的效果怎样还是未知数。

上课开始了,一切都按照既定的思路往前推进着,但是不知道是因为紧张还是之前课堂铺垫不到位,我的教学导致学生的发言错误百出,连简要说说故事内容的过程中都有重要内容遗忘,对学生复述的评价也是最希望出彩的地方,结果却了无生趣。现在想想,可能还是教学设计的问题,没有和学生课前的学情进行有机结合,造成了新旧学习的脱节。

正当我有些心灰意冷时,已经到总结提升故事主题思想的时候了。于是我按照预设的问题提问:"你想对老虎和贼说什么?"这个问题的目的就是想让学生通过对虎和贼的批评从而感悟到"这个故事告诉我们,干坏事不会有好下场"的道理或启示。

我本以为学生会按照我的预想回答,结果很多同学都是说老虎和贼应该弄清楚漏是什么再行动之类的。这样的表述,显然与故事要表达的主旨是不一致的。更有甚者,竟然帮助老虎和贼想办法吃到驴或偷到驴。

我一看,学生的理解完全与文章的主旨背道而驰。这下需要教师干预了,不然这节课上得就太失败了。我脑子里灵光一闪:孩子们为什么都会这样说?可能他们都站在虎和贼的角度了。这样,虎和贼似乎成了受害者,引起了同学们的同情。显然这是不可取的。我必须把走进死胡同的孩子们给拉出来。我可以请同学们站在驴的角度想想啊!

"刚才大家都是站在虎和贼的角度考虑的,如果站在驴的角度呢,现在你是那只小胖驴,你想对虎和贼说什么?"

这一问,情况一下子就扭转过来了。

"老虎和贼,你们这是做贼心虚啊,活该!"

"叫你们不安好心,这就是你们应有的下场。"

课堂的气氛也热烈起来,我的激情也被调动起来。学生的发言一个比一个精彩,也说出了这个故事蕴藏的道理。

(2022年5月24日　淮安市实验小学)

当我们在课堂遇到学生提出我们未曾预设的问题时,我们很多时候可以"将计就计",和学生一起顺着这个意外或者突然的问题,逐级地探究下去。

顺学而教

今天上午,我将本册教材里最后一首诗教学完毕。

首先,我让同学们读好这首诗。先请同学带着大家读。这种跟读的方式,既是对领读者的激励和鞭策,也是对其他跟读同学朗读兴趣的激发。学生读了五六遍后,再同桌互查朗读情况,这是兜底,防止有个别同学在课文读准确上没有过关。同桌互查,一对一查,不会有漏掉的。

接下来,到了质疑环节。我请学生说说在自学古诗的过程中遇到的问题。这些问题主要是:诗题"大林寺桃花"什么意思?"芳菲尽"是什么意思?"长恨春归无觅处"是什么意思?有两个同学问"不知转入此中来"一句话的意思。我觉得挺奇怪,"长恨春归无觅处"读不懂能理解,"不知转入此中来"有些词是可以读懂的。我一边请学生说问题,一边请其他同学将这些问题在自己的书上圈画出来。

我决定先从诗题着手。

"谁来说说对诗题的理解。"

"大林寺是一座寺庙,大林寺桃花是说大林寺的桃花。"

"诗题告诉我们什么?"

"这首诗写的是大林寺的桃花。"

"诗里的大林寺桃花有什么特点呢?"

"开花迟。"

"哪句诗写的是大林寺桃花开得迟?"

"人间四月芳菲尽,山寺桃花始盛开。"

"四月份是夏季了,大部分植物的花期都在春天。因此这时候的花都凋谢了。这里的'芳菲'是什么意思?请查一下'菲'字。"

学生查字典。这儿其实可以问学生怎么理解"芳菲"的意思。如果查字典,那么查哪个字?逐步引导学生了解通过查关键字来理解词语的意思,这样会更好。

很快,学生查到"菲"是花草的意思。

"再查一下'尽'的意思。""'尽'是凋谢的意思。"

"山寺桃花始盛开的'始'是什么意思?""才。"

"大林寺桃花为什么开得这么迟呢?"

"大林寺在山上,山上的温度比山下低,所以花开得迟。"

"鲜花盛开是春天独有的风貌,花儿谢了意味着春天远去了。大林寺的桃花还在盛开,让人们找到了春天的气息,齐读后两句。"

"'觅'就是寻找的意思。"

"'此'是哪里?"

"大林寺。"

这样一来,巧妙地从诗题解析到诗句理解,顺学而教,一气呵成,学生学得开心,教师教得顺手,教与学的思路完美契合。

(2022年5月26日　淮安市实验小学)

有时候,当我们遇到学生提出的问题不是语文问题时,请首先沉住气,换个角度看学生的问题,或者将学生的问题换一种表述的方式,我们会得到意想不到的效果。

巧妙转换问题

今天,我继续教学《昆虫备忘录》。首先,我带领学生继续交流课文读不懂的问题。

同学们的问题都是围绕科学常识进行的提问。有的问:"为什么把小圆点叫作星?"有的问:"蚂蚱吐出的褐色口水有没有毒?"有的问:"膜翅是什么?"

这些问题的确是问题,问得也挺好,但是这些问题都是科学问题。我只好提醒学生:"你们的问题很好,但是都是科学问题,建议大家课后查阅资料或者互相研讨,也可以请教别人。还有哪些语文方面的问题?"

果然,一个学生提出:"瓷漆似的翅膀是怎样的翅膀?"我引导:"瓷器有什么特点?""光滑"。"瓷器上涂上油漆感觉怎样?""锃亮"。

又有学生提出:"蚂蚱为什么叫挂大扁儿?""王雪涛是谁?"

这些问题看似不是真语文的问题,但是确实是学生感兴趣的问题,直接影响到学生学习语文的兴趣。所以,这些问题不能简单地用一句"课后自己查资料"应付过去。有时候看上去和语文没有太大关系的问题,如果我们处理得当,引导到位,会变成有价值的问题,让课堂呈现精彩的画面。

如当学生问"为什么把小圆点叫作星?"时,教师可以引导学生理解人们把小圆点叫作星的好处。

"你喜欢把它称为'七点瓢虫'还是'七星瓢虫'?"

"我觉得'七星瓢虫'会给人美丽、浪漫的感受。"

"你看,同样的事物,起的名字不一样,给人的感受也不一样。让我们一起美美地读一下它的名字。"学生齐读"七星瓢虫"。

教师把"点"改成"星",学生在品味中,感受语言文字的魅力,这不就是语文吗?这样看,这个问题就是一个有价值的问题。

学生提出的每一个问题对其本人来说都是最有价值的。我们教师要善于对这些问题进行处理,可以把几个相似的问题,或者同一个内容不同角度的问题,综合成一个问题;有的问题表面上看似与课堂教学无关,我们要能发现问题的价值,进行引导,为课堂教学添光彩;有的问题可以留到课后让学生继续探究,下节课再交流。总之,对于学生的问题,作为教师都要重视,有回应,有反馈,这样才会最大可能激发学生质疑的兴趣,提高质疑的水平。

(2022 年 2 月 22 日　淮安市实验小学)

当你在课堂上顺利地完成了既定的教学任务又有闲暇时间的时候,你可以让学生继续读书,你也可以让你的学生再次交流自己的困惑。

学完课文的质疑同样精彩

学完课文,请学生再交流自己没有解决的问题。这个时候学生往往会给你惊喜。

"同学们,课文基本学完了,下面请同学们默读课文,看看还有哪些问题没解决的或者产生了新的问题。"

学生默读课文。

教室里只有几位同学举手,我请一位同学先汇报。

"'我还下不了决心哩'老爷爷的这句话为什么在结尾用'哩'?"

我反问:"不用'哩',还可以用什么语气词呢?"

"呢""呀"。

"是啊！为什么作者用语气词'哩'呢？"

一生回答："用'哩'符合老爷爷说话的口气。"

我抓住时机："我们在写人物对话时，人物所说的话一定要符合人物的身份和特点，这样的对话才生动有趣。这个'哩'很有方言特色，很能体现老爷爷说话的特点。"

无论时间多么紧，课堂上一定留给学生质疑的时间，不仅是课堂前半部分的时间，课文上完后的时间也要让学生大胆而又充分地质疑。

(2022年11月7日　淮安市实验小学)

再如，学完《梅兰芳蓄须》后，我组织同学们质疑。

一生说："'沦陷'是什么意思？"

"有人知道吗？"

"'沦陷'就是当时的中国领土被日本人占领。"

"是的，香港'沦陷'就是说香港被日本人占领了。"

"'斩钉截铁'是什么意思？"

"有人知道吗？"

"'斩钉截铁'就是很果断，不犹豫。"

"梅兰芳斩钉截铁地说：'普通的演出我都不参加，这样的庆祝会当然更不会去了。'说明梅兰芳怎样？"

"梅兰芳拒绝日本人演出很干脆，很坚决。"

"梅兰芳痛恨日本人。"

"梅兰芳很爱国。"

这时候就下课了。在这儿，教师可以再让学生用"斩钉截铁"说一句话。这样，"斩钉截铁"这个词语的教学就更完整和深入了。

……

(2022年12月8日　淮安市实验小学)

阅读教学如此，习作讲评更是这样。习作讲评时，每个人都有自己的视角，如何处理来自不同角度的各类点评，的确是对教师临场机智的考验。

修改人物对话

今天下午第二节语文课，我照例和同学们一起交流周末日记。

我像往常一样，挑选了几篇优秀日记，读完后，请其他同学说说每篇日记的优缺点，在提到缺点时，还要想办法帮助小作者修改。

结束后，我想这几篇日记是我选的，那么学生心目中觉得哪些同学的日记写得好呢?我又问同学们:"你们还想听谁的日记?"

下面很多学生喊着严同学的名字。看来这是"民心所向"呀!

我顺着学生的心愿挑选了严同学的日记。刚放到投影上,下面的学生就开始骚动起来。我知道他们是在说严同学的字写得不好看。严同学不好意思地低下了头。

我连忙说:"等老师读完再交流,可以吗?"接着对严同学说:"看来写好字很重要啊,它能提高别人阅读的兴趣。"

孩子们迅速地安静下来,听着我读严同学的日记。

说实话,我欣赏这篇日记的选材,具体写作的内容还存在不少问题。于是,我打算以这篇日记为例指导学生如何修改日记。

我先请同学说说严同学日记的优点,如能分自然段写,选的材料好,等等。

接下来我请大家看看还有哪些缺点、怎么修改。

有的同学提到日记中"说"太多。我抓住机会,学生虽然没有说清楚问题所在,但是我能明白他想表达的意思。于是,我主动帮忙。

"严同学的对话写得很多,但是我们读的时候感觉'说'字用得太多,都是你说我说她说。能不能帮他改一改呢?"

"我说:'妈妈,我想买两只鹦鹉。'这句话可以怎么改呢?"我用笔画出这句话。

"我对妈妈乞求着:'妈妈,我想买两只鹦鹉。'"

"没有'说',但是'乞求'写出了我特别想买这两只鹦鹉的心情。"

"还可以怎么改?"

"我拽着妈妈的衣角,请求道:'妈妈,我想买两只鹦鹉。'"

"加上动作,也更能体现小作者渴望得到鹦鹉的心情。"

"哎呀,这样写多好呀!看看下面应该怎么改?"

就这样,我带着学生把严同学日记里妈妈与老板的对话写得更加入神和精彩了。

我相信这样的指导,对学生的帮助应该很大。在接下来的自改时间里,我走下去巡视,发现好多同学都在对话处模仿刚才的样子在修改。

(2018年4月2日　淮安市实验小学新城校区)

习作讲评表面上看是考验教师课堂的教学机智,实际上也是生成课堂精彩的宝贵资源。它需要教师有敏锐的心,在课堂瞬息万变的信息交流中,捕捉到那一束一闪而过的灵光。

以评代讲

今天下午的第一节课进行了"习作四"续写故事的习作讲评。

这篇习作,没有作前指导,周末把它作为一项作业布置给了学生,今天就是评讲。

我挑选一位较优秀学生的习作集中展示,边读边请其他同学评讲。孩子们的点评水平很高。

"这篇习作里没有写到李晓明的想法。"的确,这个点评非常到位,加上李晓明的想法,能使故事更加生动,在此基础上我又想到还可以补充李晓明的神情、动作等描写,这样文章就更生动,更吸引人了。

"文中有些李晓明可以用人称代词'他'代替。"的确,太多的"李晓明"给人重复的感觉,说得很有道理。

"一个同学可以用小红或者小刚代替。"这样一改,让读者感觉作者投入文章中,不是置身其外的人,点评得好。

我问:"这篇习作的重点应该在哪幅图上?""第四幅图。"

一生问:"我可不可以把第三幅图讨论的内容详细写,后面的内容简单写?"

"大家觉得可不可以?"

"不可以,因为续写的重点就是第四幅图,不能简单带过。"

"讨论的内容和下面的内容有什么关系?"

"讨论的内容就是下面要行动的内容。"

"前面三幅图要不要写?"

"必须写,不然就不完整了。这也就是续写故事需要注意的地方。"

今天进行了一次尝试,没有老师的作前指导,让学生自己看图写故事。这也是续写故事这一类作文的普遍教学模式。在这种模式下,学生可以充分发挥个人的想象,而不受其他师生的影响,能够写出自己的东西。

当然,这种模式也不能用到所有的习作教学中去。有的习作还是需要教师的作前指导的,不然学生的习作难度会很大。

(2021年11月11日　淮安市实验小学)

课堂上预设之外的资源如何才能成为课堂的精彩之处?这需要教师每节课的积累,每节课的反思。现在科技很发达,我们可以用手机将自己的课堂教学过程记录下来,然后抽空细细地揣摩:哪些地方成功?哪些地方处理得不好?怎样做会更好?并且尝试用自己的文字记录下来。长此以往,教师的课堂敏锐力、机智力一定会得到提高。

九、"向美课堂"教学之情境美

学习是需要情境的。从广义上来说,情境可能涵盖了学生学习时的一切时空以及在这个时空里各种关系与氛围。每节课其实就是一个大的情境，具体的某个环节的学习就是一个小的情境。良好的学习情境是产生深度学习的重要因素。

课堂情境有很多，我就自己比较熟悉的几种教学情境与大家交流一下。

（一）古诗教学的情境

古诗教学的情境创设有很多，什么想象啊，配乐啊，吟诵啊，都是很好的方法。笔者下面就用诗串的方式创设教学的情境，谈谈自己的理解和实践。

钱理群说："中国传统文化根本上是一种感悟的文化，而不同于偏于分析的西方文化。""诗是人类与生俱来的一种体验，是人类精神园地里永不老去的童心梦幻，是文学的源头，是艺术审美金字塔的顶端，是个性抒发的最近途径。"[①]课堂上"先是介绍作者和背景材料，然后是读诗文，接着是讲解内容，然后是分析中心思想，最后是总结艺术特色，在这个流程中，老师按照设计好的程序来进行，学生只要跟着记、读、背就行了"[②]。这样的单一化、模式化的教学方式，破坏了诗的感觉美、意象美、语言美。诗串能有效建构古诗课堂教学的意蕴美。

诗串，以一首诗或词为着眼点，抓住诗或词中的串联点，将相关联的几首诗词、几个诗人、几个事件，或横或纵，或比较，或梳理，前后观照，左右比对，学生在其间跟随诗人跳跃腾挪，思绪翩翩，走进历史，走进诗人的世界，感悟诗词中的时代风云、生活遭际、理想情感、品性情趣，从而深潜到文化的深层，感悟人生真谛和宇宙哲理。

1. 以主题为线——横看成岭侧成峰

（1）主题建构

将反映同一主题的几首诗串联在一起，通过多个文本间的碰撞，实现文化主题的建构与升华。窦桂梅的《游园不值》课堂教学作了生动的诠释。

上课伊始，窦老师就进行了学生主题意识的铺垫。

师：当然，我们不但如此，还要注意五言诗自身的节奏。这样读起来的时候就显得流畅自然了。我们还学过贾岛的《寻隐者不遇》。请试着读读。

生："松下问童子……"（老师辅以手势，学生读得很有味道。）

师：像这样"不遇"的诗很多，比如邱为的《寻西山隐者不遇》，皎然的《寻陆鸿渐不遇》，李白的《访戴天道士不遇》（课件）。除了古诗，还有古文《雪夜访戴不遇》等。

师：人生有多少个不遇啊，为什么他们要把"不遇"记下来呢？看来这"不遇"中有值

[①] 周宇翔.新课改下的古诗词教学[J].现代教师论坛，2013(2).
[②] 陈庆卫.中学阶段诗歌教学策略研究[D].南京：南京师范大学，2004：111.

得我们回味的东西。

……

引出同构主题诗文,构建了学生学习新知的认知结构,为后面同类主题的升华作铺垫。在课的最后:

师:这真是此时无声胜有声啊。至此,我们还有必要再走进园子里边吗?还有必要见园主人不可吗?(学生说没有必要了。)

师:为什么?请你读读《雪夜访戴不遇》,再读读《游园不值》,说说看。【课件出示:王子猷(yóu)居住在山阴。某夜天降大雪,他一觉醒来,打开房门,举目四望,皎洁明亮。于是在雪地上来回走动,吟诵左思的《招隐诗》。忽然想起老朋友戴安道。当时戴安道在剡(shàn)县,王子猷马上乘船出发。船行了一夜才到剡县,可到了戴安道的家门前,王子猷竟然连门都不敲,转身就回去。旁人问他原因,他说:"吾本乘兴而行,兴尽而返,何必见戴?"(备注:《世说新语》中的名篇,"雪夜访戴"的典故。王子猷,王羲之的第五子。)】

生:因为吾本乘兴而行,兴尽而返,何必进园?

师:哦,这句话,你是根据哪句来的?

生:《雪夜访戴不遇》的最后一句。我觉得这与《游园不值》有异曲同工之妙。他心里已到了自己要去的地方,进去也没有必要了。

师:哦,谢谢你。(指该生)

师:我突然明白了,原来这么多的不遇,是因为不遇中,我们却发现不知中的有知,不可能中的可能,正如王子猷游访戴安道一样,我在路上已经获得了最美的精神享受,所以——

生:吾本乘兴而行,兴尽而返,何必进园?

生:吾本乘兴而行,兴尽而返,何必要见园主人?

师:原来这"不值"不仅仅是"不遇"的意思。其中还有一份舍不得、不忍的滋味。他呀,想要把这美好的想象和精神上的享受,永远地留在了心中。所以不遇中是有——

生:遇!不遇中有遇。(教师板书)

师:"天地有大美而不言",生活中、人生中不就是如此吗?所以,请同学们回过头来,再读诗题。游园虽不值,但——(指板书)

生:不遇中有遇。

师:所以,不值就是——值!(生接)

……[1]

---

[1] https://www.docin.com/p-1005125821.html.

不难看出,窦老师围绕"不值"这个主题,引出了贾岛的《寻隐者不遇》、邱为的《寻西山隐者不遇》、皎然的《寻陆鸿渐不遇》、李白的《访戴天道士不遇》等,除了古诗,还有古文《雪夜访戴不遇》。之所以要引出了这么多的"不遇",首先是从词义上理解什么是"不值"。而引用了王子猷游访戴安道,本来是"乘兴而行",最后却是"兴尽而返"未进家园,是为了借此让学生更好地理解了本诗的意蕴,将感悟上升到文化的层面。

本课的教学就是这样通过本首诗的"不值"和这么多的"不遇"提炼出这样的一个文化主题——虽"不值",然而却"兴有所值";虽不遇,可是却"另有所遇",获得的是另外一种美的精神享受。

学生在《游园不值》的基础上,结合诸多"不遇",深刻领悟"不遇中有遇,不值就是值"的人生哲理,其过程是潜移默化,水到渠成的。学生在教师指导下通过古诗词串联,共鸣感奋,润养身心,化育灵魂,锻铸人格,积蓄精神,这岂不是一种非常高的境界吗?

所以在古诗词教学中,不能过分局限于教材内容,它还需要注重调动学生的积极性、主动性和能动性,通过诗串的方式,在课本以外,拓展学生的阅读量,提升认知与感悟能力。这样就能达到"诗教足以养心"的境界。

(2) 同题异构

陆游的《示儿》和杜甫的《闻官军收河南河北》,这两首诗作者不同,内容有异,但共同之处是它们都表达了诗人忧国忧民的爱国情怀。教学时,我们抓住两首诗共同的情感基调,将它们有机地串联在一起。

在学生借助课文注释,小组合作,初步读懂这两首诗的基础上,我将两首诗和盘托出一同呈现给学生,并让学生进行比较,思考这两首诗有哪些不同的地方,又有哪些相同的地方。一石激起千层浪,这一问题激发了学生的阅读期待。

在交流中,学生感悟到两首诗场景不同、人物不同、背景不同、情绪不同,但却有一个相同点,那就是,诗人的爱国心是完全相同的。只不过,陆游通过"悲"表达爱国之情,杜甫通过"喜"表达爱国情怀。

最后,教师再拓展延伸。你还知道哪些爱国诗?诗人又是怎样表达爱国情怀的呢?这些问题,引导学生深入研究,同一个主题可以用不同的方法表达。如李贺在《马诗》中通过怀才不遇的愤懑来表达一腔爱国热情;岳飞在《满江红》中抒发报国的豪情壮志……

整节课,爱国之情将不同时代、不同个性的诗词,串成美丽的项链,呈现在学生面前。学生随着不同的诗词,时而郁郁寡欢,时而慷慨激昂……在丰富的情感体验中,古诗词的教学变得丰厚而深邃。

(3) 节外生枝

所谓的"节外生枝",就是在古诗词教学的触发点、共振点、兴奋点上引入有关的诗词,拓展古诗词解读的文化背景,丰厚古诗词解读的文化底蕴。

执教《九月九日忆山东兄弟》时,可在导入新课时引出李白的《静夜思》。教师先配乐朗诵《静夜思》,然后让学生和着音乐齐读,说说读后的感受,接着,教师由"思乡"引出"每逢佳节倍思亲",最后自然揭示出诗题《九月九日忆山东兄弟》……

执教《清平乐·村居》时,在课末出示田园诗词《四时田园杂兴》《村居》《山居秋暝》《过故人庄》,学生通过朗读欣赏,进一步感悟到田园诗词的魅力……

在《渔歌子》的教学中,谈到"青箬笠,绿蓑衣,斜风细雨不须归"的渔翁时,可以引导学生回忆其他诗中的渔翁形象。如柳宗元《江雪》中的"孤舟蓑笠翁,独钓寒江雪",王士禛的"一蓑一笠一孤舟""一人独钓一江秋"等。在此基础上,联系诗人的背景,体会古诗中经常出现的意象"渔翁"所蕴含的情感。

2. 以诗人为线——梦里寻他千百度

（1）亦诗亦性情

用方块字连缀而成的中国古典诗词,一直洋溢着一种独具魅力、生生不息的灵性风韵。我们往往可以通过一个诗人的许多诗作,了解诗人的心路历程,带领我们穿越时空,走进诗人生活的时代,感受到古典诗词的生命伟力。以诗人为主线,进行诗串教学的典范,当首推孙双金老师的《走近李白》。

孙老师充满智慧地用"李白是仙""李白是人""李白是侠"的三部曲,将学生带进李白的世界,诗的王国。其中"李白是仙"一课中,"以李白的经典绝句为主块,用故事来串联和推进,以吟诵、想象、比较等为主要方法,引导学生欣赏和感悟李白诗的浪漫色彩与巧妙意境,领略和领悟李白的仙风仙骨"[1]。构思之巧妙,匠心之独运,串联之无缝,堪称诗串之先河。在"走近李白"中,孙老师一共出示了七八首诗。这些诗并非都是教材中的,即便是教材中的,也分布在不同的年级、不同的学段。但这些诗在孙老师的重组下,前一首诗的结束,又是后一首诗的起点,形成一个新的教学结构、新的教学模块,整个过程浑然一体。

显然,孙老师在"走近李白"中显示出串诗的高超技艺,孩子们在这样的诗歌教学中,"浸润了我们的民族文化,启迪了民族智慧,陶冶了民族情操。走近的不仅仅是李白,也不仅仅是传统的诗性文化,而且也是学生语文素养的全面提高和个性的丰富"[2]。

（2）一人一世界

六年级教材先后选入了李清照的古诗《夏日绝句》、词《如梦令》。李清照是个怎样的

---

[1] 成尚荣.《走近李白》教学中的创造性[J].语文教学通讯(小学刊),2007.3C.
[2] 成尚荣.《走近李白》教学中的创造性[J].语文教学通讯(小学刊),2007.3C.

人？孩子们产生了强烈的探究欲望。

词里觅芳容。李清照是个大才女,她的长相如何?这个问题一下子将孩子们的兴趣调动起来。那么我们该如何知道九百多年前的李清照的长相呢?那还得从李清照的作品中去寻觅。学生带着疑问走进李清照的作品。孩子们从"露浓花瘦""绿肥红瘦""人比黄花瘦"等句中感受到李清照应该是个身材苗条的女子。从"夜来揉损琼肌"中感受李清照白皙的皮肤。足见李清照不仅是才女,也是美女。孩子们从中感受到文字的伟力,穿越时空,一端李清照之面容,岂不快哉!

词里探真情。了解了李清照的美貌,她又是个怎样性格的人呢?引导学生聚焦到《点绛唇》《一剪梅》《声声慢》等词作中去,从"袜刬金钗溜,和羞走,倚门回首"这一连串的动作感受到一个惊诧、惶遽、含羞、好奇以及爱恋中的少女形象。再从青年时期独守空房的愁绪到晚年尝尽人间的悲苦,李清照的人物形象生动起来,鲜活起来。这一系列探究的过程,让孩子们感受到古诗词的温度。

诗串,这一方式的出现,实现了对古诗词教学的一个突破,它拓展了古诗词教学的空间,丰富了古诗词教学的内涵,使课堂显得更加丰满而灵动,使学生对诗歌的感受也更加多元而深刻。格式塔派的德国拓扑心理学家 K.勒温在 20 世纪 30 年代曾指出,学习是认知结构的变化。诗串这一教学策略,提高了学生认知结构的可利用性、稳定性与清晰性,以及可辨别程度等,使课堂更富有意蕴美。

(二) 口语交际的情境

根据《现代汉语词典》的解释,口语是"谈话时使用的语言(区别于书面语)",交际是"人与人之间的往来接触"。广义的口语交际是以口语为载体,实现人与人之间交往的活动。狭义的口语交际是交际双方为了特定的目的,在特定的环境里,运用口头语言和适当的表达方式传递信息、交流思想、表达情感的双向互动的言语活动。口语交际是最基本的语言信息交流手段,是现代人生存、发展的基本素质。随着社会的发展,口语交际显得越来越重要了。

自我满意的指导

今天上午第一节课没有课,我就开始往下面备课。

在看到口语交际"爱护眼睛 保护视力"时,感觉教材的内容很有实践性,对于学生解决生活中的问题很有好处。虽然教参上要求这个内容只有一课时,但是我觉得一课时的时间远远不够。

首先要解决如何了解本班学生的视力情况。我一步步引导学生通过设计表格更方便、更快捷地去了解学生的视力情况。

"怎么了解班级同学的视力情况呢？"

"一个个问。"

"全班同学每个人都要问，怎样避免重复问或者问漏掉呢？"

"小组每个成员要确定询问的人员。"

"对，首先在小组内要学会分工。还有没有比一个个问的方式更好的呢？"

"设计表格。"

"对，这是个好方法。表格怎么设计呢？谁来试试？"

一学生上黑板画表格。画好后，我和学生在此基础上又进行表格的完善。最终形成如下的表格：

序号	姓名	性别	左眼视力	右眼视力	是否近视、远视等，如是，请写清楚度数	其他	备注

这样，表格的产生来自学生解决问题的需求，表格的设计也来自学生的实际需求。相信学生在实际运用中还会有新的改善。

学生的能力远远超过教师的想象。课堂上，教师一定要善于调动学生的积极性，让学生去思考，尝试解决问题。在其中，教师要做的就是及时引导、纠偏，汇聚全体学生的智慧，体验成功的喜悦。

（2022 年 10 月 13 日　淮安市实验小学）

持续地推进

昨天在课堂上，我和孩子们一起探讨了调查全班学生视力情况的表格设计。今天上午的语文课，我来了解一下推进情况。

我请几位组长站起来，只有一两个小组完成了表格设计，而且对组内成员进行了统计。我想，光让孩子们课后去做，不太符合实际。一下课，大部分孩子都跑出教室去玩了。组长没办法组织大家讨论，也没有办法让大家去调查了解每个学生的视力情况。因此，我打算这节课就让孩子们完成这项任务。

我先请各小组完成表格设计。这期间，有两个组分别有几位同学没有参与到组内的讨论中去。我及时叫停了讨论，进行反馈，要求所有成员必须参加组内讨论。

下面继续小组讨论,但是我在巡视过程中发现,每个组只是调查自己组的几个成员的视力情况。我又及时叫停大家的讨论,引导他们是去调查了解全班学生的视力情况。首先在组内要分好工,哪些人负责统计哪些学生,既不能遗漏,又不能重复。我又请他们在设计好表格后,讨论好组内的分工。

我又在全班巡视,发现有一个小组还是只统计本组成员的视力情况,我问他们怎么统计班级其他学生的视力情况。组长说每组都统计,我们和其他组要一下他们的视力统计情况,就了解了全班情况。我一想,好像有道理啊!但是我仔细一想,又发现有些不妥,每个组设计的表格项目不一定相同,这样的数据汇到一起,不便于统计。于是,我对这一组进行了提醒。

剩下来的时间,我检查反馈观察记录的事情,又继续请他们抓紧统计学生视力情况。

我想有了这些数据,学生才能够对视力情况和影响视力的原因进行分析,从而提出有价值的保护视力的建议。

(2022 年 10 月 13 日　淮安市实验小学)

终于进入正题

今天,我继续进行口语交际教学。这已经是第三节课了。

今天的任务,按计划是组织学生讨论全班学生视力情况和影响视力的原因,并交流如何保护视力。

一上课,我就和学生布置了讨论的任务。学生在小组长的组织下开始讨论。在小组讨论的过程中,我发现个别组好像还在统计视力情况。看来,有的小组上次在课堂上统计全班学生视力情况没有完成,下课也没有继续完成。对于小学生来说,很多事情和任务是不能希望他们在课间自主完成的。孩子们已经习惯了上课才是学习的时间,下课就是玩耍和休息的时间。

接下来,我来交流他们讨论的情况。首先是全班学生视力情况,有一组汇报,全班共有 18 人视力存在问题,其中 15 人近视,200 度以上 6 人,200 度以下 9 人,其他如散光等 3 人。

我原来以为孩子们学过比例,一问才知道他们根本没学过。于是,我充当起数学老师的角色,在黑板上一边演算,一边介绍。视力存在问题的学生占全班 35%,这个比例已经很高了,达到三分之一,相当于每三人中就有一人存在视力问题。看来,我们班学生的视力情况不容乐观。那么造成视力问题的原因有哪些呢?

学生们从不同角度找出造成视力存在问题的原因:遗传;看书、写字姿势不正确;电子产品影响;用眼过度;眼保健操不规范;等等。

知道了造成不良视力的原因,如何保护视力的建议也就应运而生。尽管如此,学生的视野还是给了我惊喜。与原因相对应的措施,如保持正确的看书、写字姿势;远离电子产品;不要过度用眼;科学地做眼保健操等。除此之外,还有学生提出注意饮食,如多吃胡萝卜之类有益眼睛的食品等。

(2022 年 10 月 17 日　淮安市实验小学)

一堂口语交际课引发的思考

现在再反思这次口语交际的教学,我会想,为什么会花了那么长的时间?

教材定位主要是在讨论上。教学目标是指导学生学会小组讨论,注意说话的音量,避免干扰其他小组;发言时,不重复别人说过的话,如果想法接近,可以先表示认同,再继续补充。

而我之前花了很多的时间在统计班级学生视力情况,实际上这个内容并不是本课教学的重点。那怎么统计呢?

其实,只要教师带领大家在班级了解一下就可以了。如教师问一下:"请视力有问题的同学举手,请近视的同学举手,超过 200 度的请举手……"这样的举手统计,只要几分钟就可以统计出结果。这种结果只是提供学生讨论的素材。有了这个素材,学生就能开展小组讨论了。这样的教学设计就能将前面学生统计班级学生视力情况的时间大大压缩,腾出更多时间让学生小组讨论。小组讨论前,教师出示讨论要求:一是小组讨论,注意说话的音量,避免干扰其他小组;二是发言时,不重复别人说过的话,如果想法接近,可以先表示认同,再继续补充。教师在教室巡视的过程中,重点观察学生小组讨论情况。关注点也是上面的两条要求。

小组汇报讨论结果前,教师首先要反馈一下以上两条学生表现情况。因为这两条是本课口语交际的重点。在此基础上再看学生讨论的内容。

这才是这次口语交际应该有的样子。

(2022 年 10 月 19 日　淮安市实验小学)

口语交际的情境应该是全方位、全过程的创设情境。学生到校园,与同学和教师沟通皆需要口语交际。特别是课堂上,生生之间、师生之间,每一次的对话和交流都是口语交际的训练。整个校园就是口语交际一个大的情境,课堂则是校园里正规的口语训练的场所。

互动是最重要的情境

今天下午到繁荣小学听了两节口语交际课。

清河区教研室钟主任组织开展了一系列的口语交际专题研讨活动,我觉得选题非常好。

作为一线教师,很多时候对于教材上的口语交际要么蜻蜓点水走过场,要么视而不见直接不上,要么为了应付考试而生硬指导。总之,对于教师来说,口语交际有时候真的不知道如何上,心里也觉得它没有那么重要。

事实上,口语交际的能力对于一个人是非常重要的。人是社会的人,自然离不开与人打交道。与人打交道,自然离不开语言交流。语言交流的层次决定着交流、交际的层次。有时一次重要场合的与人交流甚至影响人的一生。从这个角度讲,口语交际的能力似乎要比其他语文能力显得更为重要。

重要归重要,然而人都是现实的,对于教师来说,眼前的利益最重要。在学生考试成绩代表学生学习水平和教师教学水平的情况下,教师首先会选择搞好应试。这是大家都能看到的利益。

因此,清河区教研室的钟主任能抓住一线教师的难点、学生能力的重点展开研究,可见眼光独特,心中有学生、有教师。

经过多次的主题研讨,大家对口语交际的课堂教学明显有了更高的认识。

今天一节是三国故事擂台赛,一节是介绍一个民族。

两节课听下来,对第二节课的印象更深些。谢老师的课堂上,教师用自己的语言、机智,为学生做了口语交际的示范。

口语交际离不开交流,交流离不开互动。光是一个人自言自语,不是真正的交流。第一节三国故事擂台赛,教师通过擂主的PK,进行故事讲述的比赛。一个学生讲故事,其他学生听。听完后,大家评议。总感觉这样的评议缺少深度,无非是讲得生动、具体之类的套话、空话。如果再深入些,再谈谈故事中的某个环节换成是你,你会怎么讲,然后现场讲给别人听。大家前后比较一下,高低自然出来,彼此都有收获。这其实也是口语交际,不是讲故事才属于口语交际的内容。

谢老师在课堂上这点做得非常好。学生介绍完一个民族,其他学生评议。这里的评议,就属于比较深的层次,不仅表扬、肯定,也提出改进的地方或自己的疑惑。彼此间的互动,才是真正的交际。

谢老师对学生发言的及时评价,也足见谢老师口语交际的能力。

(2015年5月17日　清河实小)

(三)习作教学的情境

习作教学更需要情境,如果教师把情境创设得好,学生写作会更顺手,更有灵感。这个情境一方面是课前学生习作素材的积累过程,这个过程虽然在课前,但是对学生课堂上的习作兴趣的激发和热情的维持非常重要;另一方面是课堂上教师的指导和习作氛围的营造。

有些习作，作前准备不可少

虽然提前一晚上布置学生回家预习"习作一"。但是我知道，效果可能不理想。主要因为之前我也没有指导过习作的预习，很多学生不知道怎么预习。特别是像"介绍我的植物朋友"这样的习作，需要准备什么，如果没有指导，很多学生不知道从何下手。另外，仅仅提前一个晚上，对于这篇习作来说时间是远远不够的。因为这篇习作需要同学们对植物朋友有长时间的细致观察。提前一周，甚至更长时间才会有好的效果。

上课之前，我进班级，了解一下同学们的自学情况。果然如我上面所料。最好的表现就是将"习作一"的要求等内容读了几遍。

尽管如此，我还得硬着头皮上啊！（其实完全可以放一放，等一两周再写，还是着急了。）

我先板书习作题目"我的植物朋友"，便将问题抛给同学们："你们觉得应该写植物的哪些方面？"

你永远不要怀疑学生的能量，他们绝对会超出你的预期和想象。

"名称！""这是必需的，不能说了半天，连是什么植物都没说。"

"样子！"我板书后，脑海里立即补充，"样子"太笼统，还要具体一些，样子包括哪些方面？

"大小、形状、颜色、气味等。"这样一补充，内容就变得充实了，植物的样子就变得立体起来了。

"植物的生长习性。"这一点补充得好。这说明对植物熟悉，比如它喜欢什么样的环境、耐不耐寒、喜不喜阳光之类的。

"植物的成长过程。"学生说得太好了。如果能介绍植物朋友的成长过程，那不是写活了吗？

"我和植物之间的感情。"既然题目是"我的植物朋友"，是朋友，那当然要在习作中体现我和植物之间的交往和友谊。

经过学生们互相补充、完善，我觉得学生应该知道怎么写了。方法解决了，内容最重要。不然，就是"巧妇难为无米之炊"。

我接着询问大家的植物朋友都是谁。有的说是家里的盆栽，有的说是院子里的植物，也有的说是公园里的植物，还有少部分人回答说没有。我得想办法帮这些少部分没有植物朋友的同学解决这些问题。于是，我立即做了一个大胆的决定，就是带这些同学下楼到校园里寻找自己喜欢的植物。

结果，只有少部分留在教室的同学开始动手写作文了。那些说没有植物朋友的同学，还有一些想趁机溜出去的同学都跟着我下楼了。

每带到校园的一处植物旁,我就请感兴趣的同学留下来观察。毕竟,每个学生喜欢的植物是不一样的。

希望我这些做法能为孩子们的本次习作带来积极的作用。

(2022年2月23日　淮安市实验小学)

情境的创设不仅是实物的呈现、情景的再现以及走进实境等的现场感,有时教师巧妙地引导,帮助学生打开思维的翅膀,创设一个学生想写、知道如何写的情境,让学生一吐为快,下笔如有神,这也是美妙的习作情境。

观察日记的指导

如何指导学生写观察记录?

首先,我问学生:"你们觉得我们可以观察哪些东西?"

"植物""动物"这些回答是我意料之中的。

接下来的"月亮""天气""白天的时长"等回答,让我感觉学生观察的对象真是千奇百怪。但这是我乐意看到的,说明孩子们有自己的观察视角,没有盲目地跟着别人走。我相信这些观察的对象一定是他们自己喜爱的事物,只有这样,他们才会有兴趣去观察,以及持久地观察。如果是跟着别人或者老师、家长指定的观察对象,也许不会有强烈的观察动机。因此,看到课堂上孩子们涌现出这么多的观察对象,我非常开心。

接下来,我要和孩子们一起探讨如何观察。孩子们陆续贡献自己的经验和智慧。

"要持久地观察,才能观察到它的变化。"

我将"持久"和"变化"板书在黑板上。

我引导:"持久是多久?"

"一周、两周。"

"一个月、两个月。"

"时间的长短,要根据观察对象而定,比如观察月亮至少需要一个月,才能发现月圆、月缺的变化规律;而观察豆子发芽只需要一周左右。"

我继续引导:"怎样能看到变化,我们需要注意什么?"

"抓住几个要素持续地观察记录。"

"很好,这样就能观察到变化来。举例说说看,观察哪些要素?"

学生依次说出"颜色""形状""大小""重量"等这些变化。

知道怎么观察了,那么怎么写观察记录呢?

我先请学生朗读书上第42页描写燕子窝的两篇观察记录,再请学生说说有什么感受。

"既要写自己观察到的,又要写自己想到的。"这是观察记录内容上的要求。

"要写上日期。"这是观察记录格式上的要求。

接下来,我又投影了国庆期间已经完成观察记录的学生观察日记。如果前面是教材提供的范文,离学生比较远的话,那么现在展示身边学生的观察记录,对学生的影响会更大。

(2022年10月12日　淮安市实验小学)

(四)课堂情境的误区

课堂一切情境的创设,都是以有利于学生学习为根本目的。课堂教学的每个环节都应有相应的情境,一个完整的课堂教学其实就是一个个小的教学情境组成的大的教学情境,每个情境之间有着内在的联系,这就是所谓的"境脉"。

认识了一个新词:"境脉"

——读钟启泉《深度学习》有感之一

暑假,淮安市教师发展学院给每位学员发了几本书,其中一本书是《深度学习》,书名一下子就吸引了我的注意力。因为,近年来"学习""深度学习"之类的教育名词,热度特别高,也特别吸人眼球。因此,这本书特别吸引我的注意力。

再一看书的作者,是钟启泉。之前,看过他的《核心素养十讲》,感觉内容讲得深刻透彻,语言又浅显易懂,读后很有收获。这进一步使我产生读这本书的欲望。

我读这本书,明显感觉比读《核心素养十讲》要吃力。从引言到第一章"核心素养与深度学习",再到第二章"'深度学习'的概念",然后到第三章"认知发展与深度学习",已经花了一个暑假的时间,而且感觉还是似懂非懂的。

这三章里,有个新词"境脉",是我第一次接触,既觉得好奇,又觉得深奥。

而且这几章里还反复出现这个词:"这就是认知心理学的'情境学习论',强调了境脉的重要性。""不是单纯地积累学科的知识,而是要求重建因应境脉的'知识'——这就是深度学习的根本出发点。"……

另外,在谈到"围绕'学习'本质的三种共识"里,特别强调第二种共识就是"具体的境脉"。"这是学习科学围绕人类终身持续的学习活动的本质。""亦即人类的学习与智慧的发挥强烈地依存于境脉与情境,就是所谓的'情境学习'。"并且得出"教学创造的要诀在于境脉的形成"。

那么,到底"境脉"是什么呢?它到底有着怎样的内涵?

还是,先从万能的"百度"开始:"'境脉'的概念最初用于语言分析,意指决定单词或段落意义的特定语言环境。近年来,这一概念已在教育领域中得到了重视和运用。""Dey等人比较了许多关于'境脉'的定义,最终将'境脉'定义为'所有可以用于确定当前主体(如人、地点、物体等)的所在情境的信息,包括用户及相关应用本身'。"

"课堂境脉是指教学双方在课堂上进行教学活动这一情境的信息。教学的过程并不是简单的知识授受,知识、能力、情感、态度、价值观是附着于一定的形式在一定的教学情境中流动的。那么所谓的课堂境脉的掌控就决定了学习过程的质量与效果。"

我读完这些,感觉对这个词的理解还是模糊。再结合书中描述,是不是可以这样理解:"境脉"就是情境的脉络。

课堂教学,就是一个大的情境。这个大情境是由若干个小情境构成。这些小情境之间的内在联系和逻辑关系,就构成了课堂教学的情境脉络,也就是境脉。这样看,境脉实际上也是教与学的脉络。

强调境脉就是要强调各种情境之间的关系。这里特别提到学科知识与解决实际问题之间的关系。知识是为了更好地解决现实问题。教师要善于架构知识与现实问题之间桥梁,也就是境脉。学习的知识而创设的情境与生活相一致。

书上还特别讲了一个例子:"有载客60人的汽车,要运送140人,问需要多少辆汽车?"回答是二又三分之一辆。现实生活中没有二又三分之一辆车,只能是3辆车。不仅要会数理解决,还要对解决作出现实性评价。

要想深入理解"境脉",我还需要继续读下去,也许还要再回头多读几遍,甚至还要找一找资料才行。

(2022年9月5日　淮安市实验小学)

事实上,有时候,我们在课堂上一味强调情境的渲染性,而忽视了学生的心境,可能不利于学生在课堂上的学习。

让人揪心的情境

今天听了两节课。一节"感恩 珍惜"口语交际课,一节课外阅读交流课。

"感恩 珍惜"口语交际课上,教师凭着感人的音乐,通过把自己最喜爱的五个人一次次地划去,把学生对亲人的不舍情感激发出来。课堂上,每个学生都噙着泪水,甚至有的学生哭出声来。

最与众不同的是,课堂上家长与学生一起参与。孩子们最后保留的亲人大部分是爸爸或妈妈,现场的家长有5位最后保留的亲人是妈妈,只有一位家长最后保留的是自己的孩子。

家长与孩子最后保留的亲人还是有差别的。小孩保留的亲人主要是对自己好的,陪自己时间多的亲人。成人则比较理性。特别是母亲给予他们生命,在每个人的成长过程中母亲的付出最多,因此保留"妈妈"的人很多。

课堂上有个细节,就是唯一一位母亲说她最后保留的人是孩子。当时,我和听课老师都觉得这位家长很真实。前面家长都说保留最后的亲人是母亲。李老师随即问:"你的孩子叫什么名字?"但这位家长似乎有什么难言之隐,感觉不便说,或者不想说。

正好坐在我旁边听课的是该班的班主任蒋老师。我忙轻声问:"这是怎么回事?"蒋老师说:"他家有两个小孩,在这个孩子面前说保留谁都不好。"是啊,如果该家长说保留的是另外一个孩子,那在现场的这位孩子会怎么想。如果反之,另外一个孩子又会怎么想。总之,说谁都会伤害到另外一个孩子。现在,我明白那位家长为什么不说孩子的名字了。真没想到这位家长心思这么细腻,考虑如此周全。

因此,我在想,用这样一次次划去亲人名字的方法,创设所谓的情境,合不合适?

学生对亲人的感情孰轻孰重,是很难界定和判断的。课堂上,教师与学生对话,让其讲述划去亲人名字的理由,确有精神折磨之嫌。因此,有几位学生都表示不好说。这样的心境和情境,有益于学生口语表达吗?学生在难过的心情下泣不成声,会产生口语交际的欲望和内容吗?

口语交际创设的情境应有利于学生的口语表达,也要符合人性。口语交际就是要指导学生学会在不同的时间、不同的场合与不同的人沟通。

(2015年12月9日 清河实小)

十、"向美课堂"教学之习惯美

习惯是一个人自觉化的行为。之所以是习惯,是因为是自己主动为之,并且持之以恒。习惯起源于兴趣,贵在坚持,成于自动化。叶圣陶说:"好习惯养成了,一辈子受用;坏习惯养成了,一辈子吃亏。"一个人具有良好的语文学习习惯,对一个人形成优秀的语文素养具有重要意义。

(一) 预习习惯

预习对于学生的学习和教师的教学都有着重要的意义。对于学生来说,预习可以发现对新知的疑问和困惑,便于课堂上,与他者进行有针对性的交流。对于教师来说,便于第一时间掌握学生学习新知的起点和重难点,从而确定教学的目标、内容和方式、策略。

名副其实的"前置"学习

今天上午的一节课,我用来检查学生自学情况。

这学期来,我逐步加大学生自学能力的培养。一开始,让孩子们在课堂上自学。我提出三个自学的要求:一是自学生字词,要求能记住字音、会写字形,能借助字典组词等;

二是读准读通课文,具体表现为标上自然段序号,课文至少读三遍;三是能提出有价值的问题,并尝试自己去解决。

经过一段时间,我现在逐步要求学生自学的时间前移,要求同学们在课前完成上面三条自学要求。上课伊始,我主要检查同学们的自学情况。

第一项是听写词语和拼音,全班只有10个人左右有错误,看来学生自学生字的能力有了显著提高。反馈生字过程中,我只提了一个"陪"字。将"陪""部""培"进行比较教学。

第二项是检查课文朗读。挑选了几个平时朗读水平一般的学生先读,个别同学读得不是很连贯。值得一提的是,指名读时,个别学生在下面没有认真听,甚至都不知道别人读到哪儿了。左右互相读后,再检查几个读书水平比较差的学生。不错,经过练习和检查反馈,他们的朗读水平有一定进步。于是,再让前后两个同学互相读。由读书水平可以推断,很多学生在自学时存在不一定会检查到自己的侥幸心理。所以在自学时没有做到认真读三遍课文。以检查的方式倒逼学生熟读课文,效果不是很显著,可能这需要很长时间的训练。

第三项是学生提出有价值的问题并尝试自己解决。目前学生的提问水平有很大提高。一些难懂的字词,大部分同学都知道通过查字典、联系上下文等方法去解决。很多问题都能围绕文章内容提出。今天就有学生提出"安培为什么会把马车的后壁当作黑板?""黑板为什么要加上引号?"等问题。这些问题正是教学的重难点。虽然是二年级,但是学生的提问能力还是很不错的。

(2018年5月3日 淮安市实验小学新城校区)

一个习惯的养成需要很长时间的坚持才能实现,相反,一个习惯的遗弃只要两三天就行。培根说:"习惯真是一种顽强而巨大的力量,它可以主宰人的一生,因此,人从幼年起就应该通过教育培养一种良好的习惯。"学生良好的预习习惯的养成,需要教师的引导和持续的督促、鼓励和反馈。

良好习惯的养成需要不断地反馈

教学的理想是学生都能提前自学,课堂上互相交流问题,解决问题,课后学生自己复习。

单说自学的培养就不是很容易做到的。

我已经和班级学生相处一学期多了,但是学生自学的习惯和能力仍然没有达到理想的效果。

今天是周一,按理说学生的自学时间很充裕。因为有周末,而且周末又没有其他任何作业。没有教师的提醒,没有家长的监督,学生会主动自学吗?

上课伊始,我检查自学。首先看看有没有读课文三遍,这项要求的完成完全取决于学生的自觉主动。到底有没有读了三遍课文,很难检查,除非让学生家长检查并签字,这是个好方法,但是不能用。这涉及让家长完成作业的嫌疑,如果有家长举报,老师会很被动。只剩下在课堂上教师的检查,因为课堂时间有限,再加上学生多,教师也只能抽查一小部分学生,达到了解情况以及敲打未读书的学生的目的。

我先问学生:"在家读过三遍课文的请举手。"只有几个同学没举手,我先表扬再批评:"首先表扬这几个没有读书但是敢于承认的同学,他们很诚实。"我知道举手的同学当中一定有根本没有读课文的同学。

接下来就是检查的时候,我点了几个可能没有读课文,但是又说自己读了课文的同学。果然,有几个人课文读得不连贯,甚至连句子停顿都不对。很显然,这些同学根本没有完成课前至少读三遍课文的任务。

在交流完自学疑问,强调重点字音、字形后,我布置学生写《习字册》,我来检查生字词自学情况。

果然,有三分之一的同学没有自学生字词。

我想,这和我没有按时检查自学也有关系。我发现学生前面两篇课文的生字词自学都没有批改。学生估计看老师没有检查,也就存在侥幸心理。如果每篇课文上课前我都能去提前检查一下,应该效果会好很多。

这也可以从带字典的情况看出,最近每天上课前我都检查学生带字典的情况,连续几天总有人忘记带字典。今天虽然是周一,但是与前一周相比人少很多。

习惯的养成督查很重要呦!

(2020年5月25日 淮安市实验小学)

长时间用同一种检查方式,也会使师生产生厌倦。这时候,就需要我们教师不断地根据实际情况有针对性地调整检查方式,更好地促进习惯的养成。调整的方式很多,有时可以改变一下检查的时间,有时可以改变检查的地点和人,有时可以改变检查的方式。

试试小组检查

今天上午有两节语文课,我想了解孩子们的自学情况。

我改变以往的方式,由我一个人检查每个人的自学,而采用小组三人相互检查自学的方式。

我先以一个组为例,向学生介绍小组检查的方式。要求每个人先把自己自学的三项任务给其他两人看,其他两个人一是看有没有完成,二是看完成的质量。比如,生字加拼音是否准确、组词是否恰当、没有错别字等。

通过小组现场演练,学生明白了如何进行小组检查自学了。接下来,我请学生以小组形式进行自学检查。我在班级内巡视,发现孩子们在小组内检查得很认真。

有的提醒其他学生多音字的拼音和组词没有完成,有的指出组词中的错别字,等等。我想这比我一个人检查全班学生的效果要好,因为我检查的时候要检查全班48位同学的自学情况,所以对大部分学生只能一目十行地浏览。因此,孩子们自学过程中出现的有些问题没有及时被我发现,及时反馈,影响到学生预习的效果。

(2021年5月21日　淮安市实验小学)

提到预习,自然想到前置学习。前置学习与预习之间到底有怎样的区别呢?笔者认为二者并没有显著差异。所谓主观性更强、计划性更强,完全取决于教师个人实践操作。接下来,笔者谈谈基于用户思维的前置学习的实践探索。

当下,以儿童为中心,以学定教的思想基本上得到一线教师的认可,但是在实际的教学实践中,并没有很好地落实儿童的语文观。目中没有学生,或者目中只有少部分学生的现象还比较多。这些现象不仅在课堂上,还被"开拓"到课前。这样,原本学生自由、自主、能动的前置学习,也被我们很多"好意"的语文老师,精于"设计",变成学生饱受折磨、痛苦不堪的艰难时空,严重影响学生学习语文的兴趣。

1. 用户思维的内涵及价值

如何更好地在前置学习实践中落实儿童的语文观,我们不妨借助商业中的用户思维。什么是用户思维呢?简单地说,就是站在用户角度思考,充分考虑用户的需求和感受。对于小学语文教师来说,"用户"就是小学生,就是儿童。用户思维就是站在儿童的视角观照小学语文教学。

(1) 用户思维是儿童语文的体现

用户思维基于儿童的立场,是儿童语文的生动体现。教师要有用户思维,首先要了解儿童,必须让"儿童研究是我们的第一专业"。[1] 儿童不是小大人,他们对一切充满好奇,喜欢自由和游戏。他们用自己的方式观察、探索这个世界,他们有着自己的儿童哲学思维。作为用户思维的另一端,"教师应该把学生看作目的而不是手段"。[2] 教师要抛开急功近利,把学生的学习当作其发展丰富自己的过程,而不是为教师获得名利的手段。

(2) 用户思维是以学定教的呼唤

教师在引导、参与学生前置学习的过程中,及时发现学生学习的重难点是什么,为接下来课堂学习目标的确定、方法的选择等提供支撑,实现课堂上的有的放矢、因材施教,促进每个学生的发展,从而带动教师的成长。具体到每一课,学生已经拥有什么,还

---

[1] 成尚荣.儿童立场[M].上海:华东师范大学出版社,2018:15.
[2] 周国平.让教育回归人性.[M].武汉:长江文艺出版社,2017:6.

需要什么,是我们教师必须了解的学情和预设的目标。基于用户思维的前置学习就是和着儿童的节拍,自我尝试、自我探究的过程,是儿童学语文的方式,丰富自己的方式。这是基于用户思维的前置学习的价值所在。

2. 当下前置学习的现状及原因

前置学习,顾名思义就是学生在教师组织集中教学之前的自主(或小组)探究的过程。这个过程是学生个性化的预习过程,是师生集中教学的预热过程。它虽然带有鲜明的主观印记,但是作为教师,我们必须以用户思维,站在儿童的立场,科学地引导学生做好前置学习。目前,笔者了解到学生的前置学习主要存在以下现状。

(1) 不断"强化"的前置学习,挫伤学习的积极性

① 前置学习目标越位。不同年段的前置学习要求是不同的。小学低年级学生前置学习要求不能太高,特别是一年级的小朋友。他们的前置学习以口头活动为主,如读读拼音、读读课文、读读生字词等。但是,有些语文老师将生字词的描写之类的也作为学生的前置学习,就超出了国家要求低年级学生不留书面作业的规定。本来低年级学生拼音、识字是学习的重点也是难点,应该作为语文课上的主要任务,如果老师将这些应该在课堂上完成的内容推给学生回家完成,就是失责的行为。大部分学生完成这样的内容是有一定的难度的,时间长了势必影响到学语文的兴趣。还有,学生对生字的笔顺等还不熟悉,就开始自己先尝试描写,容易造成倒笔顺、写错字等现象发生,对后续学习产生不良影响。

② 前置学习要求错位。有些教师在学生前置学习中强行要求处处留痕,如生字自学要有组词、加拼音,课后习题要写出自己的思考和观点。这样的要求对于少部分学力高的学生来说也许能做到,但是大部分学生完成起来还是很困难的。因为那些课后习题都是文中重要的问题,必须在熟读课文并且有一定理解的基础上才能完成。这样的要求势必造成一部分学生畏难而放弃,继而被老师批评而逐渐失去对语文的兴趣;一部分学生被逼着找一些资料抄到书上完成任务,这样的前置学习也许会让课堂上的学生与教师对答如流,但这是我们需要的吗?

③ 前置学习主角缺位。有些老师对前置学习要求太多,完全不考虑学生的实际情况和真实感受,如不仅要读课文、自学生字词、思考课后习题,还要求加上批注(甚至要求不少于3条)、列出读不懂的问题,等等。试想,一个学生完成这么多的前置学习任务,需要花多少时间?没有40分钟是完成不了的,而且这还是对于自学能力很强的学生来说的。那些完成不了的学生,每次在这样的作业中承受失败的挫折,对语文学习的兴趣怎么会高呢?前置学习缺少学生的话语权、自主权。

(2) 不断"固化"的前置学习,抑制学习的能动性

① 前置学习时空的固化。前置学习不仅仅是课堂教学之前的学习。教学之前的时空是学生进行前置学习的主阵地，但不是唯一阵地。课堂也是学生前置学习的重要时空。在学生没有形成较好的前置性学习能力之前，课堂上的引导和演练非常重要。这不仅是低年段学生的需要，也是每个年段学生的需要。因为每个年段都会有新的前置学习的内容和要求。从广义上讲，在教学时空之前的教与学都可以称为现在的前置学习，包括学生自主（或小组）学习和师生的集中教学。因为语文能力和素养是有内在联系的，也是螺旋式上升的。

② 前置学习内容的固化。很多前置性学习任务每天对于每个学生都一样。这是因为前置学习的内容往往来自教师的设计、教师的意图。像这样不考虑每个学生的差异、每篇课文的异同，就可能导致有的学生吃不饱，有的学生吃不下。如有的教师为了让学生课前读好课文，强行规定学生读课文至少3遍，每个生字写两遍，组两个词等。殊不知，有的学生读1遍课文就可以读准读连贯课文，有的学生读3遍也未必能读顺课文。有的学生不需要写就能很好地识字，有的学生识字能力差，写两遍效果也不大。这种被动的、重复的、无差异、无变化的前置性学习内容，缺少学生的参与设计和自主选择，导致学生越来越会产生疲劳感和胁迫感。

（3）不断"异化"的前置评价，降低学习的时效性

① 简单反馈前置学习。对于学生前置学习的反馈是个重要的环节，起着承接课前与课堂的桥梁和纽带作用，有些教师将这个重要环节弱化或者简单化处理。有的轻描淡写地检查学生的学习痕迹，只要有痕迹可见就行。有的在课堂上通过检查几个学生读课文来了解全班的读书情况。这些以偏概全、以点带面、蜻蜓点水式的反馈方式，不能全面了解学生前置学习的真实状况。

② 过度反馈前置学习。前置学习的特殊性，如学习的兴趣、习惯等是不容易通过简单的可视可听的检查方式了解的。有的教师了解了学生生字词的自学情况就进行课文所有生字词的认读和听写，再加上反馈和订正至少10分钟。这种拉网式反馈，缺少重点，耗时长，效果差，同样起不到预期效果。

③ 无视前置学习反馈。有了前置学习的反馈，教师应该知道哪些学生在识字方面存在困难，课堂上与识字有关的教学要重点关注他们；哪些学生课文朗读存在问题，课堂上就多给这些学生锻炼的机会；哪些问题是学生普遍存在的，那就在课堂上作为重点探讨的话题。但是，有的教师没有用好前置学习的资源，缺少了解、分析和研究。学生已懂的地方还在反复浪费时间，读不懂的问题却一带而过。

3. 用户思维在前置学习中的实践策略

（1）以用户思维，科学定位前置学习，确保不"抢跑"

① 目标定位要准。每个年段学生的前置学习目标要符合课程标准。以识字与写字为例,第一学段侧重识字,侧重识字的兴趣,学习独立识字。这个学段的前置学习应主要以认识汉字为主,学会借助拼音识字,借助工具书识字,在生活中识字等,不宜过多书写汉字。第二学段,应具有初步的独立识字能力。能熟练使用字典、词典识字。这个学段可以由扶到放,逐步指导学生自学生字词,应该是前置学习一项重要的内容。第三学段,学生已经拥有较强的独立识字能力,这时候的前置作业自学生字词则是辅助、次要的,不能再像第二学段那样把它作为前置学习的主要内容。在阅读与鉴赏、表达与交流、梳理与探究等方面,也同样各有侧重,又前后关联,螺旋式上升。

② 学习要求要实。在目标明确的基础上,前置学习的要求无论是哪个学段的都要准确具体,可操作。简单的一句"预习某篇课文"这样的要求,会让学生无所适从。如统编教材三年级下册《蜜蜂》第一课时前置学习的要求:

(1) 自由读课文,做到读准读连贯。

(2) 画出读不懂的词语或句子。

(3) 课后黑线生字加拼音、组词,把你最得意的一个识字方法与同桌分享。

(4) 搜集法布尔的资料,选择喜欢的地方记下来,课堂上交流。

四条要求,学生一看就知道怎么做,做到什么程度。其中(1)和(2)的要求可以同时完成,学生边读课文就可以边圈画出读不懂的地方。(3)是识字写字要求,重在音形义的自学以及识字方法的实践运用。(4)是搜集资料的能力要求,目的是要改变那种简单机械搜集的方法,是要学生将自己感兴趣或印象深刻的地方记下来,这儿有个加工处理的过程。这样的学习要求如果能以文字的形式,形成学习单,发给学生,那就更好了。

③ 学习任务要精。每个学段每篇课文的前置学习都要有所区别。略读课文与精读课文的前置学习任务不同,同是精读课文,不同的课文、不同的课时也会不一样。所以,前置学习任务需要师生结合文本和学生的特点确定好。同是统编教材三年级下册《蜜蜂》,第二课时的前置学习任务就与第一课时的不一样:

(1) 默读课文,尝试把第53页的图表补充完整。

(2) 找出与第53页加点词语类似的词语,体会这样写的好处。

(3) 把还没有读懂的词语或句子用着重号记下来。

前置学习任务应该根据学习的推进而变化,根据需要分序时进行,不可以一次性将两课时前置学习任务集中完成,否则,学生的学习负担就加重了。同时,前置学习的内容要前后照应,是有坡度的无缝对接。

(2) 以用户思维,自主弹性地进行前置学习,确保不"齐跑"

① 从课外到课内因需而定。如果望文生义,人们往往会错误地认为前置学习就是

课堂教学之前的学习。前置学习实际是课堂学习的一部分,是引子,是导火索,二者是融为一体的,不能简单生硬地以课内课外切割开来。为了便于叙述,我们姑且先按课内课外区别开这两个时空。如统编教材四年级上册略读课文《蝴蝶的家》,这是第二单元的最后一篇课文。这个单元的语文要素主要是培养学生自己提出问题并尝试自己分类解决问题的能力。前面三篇课文的学习都是这篇略读课文的前置学习范畴。在《一个豆荚里的五粒豆》中引导学生积极思考提出问题,看看这些问题是从哪些角度提出的。《夜间飞行的秘密》《呼风唤雨的世纪》引导学生对提出的问题进行分类,看看哪些问题有价值。这样看来的话,这些课堂教学实际上也是《蝴蝶的家》的前置学习。不仅如此,对第一学段刚开始进行前置学习,以及其他学段遇到新的前置学习任务时,非常有必要在课堂上进行手把手指导。

② 从数量到质量因人而异。前置学习要充分考虑学生个体差异,不可一刀切,学习内容的数量和质量都要有弹性。统编教材五年级下册《军神》第一课时前置学习:

(1) 读准读连贯课文,不认识或拿不准的字查字典,多读几遍。

(2) 将难写的生字想办法记住,陌生的生字试着多组几个词。

(3) 画出课文里读不懂的词句或记下产生的疑问,试着自己解决。

(4) 如果完成以上的学习任务,你可以试着有感情地朗读课文。

这是高年级学生精读课文第一课时的前置学习内容,从数量上看,(1)(2)(3)是基础,每个学生必须完成,(4)是选做的,根据学生的能力和兴趣选择完成。从质量角度看,每一项任务也都是有弹性的。(1)读准读连贯课文,每个学生需要读的遍数和时间是不一样的。(2)不同的学生选择的难写的字是不一样的,识字能力强的学生陌生的字会觉得少一些,在这一项的学习时间也就少一些。节省的时间可以更好地完成剩下的任务和选做的内容。(3)对于每个学生来说会产生不同的问题,问题的数量和质量也会不一样,这些差异是正常的、是客观的。教师要尊重学生的这些差异,不要对一些学力差的学生提出的幼稚问题不屑甚至嘲笑,而应尊重每个学生思考的过程和结果;也不要对那些学力强的学生高看一眼,要引导他们在现有基础上向更深更高处探究。

(3) 以用户思维,多元评价前置学习,确保不"漏跑"

① 自评他评师评全方位。前置学习重要的功能是培养学生良好的学习习惯。外在的一切因素都是为了学生最终形成自律,从而主动能动地自学,提高自身的学力。因此,前置学习的自我评价就显得尤为重要。为了便于学生对前置学习情况进行总结,教师可以设计好前置学习单。如上述统编教材三年级下册《蜜蜂》第一课时可以设计这样的前置学习单:

《蜜蜂》第一课时课前挑战

同学们，我们即将学习《蜜蜂》，你做好准备了吗？

序号	内容	完成情况（根据完成情况每项最多得五颗星）		
		自评	同桌评	教师评
1	自由读课文，读准读连贯。			
2	画出读不懂的词语或句子。			
3	课后黑线生字加拼音、组词，把你最得意的一个识字方法与同桌分享。			
4	搜集法布尔的资料，选择喜欢的地方记下来，课堂上交流。			
5	你最喜欢上述哪项学习？			
6	你有什么困难？需要怎样的帮助？			

标题拟为"《蜜蜂》第一课时课前挑战"，比简单的"学习单"更容易激发学生学习的兴趣，燃起克服困难的斗志。自评的目的是促进学生完成任务，同桌评可以相互学习取长补短，共同进步。教师评价有利于第一时间了解学生学习的状态，了解他们学习的困难，需要怎样的帮助，便于教师课堂上有针对性的教学以及今后前置学习项目的优化。为了进一步激励学生高质量完成前置学习，可以每周根据得星情况评选优秀之星、进步之星。

② 课前课中课后全覆盖。自评的时间为学生完成任务后，同桌评应该在课前的时间，如早读课或课间。刚开始时，教师可以组织统一时间集中开展互评，指导成熟后，学生可以利用课间互评。教师评有的内容可以在教学之前完成，有的可以在课堂上，有的可以在课后。如上述2、3、4、5、6项必须在课前有一定的了解，自由读课文则可以在课堂上通过指名读、互读的方式去了解实际朗读情况。5、6项则需要教师课后再通过个别访谈等方式追踪了解学生学习困惑是否解决，前置学习的方式、内容、评价是否需要改进和完善。

③ 因人因文因需全素养。前置学习最大的特点是学生自己先试学。在试学中，发现存在的问题，从而为教师课堂教学目标的设定、教学方法和策略的选择提供学情依据。如果有的课文长且难读，学生读起来很费劲，那么就不能将读准读连贯课文的要求完全放到前置学习，课堂上要作为重点，指导学生如何才能读好长且难读的文章。如果有的生字笔顺、字形或者字音易错，教师在课堂上可以突出这些生字，就不用花时间在那些学生已掌握的字词上。对前置学习产生的其他问题，教师要善于引导学生逐步学

会分类,对有价值且与课文目标紧密联系的问题,要重点组织学生分组探究、交流。这样节省了时间,抓住了真正的重难点,学生的文化自信、语言运用、思维能力、审美创造的核心素养定会全面提升。

综上所述,前置学习是学生语文学习的一个重要组成部分,必须紧紧依托语文学科特点,设计科学、适当、多样、富有弹性的学习内容,教师要充分尊重学生的特点,以用户思维和学生视角,参与前置学习,尊重学生的个体差异,发挥激励机制,让每个学生都喜欢并有质量地完成自己的前置学习。教师要充分发挥前置学习的价值,为课堂教学营造一个目标可及、自主合作、人人都有展示的机会、人人都有成长的舞台。

(二)查字典的习惯

字典是学习语文最重要的工具。勤查字典是小学生应该养成的学习习惯。从二年级开始学生就学习查字典,到三年级已经基本掌握了查字典的各种方法。但是学生对于字典的用处还不是非常清楚。他们只是掌握了查字典的方式而已,还不能通过查字典解决实际问题。因此,查字典的方法掌握了,接下来,教师应该在每节课上都让学生有机会实践一下,体验查字典对学习语文的重要意义。

查字典的习惯要从课堂上培养

今天我们继续学习《木兰从军》。

上节语文课已经让同学们思考:花木兰是个怎样的人?

为了让同学们感悟更深,上课伊始我就让同桌左右两人相互交流一下。

接下来,我请同学先说花木兰是个怎样的人,再找出相应的句子说一说。

一位同学提到花木兰是个为他人着想的人。我连忙追问:"从哪儿看出?"

"想到父亲年老多病,弟弟又小,为国为家分忧……她能替父亲弟弟着想。"虽然说得有些肤浅,但是我还是表扬他:"说得非常好,大家再把这位同学找的句子读一读,看看有什么要补充的。"

果然,有个学生说花木兰是个爱国爱家的人。我觉得这个理解要比替父亲、弟弟着想要更加深刻一些。

接下来有人说,花木兰是个英勇善战的人。这虽是书上的词,但我觉得找得非常好。我追问:"从哪里看出她英勇善战?"

"立下赫赫战功。"

"什么叫赫赫战功?查字典了吗?"

全班竟然没有一个人查字典。看来养成查字典的习惯任重而道远。我正好以此为契机,请同学们在课堂上查字典。

很快有人查到了"赫赫"。我等到全班人基本上都查好了,请人来交流。

原来"赫"在字典里只有一个意思,就是"盛大"。这样不用选择义项。我问:"现在谁来说说'赫赫战功'是什么意思。"

"就是立下很大的战功。"

"你还听说'赫赫'形容什么?"我原想扩充一下她们的词汇量,不过,孩子们只说出一个词语"赫赫有名"。

"从文中哪个词看出花木兰英勇善战?"

请了一圈人都没有说出来,我反复让学生再读课文。终于有位同学提到"巾帼英雄"。

"'巾帼英雄'是什么意思?"

我再次引导学生查字典。

"如果查'巾帼英雄',哪个字是关键字?"

"帼。"

"'帼'在字典里是什么意思?"

学生赶紧翻字典。

"'帼'就是头巾,指代妇女。"

"'巾帼英雄'就是……"

"女英雄。"

(2018 年 4 月 12 日　淮安市实验小学新城校区)

字典是学习语文最重要的工具,但不是万能的工具,也不是唯一的工具。如果希望通过查字典能解决所有学习语文的问题,也是不切实际的。

查字典也不是万能的

今天实习老师陆老师在我们班上课,内容是教学《歌唱王二小》第一课时。

前些天,她一直在我们班级听课。今天我来听她上课。没想到她上课的风格和我那么像。看来我对她的影响还是蛮大的。

在检查学生读课文后,她请同学们说说自己的困惑和疑问。这是我近年来课堂上的必备环节。让同学们带着思考自学,逐步提出有价值的问题。

有同学提出"传扬"的意思不懂。

陆老师问:"有同学知道吗?"

下面一片安静。看来是同学们都不知道这个词语的意思。

陆老师按照我的套路:"那就查字典吧!"

我在后面想:"孩子们带的都是《新华字典》,怎么能查到'传扬'的意思呢?分开查

'传'和'扬',再结合到一起理解'传扬'的意思。应该是有难度的。这时候需要教师指导一下。"

我在教室后面静观其变。

果然学生卖力地查字典,但是没有人能弄明白"传扬"的意思。

没办法,陆老师问同学们:"传可以组什么词?扬又可以组什么词?"

孩子们回答:"传达、传说、赞扬、扬名。"

"那么王二小的英雄事迹被传扬,就是被……"

"传颂、赞扬。"

这样一来,"传扬"的意思就基本明白了。

看来,理解词语的意思,查字典是一种方法,但不是万能方法,要根据情况采取不同的方法理解词语。联系上下文也是一种重要的且常见的理解词语的方法。即便查字典也需要结合上下文。如果脱离上下文去查字典,那只能是为查字典而查字典,对于理解词语有时是没有多大用处的。

(2018 年 4 月 13 日 淮安市实验小学新城校区)

(三)写日记的习惯

无论是成人还是孩童,写日记都是难得的一个好习惯。很多名人都有写日记的习惯。有文学家鲁迅的日记,也有气象学家竺可桢的日记;有做好事不留名的雷锋日记,也有政治家曾国藩的日记……写日记可以帮我们将一些珍贵的记忆和一闪而过的灵感保存下来,还能锻炼文笔,磨炼意志,让人逐渐变得理性。

第一次真正接触日记

今天的两节语文课,我用来指导学生写日记,也就是"习作二"。

我喜欢读学生的日记,也喜欢评讲学生的日记。我觉得写日记有利于学生提高语感,培养学生对生活的感悟和热爱。借助日记,也有利于教师与学生之间的感情交流。

今天是学生在学校第一次接触写日记。

我首先将书上的日记投影出来,请同学们自由读一读,并找一找日记与平常习作的不同之处。

接下来是请学生交流,学生都能发现日记的特殊格式和要求。

我根据学生的交流,板书一些关键的内容,如日期、星期、天气等。

学生的能力真是不可低估,他们从格式,如开头空两格、分自然段等,到日记的内容,都能说出需要注意的重点和关键地方。

有的说:"日记是写一件事。"我表扬:"写一件事能给人留下深刻印象,不要写太多的事情,事情多了,反而让人记不住,留不下印象。"

有的说:"日记不可以写想象的。"很显然,这个说法不准确,我纠正:"日记也可以写想象的,比如,我们做的梦,我们看到一个事物展开的想象等都可以写。"

有的说:"日记是写当天发生的事。"我觉得这一点也挺好,不能写太久远的事情,日记最好写当天的事情,当然也可以写现在对之前的事情看法,或者是对过去的事情回忆。

接下来,我请孩子们交流从昨天到今天作文课之间发生的事情。

一开始,学生觉得没有什么新鲜事,只有三三两两的人举手。

我没有着急,继续等待,等更多学生举手示意准备好了。

慢慢地,很多学生举起了手,我请几个学生交流一下。

"昨天下午放学的时候我们遇到下雨。"

"非常好,放学遇到下雨有什么事情发生,值得一写?"

"爸爸的鼾声吵醒了我。"

"昨天回家路上跌了一个跟头。"

……

在我的引导下,学生向大家介绍了这段时间内经历的印象深刻的事情。

看得出,孩子们的选材都很棒,期待学生的精彩日记。

(2021年9月29日　淮安市实验小学)

写日记不难,难的是长期坚持写日记。如何让学生爱上日记,坚持写日记?首先就是要通过日记的评讲,让学生真切地感受到日记的魅力。

会选材是写好日记第一步

今天下午的第一节课,我给孩子们评讲日记。

这一周日记明显感觉比以往的日记质量高多了。从数量上看,被表扬的学生数明显增多了。今天首先表扬了日记写得好的同学,在表扬的同时我翻开这些同学的日记,从中挑选了一些特别优秀的日记准备读给同学们听。

我一共选了4篇。

第一篇是鲍同学写的《三国杀》,这是一篇描写他与哥哥玩游戏的过程。这个游戏就是一种玩纸牌的游戏。日记里对小作者和哥哥相互出牌的过程写得具体,偶尔还有人物对话的描写,让人听完基本上知道了游戏的过程。边读边讲后,我特别强调平时大家玩的游戏也可以作为日记的内容。

第二篇写的是到敬老院孝敬老人的。日记写了送给老人吃的和穿的,还有为老人表演节目。虽然表演节目的过程写得不是特别具体,但是选择的材料很有意义。因此,我强调周末多走出家门,做一些有意义的事情。

第三篇写的是做完试卷检查的事情。这篇日记也是我感觉评讲得最好的一篇。读到小作者写完数学学案检查好放进书包时,我乘机引导其他学生要学习皇甫同学做完作业,自己检查,并放进书包。在读到爸爸得知小作者检查完作业还要自己再检查的时候,我夸赞皇甫同学的爸爸是个好爸爸。这篇日记不仅写得好,重要的是对其他学生的学习是一种引领和示范。

第四篇写的是在学校课程超市上做彩泥。这是发生在校园里的事。

这次我的讲评重点是日记的选材,通过这四篇优秀日记,学生明白了日记可以写学校里的事,也可以写家里的事;可以写学习上的事情,也可以写劳动的内容或者其他活动,甚至可以写玩游戏的过程。

希望通过评讲能使孩子们写日记时思路开阔一些,内容真实一些,学会将身边的小事写出来。

(2018 年 10 月 16 日　淮安市实验小学)

如果能有部分孩子哪怕是一个孩子,因为教师的引导,从此每天坚持写日记,那都是一件功德无量的事情。

(四)修改的习惯

叶圣陶先生曾说"我当过语文教师,改过学生习作不计其数,得到一个深切体会:徒劳无功。"笔者觉得学生习作水平的提高,一是练出来的,学生的习作量必须达到一定的数值;二是修改出来的,只有善于修改,并在每次习作修改中不断领悟习作的奇妙,习作水平才有可能突飞猛进。

近几年,为了提高学生的习作水平,我在习作讲评中做了一些尝试。

1. 略批:缩短周期,提高兴趣

在校园习作教学中,教师往往是学生习作的第一个读者。现实的状况是,一个教师读者要面临四十几篇作品,如果按传统精批细改的要求,教师至少要用 5 分钟的时间去批改一篇习作,那么一个班级学生的习作,教师至少要批改三个多小时的时间。一个教师除了上课、备课、批改其他作业,还要抽出三个多小时的时间去批改学生的习作,在正常的工作日下,即使再勤奋的教师完全批改好学生们的一次习作也需要一周以上的时间。且不谈教师批改的艰辛,我们的小作者们可在翘首期盼呀。盼呀,盼呀,盼了一周,甚至两周,才见到自己的作品反馈。等待是漫长的,是痛苦的。就在这样一次次的等待中,学生们的习作兴趣渐渐减弱了,当初那创作的激情也渐渐消融了。

为了维持学生习作的兴趣,保持创作的激情,我是这样批改孩子们的文章的:把全班学生的每一篇习作通读一遍,通读的过程中,只把每篇习作中的精彩的词、句、段用红笔圈画出来,不必写评语。这个过程中,教师要注意了解学生在本次习作中成功之处、典型问题。了解了这些问题,教师就可以梳理,提炼出在习作中出现的最典型或最需解决的一两个问题,这样习作讲评时的深入交流才会更有针对性。

在此基础上,再按组别或按不同习作水平精批细改10到15篇的学生作品,以便进一步细致了解学生们的本次习作情况。这样点面结合,既能减轻教师批改习作的重担,又能达到缩短一次习作周期的目的。

2. 范评:典型示范,方法引领

教师与学生的作品完成初次交流后,应及时进行深入的交流。从学生完成创作到教师通读所有作品以及反馈学生的作品这一系列过程,应在两三天完成。如果时间太长,教师可能对通读过程中发现的问题印象不深,学生也可能对自己的作品渐渐淡忘,此时,深入交流的效果就会大打折扣,就会像上面所述那样影响学生习作的持续发展。

反馈学生习作的第一件事就是让学生用5到10分钟的时间,认真阅读自己的习作,尤其要阅读老师在习作上留下的话语,甚至包括在作品上留下的符号。如果忽略了这一点,我想老师先前无论是略批还是精批都变成徒劳。

我是这样做的:

首先将优秀作品用屏幕投影出来,请习作的作者将作品读给大家听。用屏幕将作品投影出来非常重要,它既能集中学生的注意力,又能有利于学生对作品高质量的评析。请作者把自己的作品读给大家听,这一点也是非常必要的。它既肯定了小作者,让其体验到写作的乐趣和成就,也激发了其他学生写好作品的斗志,因为"在班里当众读作文,是一种很高的荣誉……"。接下来,老师和其他学生一边听一边评析,发现问题,可以随时打断小作者的朗诵,除了可以讲评字、词、句、标点,引导学生结合本次评讲重点展开评析。鼓励习作潜能生参与讲评,特别要提倡其他学生与小作者之间的交流,在交流中明白作品的成功与不足之处。教师在启发、引导学生讲评时,在投影的作品中规范地进行修改,写上眉批或总评。为了使更多的学生体验到习作的愉悦,可用5到10分钟的时间,让学生自告奋勇地当众朗诵老师通读时圈画出来的精彩句子。

童话故事的讲评

孩子们的童话故事到底写得怎样?我今天利用时间进行评讲。

我请一个已经完成习作的同学将习作投影出来。

我一边读一边对错别字、错标点进行修改。还好,这个学生的基本功很好,基本上没有错别字和错标点。但是总感觉不吸引人,读起来没有趣。怎么修改呢?

我请同学们先谈谈。一生说:"这篇故事里没有对话。"

我一看,果然是。通篇文章没有一处有引号。显然,故事里的人和物没有鲜活起来,没有对话怎么行呢？这是个大问题，也是这篇故事不太吸引人的重要因素。

一生说："这篇故事里发生的时间是黄昏，只有到最后才用一句话交代一下，我觉得不妥。"

评价得太到位了。的确是没有重点，很明显这个故事的重点应该放在黄昏的时候发生的事情，这篇习作只在最后说一句，显然是重点确定得不当，严重地说就是偏题、跑题了。

真没想到，学生的评价这样精辟。我进一步强调，今晚一定要先修改，再誊写，修改的重点就是刚才评讲的两点，一是有没有对话，二是有没有做到重点突出。

（2021年10月27日　淮安市实验小学）

3. 自改：潜心对话，不断完善

有了前面师生范批习作的引路，接下来学生自己与自己的作品进行潜心、细致地交流，也就水到渠成了。这一环节就是自改。《语文课程标准》中明确要求中年级要"学习修改习作中有明显错误的词句"，高年级要会"修改自己的习作"。

这个步骤的实施过程中要注意以下几点：

首先，应给予学生充分的自改时间，一般至少15分钟。切不可走过场，匆匆了事。因为自改是学生对作品自我完善的过程，它对学生语言的规范、语感的增强、语文素养的提高有着重要的意义。只有具备充足的时间，学生才能潜心、细致地品评自己的作品，提高修改习作的水平。

其次，要为学生提供良好的自改环境。自改时要求学生身心投入，这一切都要有安静的环境做保障。因此，教师应要求学生在自改时，选择默读的方式，以免互相干扰。教师还应主动维护教室秩序。

最后，教师要做好学生自改的服务工作。学生自改时教师应在教室巡视，以便及时解决学生自改时遇到的困难。最主要的是，教师这时应多关注一些习作潜能生，给他们一些帮助，这是所谓"面批"不宜错过的机会。

4. 互评：分享习作，共同提升

经过二次创作的文章往往较第一次的作品会有很大的进步，这时可激发学生"将自己的习作读给人听，与他人分享习作的快乐"。受课堂时间的限制，我认为以两人一组交流更好。交流时，要求双方交换作品读，如甲、乙两人为一组，甲放声朗读乙自改后的作品，并且与乙合看，甲边读边评析，有疑问处可与乙随时交流、商议。相互交流中强调多找对方的闪光点，学会委婉提出中肯的建议。如果两人在交流中有争议，存在严重分歧，教师可深入了解后作点评。

互改的质量有待提高

今天上午两节作文课,计划进行互改作文。从上次互改作文来看,效果还是很好的,虽然有些问题,已和同学们反馈过了。按道理,这次的互改会比上次好。

首先,给学生自改的时间。要求同学们自己修改自己的作文。这个时间大约20分钟。

其次,我选了两篇作文投影出来,进行范改。我选了中等作文水平的汪同学的作文,还有优秀作文水平的陈同学的作文。

投影出汪同学的作文,我请该生自己读给全班同学听。要求其他同学边听边看投影,发现问题就举手。不一会儿,很多同学发现,该文有一个标点通病,就是标点正好在一行最后一格的时候应该在最后一格写,而这位同学写在了下一行的第一格。这一点对很多同学来说很有意义。还有同学反映,该文没有写出大熊猫的样子,对于介绍大熊猫的文章来说,竟然全篇没有写到大熊猫的样子,显然是不合适的。还有的提到题目是"国宝大熊猫",文中没有提到为什么把大熊猫叫国宝?文章应该学会点题。另外,我也进行了补充,该文没有将收集的资料进行串联,缺少过渡语。当然还有错别字等。我在本子上用铅笔修改,投影给学生做示范。

第二本是陈同学的作文,很明显材料充实,段落之间衔接自然,我同样进行了示范修改。

按说,有了这两篇的范例,学生们应该知道怎么修改了。拭目以待吧。

接下来学生互改。互改的时候要求不讨论、不交流,可是有几个学生总是做不到,佘同学和冯同学总是交流。为什么在互改中不允许交流呢?主要是考虑到互改需要静下心认真阅读,凭自己的感受去修改。如果这个时候交流,容易受到别人的干扰和影响。互改后交流过程中,又有谢同学和方同学争吵不下,其实也没有什么,互相交流一下就能明白。但是他们不交流,看到别人的修改意见就接受不了,直接找老师评判。

最后,我要展示他们互改的情况。请了杨同学和李同学这一组。结果作文里面明显的错别字、错标点,还有添字、漏字都没有发现。据此,我再要求所有同学再次认真互改。

这一次互改的情况总算比上次有进步。

(2022年5月18日　淮安市实验小学)

学生互改的水平不是一下子就能提高的,需要教师在一篇篇习作互改实践中提高。如何提高互改的水平呢?

组内互改的升级

今天两节作文课,原计划用一节课讲评日记,一节课复习巩固。

结果整整用了两节课时间评讲日记、修改日记,虽然时间花得有些多了,但是效果挺好,也算是很值得的。

这次的日记讲评与平时的讲评有突破的地方,就是在小组三人互读日记后,增加了请小组来交流的环节。

我首先请了万同学代表小组检查小组成员卞同学的日记修改情况。万同学将卞同学的日记投影出来,再当众朗读卞同学的日记。

读完后,我再问刚才在小组内大家对这篇日记提出了哪些修改意见,卞同学有没有修改到位。

"我觉得应该补充一个结尾,然后卞同学补充上了。"

"你觉得卞同学的结尾补充得怎样?"

"挺好的,写出了自己的想法。"

……

我补充:"总的来说,这个小组评得不错,卞同学修改得也不错。现在其他同学看看这篇日记还有没有需要修改的地方?怎么修改会更好?"

"有个错别字。"

"真是火眼金睛,小组三人都没看见,我们这位同学发现了,很好!"

"我觉得结尾,除了写自己的想法,还可以写写希望,比如,希望自己的牙齿快点长出来!"

通过小组展示,大家评讲,一是反馈小组交流成果,二是进一步促进小组交流质量提升。修改日记的能力是写好日记的重要促进手段。在学生自己独自修改日记的时候,发现很多学生根本不会修改,明显的错别字、错标点等都修改不出来,更不要指望在内容上进行增加和润色了。

我们采用小组互相修改的方式,就出现了"三个臭皮匠赛过诸葛亮"的效果。很显然,小组的方式要比学生一个人修改的效果好很多,能发现自己发现不了的问题。当局者迷旁观者清,大概就是这个道理。

但是小组的修改还不够,集中全班力量修改,可以让很多学生知道如何修改,以便于今后自己更好地修改自己的文章。

(2020年12月2日 淮安市实验小学)

第四章 "向美课堂"之教学案例

巧借示意图，助力学生复述好故事

——《漏》第二课时教学设计

【教材说明】

《漏》是统编教材三年级语文下册第八单元第 27 课，也是本单元的第 3 篇课文。课文是一篇民间故事。故事围绕"漏"展开，老虎和贼对"漏"极其害怕的心理导致他们不辨真伪，盲目逃窜，下场可笑。故事讽刺了老虎和贼的愚蠢与贪婪，告诉人们做贼心虚、干坏事没有好下场的道理。

本单元主要培养的语文要素是练习复述。首篇课文《慢性子裁缝和急性子顾客》，重点引导学生借助表格复述故事。第 2 篇自读课文《方帽子店》，一是巩固借助表格复述故事的能力，二是强化用自己的话复述故事的能力。第 3 篇课文是《漏》，是一篇精读课文。本课着重指导学生借助示意图复述故事。《枣核》是第 4 篇课文，是一篇自读课文。本单元四篇课文，精读与自读交替分布，方法指导与实际运用相结合，都指向学生复述能力的培养。

【学情分析】

在本单元，学生第一次正式接触复述故事的要求。在二年级上下学期以及三年级上学期教材里虽然都有零星的课文进行复述故事的渗透训练，但是在要求上都没有明确提出"复述"两个字。如二年级上册第一单元《小蝌蚪找妈妈》，要求按顺序连线下面的图片，再讲讲小蝌蚪找妈妈的故事。二年级下册《后羿射日》，要求根据表格里的内容，讲一讲这个故事。三年级上册《带刺的朋友》，要求以"小刺猬偷枣的本事真高明"来开头，用自己的话讲讲小刺猬偷枣的过程。

由此可见，学生在前面的学习中，已经积累了一定的复述故事方法、策略的基础，比如了解了借助表格、图片、文字提示等来讲故事的方式，努力用自己的话讲故事，甚至还有创造性讲故事的训练。这些能力都为本单元复述故事的训练打下良好的基础。

在本单元《慢性子裁缝和急性子顾客》《方帽子店》中，学生借助表格复述故事等能力进一步提高。为本课生动有趣地复述故事提供了上位的认知结构。

基于以上考虑，进行如下的教学设计。

【教学目标】

1. 准确、流利、有感情地朗读课文。
2. 借助示意图和文字提示,按照事情的发展顺序完整复述故事。

【教学重点、难点】

借助示意图和文字提示,按照事情的发展顺序完整复述故事。

【教学准备】

1. 读准读连贯课文,完成课后习题1。
2. 了解故事的大概内容,知道故事中的主要地点和人物,简要说说故事内容。
3. 分好小组(4人一组),明确组长,练习分角色朗读课文。

【教学过程】

一、复习故事内容

1. 提前板书好课题,齐读课题。

师:今天这节课我们继续学习27课《漏》,一起读课题:《漏》。

2. 回顾故事大概内容,引出示意图。

师:通过上节课学习,我们了解了故事的大概内容,你觉得这是个_____的故事。用一个词概括一下。

出示:《漏》是个_____的故事。(预设:有趣的、好玩的等)

> 教师带领学生从整体感知故事的内容,并与前面学习的内容无缝衔接。

师:这个有趣的故事都发生在哪些地点?(如果记不得的话可以翻翻书。)

指名说。(老婆婆家里、驴圈、歪脖老树、逃跑路上、山坡、山上、山下)

教师根据学生回答,将地点在黑板上画(贴)出来。

师:这个故事里有哪些人物呢?

指名说。(老公公、老婆婆、老虎、贼、小胖驴)

教师把这些人物放到相应的位置上。

> 教师和学生一起从故事中选择重要的信息,为学生简要复述故事做铺垫。

师:你能结合这个图来简要说说这个故事的内容吗?

指名说。

师:这样的一张图就大体反映了这个故事的内容,这样的图我们就叫它示意图。(板书:示意图)

> 学生在不经意间复述了故事的大概内容,也切身体验到示意图的由来和对复述故事的巧妙作用。

二、练习画示意图

1. 自绘示意图。

师:下面请同学们根据课文内容,用铅笔在本子上画个自己看得懂又能帮助自己记住故事内容的示意图。

学生自己先画图。

教师巡视,提醒学生图画的内容只要自己看懂,能帮助自己记住内容就行。不必画得美、画得像。怎样省时间怎样做,老虎和驴可以用文字标注。

2. 交流示意图。

指定1—3名学生上台展示自己的图,说说设计意图。

师生评价。

师:有时候根据需要加上一些文字提示。(教师相机板书:文字提示)

> 教材里提供了示意图,但是不是学生自己的示意图,教师带领学生尝试自己画一幅属于自己的、能帮助自己复述故事的示意图,充分体现了学生学习的主体性。学生在画示意图的过程中,是进一步理清故事情节、熟记故事内容的过程,也是根据自己的特长选择适合的方式帮助自己复述故事的过程。

三、练习用自己的话详细复述故事

师:借助示意图和文字提示能帮助我们详细地复述故事。(板书:复述)

师:下面请同学们试着在刚才设计的示意图基础上再完善,练习详细地复述课文3—9自然段。

出示:

> 用红笔完善示意图,练习复述3—9自然段,请注意:
> 1. 重要的内容没有遗漏。
> 2. 尽量用自己的话讲。

生自主练习复述。

> 完善示意图的过程,也是完善复述的过程。如何通过自己的示意图提醒自己复述时不要忘记重要的内容,讲得生动些,这是学生借助支架提升自己复述能力和水平的重要举措。

四、指名复述、点评

1. 学生借助示意图复述。

师:哪位同学给我们复述一下课文 3—9 自然段的内容?

指名上台复述。

师:请帮我们把虎和贼的位置摆到合适的位置。

学生摆图。

师:复述前,展示一下你的示意图。

生展示示意图。

师:哪些是你刚才完善的?为什么这样做?

> 同伴的力量是巨大的,通过学生个体的展示,来促进其他学生的完善。示意图的设计与完善,有效地将语文与美术学科融合,实现跨学科学习。

师:好,我们期待你的精彩复述。其他同学一边听一边结合评价表给他打星。

出示:

复述评价表

序号	评价项目	得星(最多5颗星)	说说得星(或扣星)理由
1	重要的内容没有遗漏。		
2	尽量用自己的话讲。		

师:好!现在开始。

学生复述课文 3—9 自然段。其他学生边听边评。

2. 师生评价。

(1)对照评价项目 1 进行交流反馈。

师:第一,复述时要做到重要的内容没有遗漏,请打五颗星的同学举手。

指定 1—2 名打五颗星的同学。

师:你为什么打五颗星?(相机追问:他把哪些重要内容讲到了?或者你觉得他复述的哪些内容需要和大家强调一下,你能再复述一遍吗?)

师:再看看他的图文有什么地方值得你学习的?

指名说。

> 学生的评价要先肯定,再指出不足,既是口语交际的需要,又是学生成长的核心素养的需要。

师:刚才没有打五颗星的同学举一下手。

指定1—2名学生说说什么内容漏掉了。

师:什么内容漏掉了?(追问:为什么不能漏?你觉得可以在图文上怎么改进,就能提醒自己,不要忘记了。)

师:听了大家的意见,我觉得我的图也要完善一下,这样才能不会忘掉重要的情节。(板书:不遗漏)

> 学生有了评价的项目和标准,学习和交流的目标更加明确,在交流反馈中不断使故事复述得更加完整。整个学习过程涵盖了第二层3个发展型学习任务群,即实用性阅读与交流、文学阅读与创意表达、思辨性阅读与表达。

(2)对照评价项目2交流反馈

师:我们再来看第2条要求,尽量用自己的话讲。复述故事可不能背诵故事。(板书:自己话)打五颗星的同学请举手。

指定1—2名打五颗星的同学。

师:你觉得哪些内容他说得好。

指名说。根据学生回答出示相关内容。

师:你也能用自己的话试着复述一下吗?

生复述。

指定1—2被扣星的学生。

师:你觉得他哪些地方的复述需要提升?

指名说。根据学生回答出示相关内容。

师:你来演示一下。

学生复述。

> 用自己的话复述故事,对学生来说是难点,孩子们要把书上的语言内化于心,并用自己的话语系统讲述出来,是一种创造。学生紧紧围绕评价项目和标准,进行交流完善,既让课堂充盈着智慧的火花,也让学生复述故事的水平得到提升。

五、迁移复述全文

1. 结合板书,教师小结如何练习复述。

师:回顾一下,要想详细地复述好故事,可以借助示意图、文字提示等方式来练习复述,尽量用自己的话把故事复述出来。

我们刚才复述的这段故事发生在老公公家。下面请同学们用刚才的方法试着选择其他一处最喜欢的内容练习复述。

2. 学生自己练习复述。

分4人一组在组内复述,其他成员听后点评。

再请2—3名同学上台展示示意图,进行复述。其他学生结合评价表点评(先请组内代表说说推荐理由,再请其他组评价)。

师:逃跑路上谁来复述?(歪脖老树、山坡下谁来复述?)

> 学生在之前师生点评的基础上,在组内进行交流,由扶到放,层层递进,让复述训练落到实处,落到深处。

六、引导感悟故事启示

师:想象一下,天亮了,老虎和贼也醒了。他们会说什么?

指名说。

师:你想对虎或贼说什么?

指名说。

师:是啊,这个故事告诉我们要不做亏心事,不然会做贼心虚,被人笑话。(板书:被笑)是的,干坏事是不会有好下场的。

师:学到这儿,大家还有什么问题要问的吗?(指名,师生回答,如"为什么是胖驴?"等)

> 质疑,不只是学习的开始,也是学习的推进。学完课文后的质疑,对学生质疑能力、批判性思维的培养很有益,是课堂深度学习的体现。

七、布置作业

作业:按照地点变化的顺序,将这个故事详细生动地复述给自己的朋友或家长听。

> 从课堂上重要情节复述到课后整个故事的复述,水到渠成,自然而然。

八、板书设计

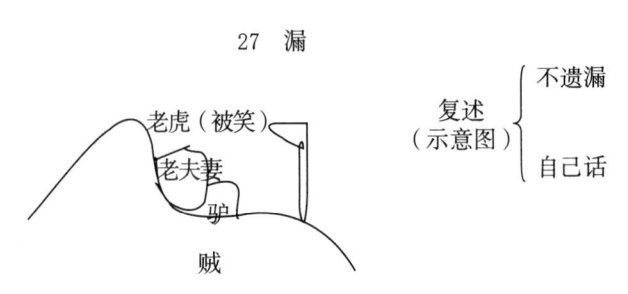

27 漏

老虎(被笑)
老夫妻
驴
贼

复述(示意图) { 不遗漏 / 自己话

> 板书精练。主板书利用简单明了的示意图,加上主要人物,伴随着学生的复述,动态、清晰地展现了故事的主要内容;副板书总结借助示意图复述故事的两个要求,不遗漏重要情节,用自己的话讲述。主副板书,内容与形式统一,文道结合,相得益彰。

【教学后记】

这是一节校区教研活动的研究课。从确定课文到最终呈现,先后试教9次,集组内12位教师的智慧。

课堂教学设计的支撑理念是先学后教,以学定教。因此,在教学中我们努力做到学生是学习的主人,顺学而导,顺势而教。这些理念说起来简单,做起来却并不简单。

首先,是确定本课时教学的目标。从最初说说故事里最有意思的内容与练习复述故事并重到突出复述故事转变。两项都在课堂上练习,会导致课堂时间的不足,都得不到充分的训练,特别是在课堂上复述故事的时间得不到保障。本单元最重要的一个教学目标就是复述。说说故事里最有意思的内容,其实是练习复述的一个铺垫,这个过程就是熟悉故事内容。作为观摩课,教研组一致认为,把复述故事的复述过程和成效要在课堂上展示出来。目标锁定,方向就明确了。

其次,是确定突出重点内容的支架。本课复述主要是引导学生学会借助示意图复述,由此可见,示意图就是复述训练的支架。那么示意图怎么来呢?教材后面呈现了一个示意图,学生可以直接使用。但是学生是否用得习惯,用得好,要打问号。教材里的示意图来自编者,不是学生。是否让学生自己设计一个属于自己的示意图,一时成为组内教师争论的话题。一方认为教材已有现成的示意图,而且质量很高,没有必要让学生再去设计示意图,既浪费时间,又有拔高教学要求的嫌疑。我和另一方则认为,教材里的示意图只不过是做个示范,不一定适合每个学生,学生参照例子,根据自己的喜好和需要进行调整,完全有必要。最终,大家还是决定在课堂上让学生尝试自己设计一张能帮助自己复述的示意图。

最后,是确定评价学生复述效果的标准。根据年段目标,学生已有基础,以及教材特点,确定两个复述评价项目,一是重要的情节不遗漏,二是用自己的话讲。为了评价有标准,采用星级评价,非常好的就得五颗星,如果觉得有瑕疵可以酌情扣星。重要的情节不遗漏是本年段重要的目标,用自己的话讲是复述故事一贯的要求。

纵观整个课堂教学,比较充分体现了以学定教的思想。学生在课堂上学习主动、能动,同时还有协同学习,较好地激发和维持了学生学习的动机,取得了较好的教学效果。

(本节课为实小校区教研活动展示课)

在《麋鹿》的教学中探寻趣味语文

——《麋鹿》第二课时教学设计

【教材分析】

《麋鹿》是苏教国标版小学语文六年级上册的一篇课文,这是一篇说明文,它介绍了我国珍稀野生动物麋鹿的外形特点、生活习性,揭示了它充满传奇色彩的经历,描写了它曾经遭受偷盗、杀戮和被运往西方的不幸命运,突出了它终于回归祖国怀抱、在大自然中茁壮成长,体现了党和人民政府对珍稀野生动物的高度重视和保护。课文语言简洁,条理清晰,内容丰富,层次清楚,在朴实的说明中注入浓浓的情趣,极易激发学生的阅读兴趣。对麋鹿外形特点的介绍:"角似鹿,面似马,蹄似牛,尾似驴。"将人们熟悉的鹿、马、牛、驴这四种动物的角、面、蹄、尾组合在一起。除此之外,将麋鹿富有传奇色彩的经历,融入历史知识,更让人兴趣倍增。

【学情分析】

这是一篇说明文,学生对说明文有了一定的了解。但学生对麋鹿并不太了解,文章虽然补充了麋鹿的传奇经历,但是学生缺少相关的历史知识,不一定形成共鸣。因此,需要师生课前搜集相关资料。

【教学目标】

1. 了解麋鹿的外形特征、生活习性以及它的传奇经历。
2. 能把麋鹿的外形特征、生活习性以及它的传奇经历生动地讲给别人听。
3. 教育学生保护动物,保护自然环境。

【教学重点】

了解麋鹿的外形特征、生活习性以及它的传奇经历。

【教学难点】

生动地将麋鹿的外形特征、生活习性以及它的传奇经历讲给别人听。

【教学准备】

课件

【教学过程】

一、复习导入

同学们,上节课我们初步学习了第 17 课《麋鹿》,我们知道课文从三个方面为我们介绍了麋鹿,分别是(指名说)——外形特点、生活习性、传奇经历。

> 从整体着手,提纲挈领,回顾课文。

下面让我们跟着课文一起走进麋鹿的世界。我们首先观察一下麋鹿的外形。(板书:外形)

二、了解麋鹿的外形和生活习性

1. 了解麋鹿的外形

初读课文后,麋鹿的外形给你留下了怎样的印象?

指名说。(板书:奇特)

麋鹿的外形奇特表现在哪里?课文是怎样写出它奇特的特点的?请同学们默读课文第 2、3 自然段,用横线画出相关的语句。

> 不动笔墨不读书,学生边读边思。既是好习惯养成的巩固,又是能力的提升。

生默读,画句子,悟写法。

交流。

"它的外形很奇特:角似鹿,面似马,蹄似牛,尾似驴,所以又被人们称作'四不像'。"你是怎么感受到它的奇特的?这是对麋鹿外形概括的描写(板书:概括),简单的几句话就勾勒出麋鹿的样子。

"一般雄麋鹿体重可达 250 千克左右。"课文用具体的数据写出了麋鹿的大块头。(板书:体形)

"角比较长,每年脱换一次。""麋鹿的角型是鹿科动物中独一无二的——站着的时候,麋鹿角的各枝尖都指向后方,而其他鹿的角尖都指向前方。""雄性小鹿两岁时长角分杈,六岁时杈角才发育完全。"这些都是写麋鹿的角(板书:角),你觉得麋鹿的角最特别之处在哪儿?(麋鹿角的各枝尖都指向后方)这与其他鹿科动物不一样。

"麋鹿的尾巴是鹿科动物中最长的。"(板书:尾巴)麋鹿的尾巴很长。

"麋鹿蹄子宽大。"(板书:蹄子)麋鹿的蹄子宽大。

"麋鹿的毛色在夏季是棕红色的,冬季脱毛后变成棕灰色。"(板书:毛色)这是麋鹿毛色的特点。

> 师生间的交流建立在深入的生本、生生交流的基础上,显得自然、深刻、精彩。

如果说"四不像"是对麋鹿外形概括的描写,其他的句子则是对麋鹿外形具体的描写。(板书:具体)概括描写和具体描写相结合,麋鹿的样子在我们的脑海里就清晰、完整起来了。

麋鹿奇特的外形你能记住了吗?现在图上有两头鹿,你能判断哪头是麋鹿吗?(出示图)请说说理由。

学生看图思考。

指名说。

> 学了就用处处行,光学不用等于零。学生知道了麋鹿角的特点,再通过图片进行比较,将所学知识用到解决实际问题中去。

麋鹿外形奇特,生活习性又是怎样的呢?(板书:生活习性)

2. 了解麋鹿的生活习性

请同学们默读第3、4自然段,用波浪线画出描写麋鹿生活习性的句子,写出自己的收获。

指名交流。

"与其他鹿科动物一样,麋鹿也是一种草食性哺乳动物。"这是麋鹿的类别、饮食爱好。

"长尾巴用来驱赶蚊蝇,以适应沼泽环境中的生活。"说明麋鹿生活在沼泽环境中。

"它们<u>常</u>在水中站立、跋涉、潜游和觅食,甚至连隆冬季节也不例外。""常"字说明麋鹿喜欢沼泽环境。

"麋鹿的自然繁殖力很低,雌鹿的怀孕期比其他鹿类要长,超过九个半月,且每胎仅产一仔。"让我们感受到麋鹿的繁殖力低。

学到这儿,你发现麋鹿奇特的外形和它的生活习性有关系吗?从哪儿看出?(有。"长尾巴用来驱赶蚊蝇,以适应沼泽环境中的生活。""麋鹿蹄子宽大,行动轻快敏捷。")所以,作者把它们放在一起写。

那你们能不能猜猜"雄麋鹿的角各枝尖为什么指向后方"?麋鹿的脸为什么会跟马脸一样长?

学生思考。

指名说。

> 猜想是科学研究的重要方法。在了解了麋鹿的外形特点和生活习性后，引导学生发现麋鹿奇特的外形是与它独特的生活习性密切相关的。继而引导学生大胆猜想麋鹿角尖指向后方、脸长的特点与怎样的生活习性有关。学生在猜想中，趣味横生，同时感悟到课文将外形与生活习性结合在一起写的妙处。

那么答案到底是什么？请同学们看一段视频。

播放视频。（《南海子的麋鹿情缘之都是自然惹的祸》）

原来麋鹿奇特的外形与它的生活习性是密切联系的，是适应自然、长期进化的结果。这样奇特的动物被姜子牙看中了。这天，他骑着心爱的坐骑麋鹿参加众神仙的聚会。众神仙见姜子牙的坐骑，个个都很好奇。现在你们就是各路神仙，想问些什么呢？

指名问。

谁来做姜子牙，向各位神仙介绍一下麋鹿。注意要把大家感兴趣的内容说清楚，说得有条理！

大家先准备准备。

自由练说。

指名介绍。

众"神仙"评价。

> 巧用神话人物和故事将麋鹿的介绍相结合，变单调的介绍为有趣的描述，增加了学生说的兴趣，提高了学生运用语文的能力。

三、了解麋鹿的传奇经历

麋鹿不仅外形奇特，生活习性独特，还有着传奇的经历。（板书：传奇经历）麋鹿到底有着怎样的传奇经历？请同学们默读课文第5—7自然段，麋鹿的传奇经历体现在哪些方面？

生默读，思考。

如果像我们刚才这样把麋鹿的经历讲给别人听不够吸引人，你能把自己的感情融入进去，有感情地讲述吗？请你选择麋鹿的一段经历，饱含深情地讲给我们听。同学们自己准备一下。

指名讲述。

相机出示：

"1900年，'八国联军'入侵北京，最后一群麋鹿惨遭厄运，有的被杀戮，有的被装上西去的轮船。从此，麋鹿在国内几乎绝迹。"

你好像很愤怒，愤怒什么？机动说：你仿佛看到了——（学生说），你仿佛听到了——

（学生说）。

"后来，流落在国外的麋鹿大部分相继死去，只有英国贝福特公爵在私人别墅乌邦寺动物园里饲养的18头麋鹿生长良好，并迅速繁殖。到1967年，这里的麋鹿已增加到400多头，并向各国输出。至今，全世界麋鹿总数估计已经超过2000头。"

你听出，这位同学怎样的心情？

正因为有了贝福特公爵这样热爱动物的人，才使麋鹿没有在世界上消失。

"1986年8月，在多方面的努力下，39头选自英国七家动物园的麋鹿返回故乡，被送到大丰麋鹿自然保护区放养。从此，麋鹿结束了它们大半个世纪在海外漂泊不定、颠沛流离的生涯，开始了回归故土、回归自然的新生活。"

采访一下，讲这段话时，你为什么这么高兴？

麋鹿高兴吗？为什么？（乌邦寺的生活没有自由，大丰麋鹿自然保护区的生活有自由，从哪儿看出？从"放养""饲养"的比较中了解到。）

引导学生理解"饲养"与"放养"的区别。体会课文用词的准确。

出示"放养"为红色字的文字："1986年8月，在多方面的努力下，39头选自英国七家动物园的麋鹿返回故乡，被送到大丰麋鹿自然保护区放养。从此，麋鹿结束了它们大半个世纪在海外漂泊不定、颠沛流离的生涯，开始了回归故土、回归自然的新生活。"

> 将词语的辨析、推敲等有机地融合在课文朗读中。

有感情地讲述还不是最高的境界，在课文内容的基础上加上自己搜集的资料，会更吸引人。请选择麋鹿的一段经历，结合课前搜集的资料来说说。大家准备一下。

学生准备。

指名交流。

指名评价。

> 搜集资料是学生本学期重点培养的语文学习习惯。良好习惯的养成离不开每一节课堂的指导、强化、实践。

麋鹿的经历是坎坷的，曲折的，一度和人类数量差不多，又几度濒临灭绝，漂泊异乡大半个世纪，终于回归故土。相信你一定有很多话想说。

指名说。

今天，我们一起走进了麋鹿的世界，看到了麋鹿奇特的外形，了解了它独特的生活习性，以及充满传奇色彩的经历。

课文学到这儿你还有什么问题要问？

> 学贵有疑。教学接近尾声,引导学生质疑,尤为重要,层次更高。

四、课后作业

麋鹿的经历充满传奇色彩,几起几落,是哪些原因造成的呢?请搜集相关资料,研究一下,写出自己的研究收获。

附板书设计:

```
           ┌ 外形奇特 ┌ 概括
           │         └ 具体   体形、角、尾巴、蹄子、毛色
17 麋鹿 ───┤ 生活习性
           └ 传奇经历
```

【教学后记】

孔子云:"知之者不如好之者,好之者不如乐之者。"我深受其影响,一直以来执着地追求趣味语文。在执教《麋鹿》一课时,我认真研读了教材。这是一篇介绍麋鹿的说明文。课文里介绍了麋鹿奇特的外形、独特的生活习性以及传奇的经历。这些对学生来说,固然充满了乐趣,但我觉得还远远不够。该如何践行自己的趣味语文教学呢?

于是,我再次反复研读教材。其间,脑海里冒出一个个问题。比如,麋鹿的外形与它的生活习性有着怎样的关系?课文为什么将两者放在一起介绍?是谁撰文向全世界介绍麋鹿的?他又是怎样发现麋鹿的?为什么只有贝福特公爵饲养的麋鹿没有灭绝?麋鹿的曲折起伏的经历到底是什么原因造成的?

为了解决这些问题,我努力地寻找着。功夫不负有心人,通过上网、查阅书籍,这些问题有了答案。此时,我的内心无比的喜悦。不只是因为找到了答案高兴,而是我觉得我搜集的资料应该是学生需要的,是学生非常感兴趣的东西。

在接下来的教学设计中,我尽可能把所搜集的视频等资料,通过不同的环节告诉给孩子们。我满怀信心,期待着一节妙趣横生的语文课。

第一次试教,我全身心投入,一气呵成,将找来的视频呈现给孩子们。看到孩子们愉悦的神情、好奇的眼神,我感到莫大的成功。这不就是我所追求的趣味语文吗?

课后,大家一起议课时,很多老师也对课堂上的视频大感兴趣。有一位资深的语文老师却一眼看出问题。他说:"课堂上,教师牵的痕迹太重,学生主体地位没有突出出来。"说实话,当时兴奋的我感觉被泼了一盆冷水,心里很不是滋味。学生在课堂上表现得不是很感兴趣吗?

带着不理解和满脑子的疑惑,我又重新梳理起自己的教学思路。在反复揣摩中,突

然感悟到这位老师的话是一语中的。教学设计时,我把自己在阅读文本时的思考、疑惑代替了学生的思考、疑惑,把自己搜集、整理资料的过程代替了学生搜集、整理的过程。课堂上的许多环节是为了我的需要,而不是从学生的真实需要出发。学生在课堂上对视频感兴趣之时,也恰恰流失了自主学习的时机。换言之,学生对视频感兴趣而不是对语文本身感兴趣。我所理解的"趣"似乎太狭隘了,它不应该仅仅停留在语文知识层面上,它应该有更深刻的内涵。

如何使语文课上出趣味来?我又进一步深入探索。

原来语文课的趣味不仅体现在教师的激情上,更体现在教师的智慧上;不仅体现在学生获得的趣味知识里,更体现在学生自主探究的过程中。

我精心打磨每个教学环节。

1. 趣悟说明方法

说明文必然要涉及说明方法的讲解。这篇文章在介绍麋鹿外形特点时,最明显的说明方法就是作比较。如果单纯地就说明方法而讲方法,势必显得枯燥无味。因此,在学生初步了解麋鹿外形特点的基础上,通过辨别图片上的鹿是否是麋鹿,让学生感受麋鹿的外形奇特是在与其他鹿科动物比较中显现出来的。从而,感悟作比较的说明方法。接下来,我通过学生介绍麋鹿的外形,让孩子们在介绍中运用作比较的说明方法。"学生在不知不觉中悟得、习得说明方法"。

2. 在猜想中激趣

猜想是科学研究的重要方法。在了解了麋鹿的外形特点和生活习性后,我引导学生发现麋鹿奇特的外形是与它独特的生活习性密切相关的。学生很容易从文中"长尾巴用来驱赶蚊蝇,以适应沼泽环境中的生活""麋鹿蹄子宽大,行动轻快敏捷"等语句中找到根据。继而引导学生大胆猜想麋鹿角尖指向后方、脸长的特点与怎样的生活习性有关。学生在猜想中,趣味横生,同时感悟到课文将外形与生活习性结合在一起写的妙处。

3. 在资料中找趣

麋鹿的经历充满传奇色彩,它的每段经历背后都有一段故事。而这在课文中很少提到。因此,课前我就让学生根据自己的疑问去查阅、搜集资料。然后在课堂上,我让学生将搜集的资料,结合麋鹿的经历进行讲述。一方面提高学生搜集资料、处理资料的能力,另一方面将麋鹿的经历丰富起来,使学生对麋鹿的经历更感兴趣。有了兴趣,孩子们就会更加深入地探究,甚至会对麋鹿传奇经历形成的原因产生强烈的探求欲望。其实麋鹿的传奇经历是由多方面的因素造成的,包括它的奇特外形(如角的指尖指向后方导致自我保护能力低)、生活习性(繁殖力低)等。教材上,虽没单独讲,但我希望学生继续研究。所以,作业设计时,我又布置学生在这方面搜集资料,写写自己的研究成果。这也算是探究性学习吧！学生很感兴趣。从课前到课内再到课后,搜集资料贯穿始终,又不断提升。这也正是对勤于搜集资料习惯的实践和巩固。

4. 在推敲中悟趣

说明文最重要的特点是语言精练、准确。如文中"饲养""放养""陆续""相继"等词语的使用。我抓住这一语言文字训练的契机,引导学生比较麋鹿在乌邦寺的生活与在大丰麋鹿自然保护区的生活,感受"饲养""放养"的细微差异。学生推敲词句中,感受语言文字的魅力,体会到学习语文的乐趣。

在接下来反复的试教研讨中,我就像一只井底之蛙突然跳出井口,看到了更加广阔的世界,认识到语文课应该追求怎样的趣味,怎样使语文课更有趣味。原来语文课上的趣点是那么丰富,激趣的方式也是那样的丰富,只不过是自己之前没有好好思索,没有发现而已。

(本课为市级观摩课)

以情设境,走进人物内心世界

——《彭德怀和他的大黑骡子》第二课时教学设计

【教材分析】

《彭德怀和他的大黑骡子》是苏教版语文教材五年级下册的第 22 课,讲述了红三军团在过草地时,因为断粮,彭德怀命令杀掉包括自己的坐骑大黑骡子在内的牲口给战士们充饥的事,表现了彭德怀爱大黑骡子,更爱战士们的思想感情,赞扬了他与战士们同甘共苦的精神。

【学情分析】

现代学生对于革命战争年代的人和事不是很清楚,培养学生热爱革命先辈、传承红色基因,正是本文的价值。作为小学生理应了解新中国是怎么来的。要通过指导学生有感情地朗读去体悟人物的思想感情,再辅以适当材料补充,增进学生对彭德怀以及那段历史的了解。

【教学目标】

1. 能正确、流利、有感情地朗读,并能进行分角色朗读。
2. 抓住关键的词句,体会人物的内心世界,感受彭德怀爱大黑骡子更爱战士的感情以及与战士们同甘共苦,顾全大局的革命精神。

【教学重点】

抓住关键的词句,感受彭德怀爱大黑骡子更爱战士的情感以及与战士们同甘共苦,顾全大局的革命精神。

【教学难点】

理解最后一个自然段的含义。

【教学准备】

多媒体课件。

【教学过程】

一、复习导入

上节课,我们初读了课文《彭德怀和他的大黑骡子》(齐读课题),文中彭德怀的坐骑大黑骡子,给我们留下了深刻的印象,这是一匹怎样的大黑骡子?

(为革命立过功的、任劳任怨的、跟随彭德怀很久的、朝夕相处的……大黑骡子)

过渡:是啊!这匹从江西出发时就跟随彭德怀的大黑骡子,一路上与彭德怀朝夕相处,形影不离,为革命立下赫赫战功,深受彭德怀的喜爱。默读课文,从哪些地方可以看出彭德怀非常喜爱他的大黑骡子?用横线画出有关句子读一读,写出自己的感受。

> 抓住教学的重点,引导学生去思考,便于学生从整体感知课文,起到提纲挈领的作用。

二、感受彭德怀对大黑骡子的爱

1. 学生默读课文,用横线画出有关句子,写写自己的感受和理解。

> 给学生足够的时间,让其默读,表面上看课堂似乎显得沉闷,实际上是厚积薄发,为后面生成课堂上的精彩铺好垫。

2. 教师巡视,相机指导。

3. 交流句子,谈感受。

相机出示视频和板书:爱。

引导学生质疑:彭德怀既然这么喜爱大黑骡子,为什么还要把它杀掉?

> 巧妙地根据课堂上学生的认知冲突,引导学生发问,培养学生善于思考、敢于质疑的能力。

三、体会彭德怀为什么杀大黑骡子

1. 是啊!彭德怀既然这么喜爱大黑骡子,为什么还要把它杀掉?(板书:杀?)

2. 学生结合第1、2自然段相关的内容回答。

3. 出示图片。教师小结:红军过草地是长征途中最艰苦的一段历程。草地一望无际,荒无人烟,沼泽遍地。除了恶劣的自然环境,饥饿成了红军战士头号的敌人,据统计,因为饥饿导致了负责殿后的红三军团,近一半战士的牺牲。作为红三军团军团长的彭德怀,眼见战士们一个个因饥饿而倒下,又怎能舍得!他爱大黑骡子,更爱的是——战士们。

> 结合图片,通过教师畅讲,让学生更好地了解当时红军队伍艰难的处境,有利于学生体悟人物的内心活动,走进人物的内心世界。

板书:更爱战士。

四、品读彭德怀杀大黑骡子的过程

(一)整体感知彭德怀杀大黑骡子的过程

1. 就是在这种情况下,彭德怀决定忍痛割爱杀掉大黑骡子。请同学们快速浏览课文的第3—20自然段,找出彭德怀下令杀大黑骡子的语句,用波浪线画出来。

2. 指名交流。

3. 出示三条命令:

"好,全部集中起来,杀掉吃肉!"彭德怀的话就是命令。

彭德怀有些不耐烦了,他大声地对身边的警卫员说:"邱南辉,传我的命令,让方副官长负责杀骡子!"

"副官长,快开枪!你不向它们开枪,我就向你开枪!"彭德怀双手叉在腰间怒吼道。

过渡:军人以服从命令为天职,可是一道杀大黑骡子的命令,身为军团长的彭德怀,为什么要一而再,再而三地下达,其中经历了怎样的波折呢?

> 以三条命令为线索是教师引领学生阅读文本的新视角。

(二)精读第一道命令下达后发生的情况

1. 我们先看彭德怀第一道命令下达后,发生的情况。让我们一起走进文中的故事。

出示第一道命令:"好,全集中起来,杀掉吃肉!"彭德怀的话就是命令。

学生自由读第3—10自然段的内容。

2. 师生共读。

老师想和同学们一起读一读第3—10自然段的内容,走进人物的内心世界。老师读彭德怀的话,谁来读老饲养员的话?(指名)其他同学读警卫员们的话。要求只读说话的内容。准备好了吗?

3. 师生共同研读。

相机问:老饲养员听到彭德怀的这个命令是怎么想的?警卫员的战士们听到又是怎么想的?

为什么是平静地说?

> 通过师生分角色朗读,加上教师适时地点拨,以读代讲,读讲结合,让学生走进文本,为后面有感情地朗读课文积淀情感。

4. 师生分角色读。

请同学们选择你喜欢的角色读一读。

师生分角色齐读。（配乐）

过渡：老饲养员和战士们的劝说，让彭德怀更加地难受。可是为了让更多的战士走出草地，必须杀掉大黑骡子呀！不能再犹豫了！于是，出示：彭德怀有些不耐烦了，他大声地对身边的警卫员说："邱南辉，传我的命令，让方副官长负责杀骡子！"

（三）导读2、3条命令下达后发生的情况

老饲养员想最后一次挽救大黑骡子，他拍着大黑骡子的脖子又在轻轻絮语：（引读）"大黑骡子呀，大黑骡子！委屈你了，你为革命立大功吧！"

1. 彭德怀实在不忍心看到心爱的大黑骡子倒在眼前，他背过脸去。可是，一路上大黑骡子的一幅幅感人画面不时地浮现在他的脑海里。他想到了——

学生想象画面。

> 通过想象，巧妙地引导学生将文本中漏白处补上，使彭德怀的形象在学生的脑海里更鲜活。

2. 十分钟过去了，枪声没有响；二十分钟过去了，枪声还没有响。方副官长这可是军团长的命令啊！你在等什么？（指名说）

方副官长军令如山，你为什么不开枪？（指名说）

3. 此时彭德怀望着前行的部队，发现又有一名战士因为饥饿而昏倒，是啊！二十分钟又会有多少红军战士因为饥饿而倒下，他们都是中国革命的希望呀！不能再耽搁了！彭德怀双手叉在腰间怒吼道：（引读）"副官长，快开枪！你不向它们开枪，我就向你开枪！"

4. 从彭德怀的吼声里你感受到什么？并有感情朗读。

5. "刺耳的枪声响了，彭德怀向着斜倒下去的大黑骡子，缓缓地摘下军帽……"此时此刻，他的内心有多少话想对大黑骡子倾诉呀！请同学们拿出笔和纸把彭德怀心中想说的话写下来。（配乐）

指名说。（配乐）

> 读写结合，恰如其分的音乐，渲染了气氛，让学生与文本中的彭德怀在心灵上产生强烈的共鸣。

五、理解最后一个自然段

漫漫征途，再也见不到大黑骡子的身影了，但是当战士们饥饿时，他们会记得……（指名说）；当战士们跌倒时，他们回想起……（指名说）；当战士们疲劳时，他们忘不了……(指名说)。

> 教师用排比的方式创设情境,将氛围营造推向高潮。

齐读最后一个自然段。(出示最后一个自然段)

六、课外拓展

彭德怀为了战士们忍痛割爱杀掉大黑骡子,让每一个人为之感动不已。有首词写得好。

出示:风雨苍苍,一路泥潭一路霜。征途茫茫,一把草根一把糠。绝处危情,战士生死谁牵挂?痛杀爱骑,一腔热血洒碧疆!

教师范读。

生齐读。

> 课外拓展既深化了学生对文章的理解,又增加了学生的积累。

七、感受长征精神

是啊,正是因为同甘共苦,共渡难关的革命精神,英勇无畏的红军才演绎出一个个感人至深的长征故事。长征是人类历史上一座丰碑,长征故事将永远流传,长征精神将永远激励我们前进!

八、课后作业

课后,请同学们搜集长征故事去读一读,下节课我们再交流。

附板书设计:

22 彭德怀和他的大黑骡子

爱

杀?

更爱战士

【教学后记】

这节课参加了市电教馆组织的优课评比,比赛的地点是金湖县实验小学。对于这次赛课,我是非常重视的。对于普通老师来说,毕竟难得有一次市级赛课的机会。之前,我进行了试教,每次试教也都根据需要进行相关的调整。

终于到了正式上课的时间。课前,照例有与学生见面的时间,为了调动学生发言的积极性,我允诺学生对发言积极的同学赠送一支签字笔。为了达到理想的课堂,我也是拼了。

可能是我课前的激励起了效果,学生在课堂上的表现非常好。在学生的带动下,我也是上得非常有激情，投入得忘记了自己在赛课。

想象画面悟感情。为了使学生感受语言文字表达的情感，与文中的人物产生共情，我在教学中多次引导学生在文中留白的地方展开想象。合情合理的想象，把学生带进文中，带进文中人物的内心世界。学生在课堂上仿佛置身于文中描绘的时空，有力地促进学生对人物内心的把握和对文本的理解。在彭德怀实在不忍心看到心爱的大黑骡子倒在眼前，背过脸时，在他的脑海里浮现出哪些画面？学生展开丰富的想象，这些画面正是彭德怀与大黑骡子深厚感情的见证。同时，也在学生心中酝酿起这种情愫来。全场都被彭德怀爱大黑骡子更爱战士，与战士同甘共苦的精神所感动。

配乐写话诉感情。刺耳的枪声响了，彭德怀向着斜倒下去的大黑骡子，缓缓地摘下军帽……此时此刻，他的内心有多少话想对大黑骡子倾诉呀！同学们拿出笔和纸把彭德怀心中想说的话写下来。现场配上低婉的音乐，为学生铺垫不舍和难过的感情基调。英国人罗杰·诺斯说："音乐之目的有二，一是以纯净之和声愉悦人的感官，二是令人感动或激发人的热情。"音乐在课堂上，能以独特的旋律，创造良好的氛围，营造了优美的情境，从而加深了情感体验，更好地走进课文，使学生与文中的彭德怀同频共振。有了这样的情境，学生内心的感受如泉涌而出，情感与灵感共生。在展示交流环节中，学生的文字准确生动地再现了彭德怀当时的内心感受，超出我的预期。

课后，我兑现自己的诺言，对那些课堂上表现优异的同学每人奖励一支笔。孩子们拿到我奖励的笔，蹦蹦跳跳地回到自己座位上。

（本课为市优课评比一等奖）

在生活化的情境中,提高口语交际的水平

——统编教材二年级下册口语交际:注意说话的语气教学设计

【教材分析】

《注意说话的语气》是统编教材二年级下册第一单元的口语交际课。这次的口语交际就是让二年级学生体验说话语气的两个要素:其一,说话的语气不要太生硬,养成良好的交际习惯;其二,避免使用命令的语气,养成良好的交际礼仪。

教材一共有两个板块的内容。

第一板块,通过两组句子对比,让学生知道同样的一句话,用上合适的表达方式,使用礼貌用语,多用商量的口吻,会使语气更真诚、更委婉,让听的人更舒服,乐于接受,从而达到交际的目的。

第二板块,教材提供了三个生活中的常见场景,让学生通过自己的口语交际活动,体会解释、请求、提醒等不同语境中的合适语气,进一步体会"说话的语气不要太生硬""避免使用命令的语气"两个要素,放手让孩子们去揣摩、体会,在展示和评价中进一步关注提示语的要求。

【学情分析】

低年级学生由于年龄小、生活经验不足,在平时与人交际过程中容易只顾表达自己的想法而不去考虑听者的感受,也不太注重交际效果,因而教会学生注意说话的语气尤为重要。

学生在学习口语交际《注意说话的语气》这一课时,已具备以下交际礼仪:说话时看着对方的眼睛,交际中注意使用礼貌用语;已具备以下交际能力:把表达的意思说清楚、说完整,吐字清晰、语句连贯,能按顺序说,用恰当的音量说话,用商量的语气与人沟通交流,注意听别人说话、记住主要信息、有不明白的地方能提问或补充,能看图讲故事、发挥想象补充故事。本次口语交际在此基础上,提出了进一步要求:"注意说话的语气""说话不要太生硬""避免使用命令的语气"。

因而,本次教学重在让学生在实践、体验中进行口语交际的演练,培养学生对良好礼仪的认知。教师要多参与学生的小组学习,在学生的交际场景中,多引导孩子怎样应对,从而引导孩子真实交际、有效交际,并懂得交际时注意自己的语气。

【教学目标】

1. 课堂上通过语言实践,使学生明白与别人交流时,既要把话说清楚,又要有恰当的语气。
2. 培养学生良好的口语交际习惯,并做到举止大方、有礼貌。
3. 说话的语气不要太生硬,避免使用命令的语气。

【教学重点】

说话时,使用恰当的语气,礼貌用语,让听的人感到舒服。

【教学难点】

用恰当的语气沟通解决实际问题。

【教学课时】

1课时。

【教学流程】

一、故事导入

1. 讲故事

今天,老师给同学们带来一个故事。故事的名字叫《小白兔送白菜》。小白兔种的白菜收获了,它提着满满一篮白菜往家走,走在路上的时候,遇到了小熊。小熊说:"小白兔,我的肚子正好饿了,来,把你的白菜送我两棵!"小白兔生气地说:"要吃自己去种!"过了一会儿,小白兔又遇到小山羊。小山羊说:"小兔妹妹,你好!你的白菜可真新鲜啊,请你送我两棵,好吗?"小白兔说:"当然可以了。"

> 故事导入,很吸引学生。

小白兔为什么愿意送给小山羊白菜而不愿意送给小熊呢?(指名说。)

2. 导入新课

俗话说,一句话能把人说笑,也能把人说跳。看来说话的语气非常重要。今天这节课,我们一起研究说话的语气。(齐读课题:注意说话的语气)

二、情景再现

导入:课间是同学们最喜欢的时间,大家可以自由地交流。但是有时候,也会发生一些意想不到的事情。

1. 播放视频讨论

播放视频1、2。

> 来自学生生活的视频,更接近学生。

课间,同样是将同学的书弄掉在地上了,你觉得哪位同学的说法更好?

预设:

前一位同学讲话的声音太大,后一位同学声音正好。

前一位同学讲话的时候嬉皮笑脸,后一位同学很真诚。

过渡:课间,我们有时候需要请别人帮忙,比如我们要出去玩耍,坐在里面的同学需要请坐在外面的同学让一下。

播放视频3、4。

同样请同学让一下位置要出去,你觉得哪位同学做得好?

预设:

前一位同学声音大,感觉是在命令人。(板书:不命令)

后一位同学声音小,是和别人商量的。

2. 师生总结

小结:我们在向别人道歉的时候,如果语气理直气壮、太生硬,别人听起来就不会太舒服,甚至会产生矛盾;如果语气温和一些、不生硬,别人也会感到舒服一些。

三、模拟实践

(一)实践"请求、商量"时要使用的语气

1. 描述情境——你回到家,妈妈说想给你报一个钢琴兴趣班,可是你想学画画。你打算怎么和妈妈商量呢?(出示课件)

2. 学生思考。

3. 指名试说。

过渡:遇到这样的情形,该怎么和妈妈商量呢?没有一点理由、不注意说话的语气,妈妈是不会答应的。自己想一想,在小组里说一说。

4. 师生演练,关注原因和语气。

> 这样的演练,为学生口语训练提供了一个真实的情境。

下面老师做妈妈,谁来演学生?

5. 小结:生活中,我们和爸爸妈妈意见不一致的时候,要用真诚的态度和商量的语气,把自己的真实想法说清楚,来争取爸爸妈妈的理解。

(二)实践"道歉、解释"时要使用的语气

导入:在学校里,有时我们犯错误,老师批评我们,我们应该怎么做?

1. 描述情境——一天早上你上学迟到了,老师批评了你。下课后你去老师办公室,怎么和老师说呢?(出示课件)

2. 学生思考。

3. 师生演练。

4. 小结:当我们向别人道歉的时候,态度要真诚,语气不生硬,才能得到别人的谅解。

(三)拓展"提醒、劝阻"时要使用的语气

导入:我们在发现别的小朋友做不好的事情时,应该怎么劝阻他不要继续犯错或者以后不再犯同样的错。

1. 描述情境——有一次,你经过洗手台时,看到一位同学洗手后忘了关水龙头。你会怎么提醒他呢?(出示课件)

2. 同桌练说,角色扮演。

3. 同桌展示,师生评价。

(1)学生评价。

采访被提醒的同学:你为什么愿意接受他的提醒呢?(态度真诚,语气不生硬、不命令)

> 采访的形式,更有利于学生进入角色。

(面向全班同学)你觉得他们刚才哪里交际得特别棒?有没有什么建议呢?

(2)教师评价,小结要点。

4. 小结:当我们跟爸爸妈妈商量事情时,当我们和老师道歉时,当我们有事要提醒同学时,都要注意说话的语气,不要太生硬、不命令别人,而是用恰当的语气。

四、总结提升

同学们,说话也是一门艺术,要想让自己真正在交流的过程中深受别人的喜欢,那么我们就要时刻注意自己说话的语气,不仅要使用文明用语,同时还要努力做到语气不生硬、不命令,这样,人与人之间的关系也将更加和谐。

老师这儿有首儿歌。

> 儿歌的形式巧妙地将说话时要注意语气融入进去,学生更愿意接受。

出示:

说话语气很重要

小朋友,要做到,

讲文明,懂礼貌。

遇事情,别着急,

说话语气很重要。

话语温柔态度好,

和和气气来商量。

耐心细致讲道理,

以理服人才叫妙。

生齐读。

五、课后练习

生活中还有很多这样的情况,看——

出示情境:

1. 课间,你不小心踩到同学的脚,会怎么说?

2. 早上交作业,你忘记带作业,怎么和老师说?

请同学们课后与同学互相练习说一说。

附板书设计:

注意说话的语气 { 柔和 / 不命令 }

【教学后记】

这是一节口语交际课。训练的主题是注意说话的语气。这是个非常贴近学生生活的训练,也是学生一生都要坚持的训练。因此,在教学中我努力做到:

来自生活的情境。课前拍摄相关视频,视频的演员就是班级学生,拍摄的地点就是教室。学生看到视频,熟悉的感觉迎面扑来,有利于学生思维的活跃。报兴趣班与家长意见不一致、犯错被老师批评想解释,这些都是学生生活中非常熟悉的情景,有利于学生口语表达。熟悉的人、熟悉的环境、熟悉的情景,创设了学生放松的心态所需要的情境。在这样的情境下,学生才能真实地再现生活中的自我,教师才能从中敏锐地感受到学生在这些情景中口语交际的优缺点。对于优点,教师进行放大,引导更多同学学习;对于缺点和不足之处,教师更要捕捉到,并进行现场指导。现场的指导还是建立在具体的情境中,而不是老师的包办。鼓励学生或者学生之间互相帮助,实现每个学生的口语能力提升。

  来自儿童的语言。开头以一个有趣的《小白兔送白菜》故事导入，结尾以儿歌的形式总结，充分体现儿童视角。整个教学语境，都是用儿童的话语系统，让儿童讲自己的话，会讲话。儿童的口语交际必须有儿童味。教师要站在儿童的立场和角度，设身处地地看学生的口语表达。首先，要符合儿童的认知特点。尽管有时候学生的语言带有稚嫩、偏颇的现象，我们也不能嘲笑甚至训斥。应该站在学生的角度去分析，为什么他会这样想？为什么会有这样的想法？然后再有针对性地训练。其次，训练的过程也应该采取儿童能接受的方法。在口语训练中，多采用换位和移情的方法，让学生发自肺腑地选择正确的语气和表达的方式与内容。

（本节课为"一师一优课"市级优课）

学以致用，写清楚一件事

——《交流平台与初试身手》教学设计

【教材分析】

统编教材四年级上册《交流平台与初试身手》中，"交流平台"结合精读课文，梳理、总结了把一件事写清楚的方法：交代清楚时间、地点、人物、起因、经过、结果等要素，要按一定顺序把事情写清楚，要写清楚事情发展过程中的重要内容。"初试身手"鼓励学生尝试运用在相互交流中归纳出的方法，进行口头和书面练习，为完成单元习作作铺垫。"初试身手"的第一题，提供了开运动会和奶奶过生日两幅图，要求学生发挥想象把图片的内容说清楚，重在练习把看到的、听到的或想到的说出来，清楚展现当时的场景。第二题是用一段话把家人做家务的过程写下来，重在练习用表示动作的词语把做事的过程写清楚。

"交流平台"和"初试身手"有着紧密的联系。"交流平台"回顾把一件事写清楚的方法，帮助学生梳理相关要点，为"初试身手"奠定基础；"初试身手"是"交流平台"的延伸，引导学生运用方法进行初步的写作实践，让学生在实践中初步体会怎样把事情发展过程中的重要内容写清楚。

【学情分析】

这是一次校区教研活动展示，共展示两节课，一节课是《爬天都峰》第二课时，一节课就是《交流平台与初试身手》。在集体备课时，大家觉得这两节课联系非常紧密，应该做到无缝衔接。因此，《爬天都峰》第二课时就将"交流与平台"教学了。学生通过《麻雀》《爬天都峰》的学习，对于写一件事的方法有一定了解，如"六要素"——时间、地点、人物、起因、经过、结果，还有按照一定顺序写，以及抓住看到的、听到的、想到的等，把事情写具体。

【教学目标】

1. 复习巩固把一件事写清楚的方法。
2. 运用所学的方法将图上的内容写清楚。

【教学重点】

运用所学的方法将图上的内容写清楚。

教学时间:1课时。

【教学过程】

一、复习、巩固写法

师:同学们,最近我们学习了第五单元,这个单元共两篇课文,分别是《麻雀》和《爬天都峰》。通过两篇课文学习,你知道怎样才能把一件事写清楚吗?(板书:一件事)

指名交流。教师相机板书。

> 基于学生的学情(之前在《爬天都峰》时已交流过写一件事的方法),直接以复习巩固的形式开始,做到无缝衔接。教师根据学生的交流进行引导、追问、提炼,进一步提升学生对写一件事方法的总结。

预设:结合课文《爬天都峰》,按照爬之前、爬的过程、爬上山顶后的顺序引导学生。

预设:多感官,从眼睛看、耳朵听、大脑想、鼻子闻等体会。(板书:看 听 想)

二、初试身手

(一)看图写话

1. 看图准备

师:看来,同学们的收获真不小。光知道这些方法还不行,有句话说得好:"学了就用处处行,光学不用等于零。"下面,我们就来试试吧!(教师板书:初试身手)

出示图。

师:请同学们从中选择一幅图,发挥想象将图上的内容说清楚。注意黑板上的三个方法。一是六要素说清楚,二是说得有顺序,三是调动多种感官。

> 文本呈现两幅图,根据需要教师只需要精讲一幅图,这一幅图怎么确定呢?不是教师指定,而是根据大部分学生的意见而定。

学生准备。

师:选择第一幅图的小朋友举手(教师环顾教室),选择第二幅图的小朋友举手(教师环顾教室)。看来准备第一幅图(第二幅图)的小朋友比较多,我们先一起看第一幅图(第二幅图)。

2. 师生交流

出示第一幅图(第二幅图)。

师：谁来说？（师指名生站起来说）

师：这位同学在说之前，我们拿出评价表，强调一下评价的标准，一是六要素说清楚，二是说得有顺序，三是调动多种感官。你觉得哪项说得好就给一颗星，请用笔在评价表上记下好的或者不足的地方。中途不要打扰说话的人，等这位同学讲完了，我们再一起交流。

> 评价要有标准，这样的评价才有针对性。倾听既是一项能力，更是一种修养。在认真倾听别人讲述时，保证安静的秩序，是对讲述人的尊重。同时，用笔记下自己的感受，方便之后的深度交流。

学生说。

说完，其他学生评价。

根据学生的回答，教师进行点拨。

预设1：你是从六要素方面评价的。时间是？（师红笔板书：10月9日）地点是？（教师红笔板书：学校操场）。人物呢？（教师红笔板书：啦啦队员　运动员）

时间、地点，我们简要地介绍一下即可。谁来试试？

指名试。

人物、起因根据需要可以单独说，可以和经过一起说。

结果呢？（教师红笔板书：3号赢了）

预设2：

你听出他说的顺序是什么？（教师红笔板书：赛前　赛中　赛后）

你同意吗？

你觉得哪个地方应该重点说？他做得怎样？

预设3：

他在说的时候哪些感官用得好？还有哪些地方可以补充？（教师相机红笔板书：看、听、想、做……）

下面请你结合大家的点评，再说一遍。

再请这位同学说一遍。（说后，指名评）

> 学生先试讲，然后组织大家评讲，最后，再请学生讲述。这个过程既是复述学生个人讲述水平的提升，也是对全班学生复述水平的提升。而且这种提升是全班师生有目共睹的，对师生都是一种激励。

师：你看，众人拾柴火焰高，经过大家的点评，这次说得比上次好多了。

(二)交流观察记录

1. 师生交流

师:刚才,我们看的是静止的图片,昨天老师布置大家回家观察家人炒菜、擦玻璃或做其他家务的过程,并写下来。我们先看看你们都观察了哪些家务劳动?

> 过渡自然,不留痕迹,从静态画面的观察到动态过程的记录,又显层次。

指名说。

2. 小组交流

师:下面请同学们前后四人一组,依次读自己的观察记录,每个人读完后,其他人结合评价表,交流自己的意见。

师:我们评价的标准仍然是三条:一是六要素写清楚,二是写得有顺序,三是调动多种感官。

学生分小组交流。

> 三个臭皮匠,赛过诸葛亮。合作学习是同伴之间取长补短的好机会,这也是异质他者的资源互补。这种协同学习远比学生个人单打独斗强。

3. 小组展示

师:谁来把自己的观察记录展示给我们看。

投影一生作文交流。

学生读作文,其他生听到哪儿有问题可以立即举手。

> 评讲写话和评讲说话是不同的,因为二者有着不同的机制。说话时需要安静的环境,说话的思维容易受到周围人和事的干扰。因此,教师要营造适合说话的情境。写话交流则不需要,随时可以中断停下来交流。

4. 学生修改

5. 再展示这位同学修改后的作文

教师小结:今天我们尝试用课文里学到的方法把图片上的内容说清楚,把观察到的家务劳动的过程写清楚、写具体、写生动。那么如何把一件完整的事情写好呢?我们下节课继续探究。

附1:板书设计

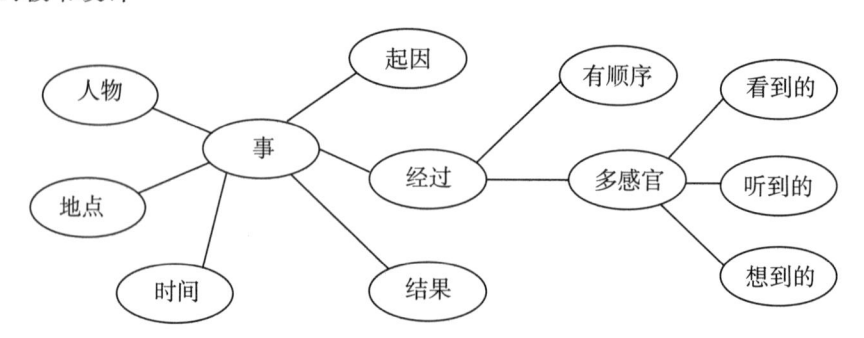

```
          起因      有顺序     看到的
    人物      \    /      \    /
      \      事 —— 经过 —— 多感官 —— 听到的
      /      /    \      /    \
    地点            结果          想到的
      |
    时间
```

附2:评价表

看图说话评价表

序号	评价项目	得星情况	扣星理由
1	六要素		
2	有顺序		
3	多感官		

观察写话评价表

序号	评价项目	得星情况	扣星理由
1	六要素		
2	有顺序		
3	多感官		

【教学后记】

这次校区教研活动展示,算是一个创新。两节课由两位老师与同一个班级的学生上课,真正实现无缝衔接。

我的教学任务主要是"初试身手",将殷老师和学生总结的写清楚一件事的方法进行运用。

上课伊始,我带领学生回顾一下写清楚一件事的方法,并用板贴贴在黑板上。目的是进一步强化学生对这三种方法的印象,便于在下面的环节运用。

接下来是运用环节。首先是看图,将图片上的内容说清楚。教材里共有两幅图,我请学生选择一幅图进行准备。根据学生的选择情况,指导学生一起练习说那幅图上的内容。学生大部分都选择的是第二幅图。我先请一名学生看图讲给大家听,并要求其他学生结合评价表做好记录,等这位同学说完后再交流。

  交流的同学是一位男生,略显瘦弱。只见他非常认真地看着手中教材里的插图,一边看一边认真地讲述着。讲着讲着,下面的同学有些骚动,我做手势示意大家不要发出声音,等他讲完了再交流。显然,发言的同学也受到大家骚动的影响,讲述的时候有些紧张了。尽管我在一旁示意他大胆地往下讲。他还是很紧张,以至于讲完后竟然哭了起来。我连忙问他为什么哭。他说:"我可以讲得更好一些。"

  哎呀,这是个要求多么高的男生!我赶紧安慰:"没关系的,能讲这么好已经很好了。有的同学吓得都不敢举手,你比他们棒多了。我相信等会儿我们交流过后,你一定会讲得更好!"真没想到,课堂上会出现这样的一幕。

  接下来,很多学生开始陆续点评他的讲述。

  "图上不是小男孩过生日,是奶奶过70岁生日。"

  "你是怎么知道的?"

  "生日蛋糕上有个'70'字样。"

  "是的,看图一定要准确,不能看错了。"

  "看到的蛋糕,没说清楚。"

  "是的,过生日,蛋糕是个重要的东西,一定要说清楚。那你能帮他说说这个蛋糕是什么样的吗?"

  ……

  其他生点评完,我赶紧兑现自己的诺言,让那个男生重新讲一次。只见这位男生声音洪亮,语速平缓,将大家刚才提到的改进方法基本上都用上了。他讲完又哭了,我赶紧问他为什么哭。他说感谢同学们的帮助,这次终于讲好了。我连忙补充:"这既是大家的帮助,更是你自己的努力,大家把掌声送给这位同学和我们自己。"

  他的两次哭都让我意外,但是却是课堂上精彩的生成。

(本节课是校区教研展示课)

A式合作学习，让学习真正发生

——《彩色的梦》第一课时教学设计

【教材分析】

《彩色的梦》是统编教材语文二年级下册第四单元的第一篇课文，是高洪波写的一首充满智慧和童心的儿童诗，通过彩色铅笔描绘了大自然的美丽景色，展现了儿童眼中的缤纷世界。诗歌以儿童的口吻、拟人的手法、明快的节奏，让我们感受到大自然的无限美好。儿童诗的特点与儿童的特点相契合，应该说这是一篇深受儿童喜爱的文本。

【学情分析】

尊重学生的学情。我们过去在教学第一课时，往往忽视学生已有的知识基础、能力水平，特别是学生开始逐步学会预习的时候，我们还是忽视学生预习的成果，依然用传统的方式导入新课，这种"炒回锅饭"的方式不仅激发不了学生学习的兴趣，反而影响学生学习的激情。我在第一课时教学时，紧紧围绕学生的预习，通过反馈预习情况调整教学的内容。听写词语，可以看出学生对生字词掌握的难点，课堂上我可以在难点上使足力量，教学更有针对性，效果更好。在质疑过程中，我能通过学生的问题了解他们对文本的理解情况，在与学生共同梳理问题的过程中，制定教学的重难点。尊重了学生的学情，实际上就是帮我们共同寻找到学生的最近发展区。有了这个最近发展区，教学目标的定位就会更加准确，学生在目标的引领下，积极思维，并且感受学习成功的乐趣，必然乐在其中。

【教学目标】

一、知识与技能

1. 会认9个生字，会写9个生字。
2. 正确、流利、有感情地朗读课文，想象并用自己的话说说彩色铅笔画出的梦。

二、过程与方法

以学生自学为主，引导学生会认、会写生字；以各种读的方式进行朗读能力训练；引导学生学会以联系上下文、结合生活、借助图片来理解字词；学会质疑。

三、情感、态度、价值观

有感情地朗读诗歌，想象诗歌描绘的意境。

【教学重点】

1. 会认9个生字,会写9个生字。
2. 正确、流利、有感情地朗读课文,说说"我"用铅笔画出的彩色的梦。

【教学难点】

1. 学会提出有价值的问题并积极尝试解决。

【教学过程】

一、预习反馈,指导自学

师:同学们,昨天大家已经预习了第八课《彩色的梦》,下面我们一起交流一下预习的成果。

1. 生字词预习反馈

(1)听写生字在课文里的词语。(彩色 梦境 森林 拉手 结果 苹果 一般 精灵)

(2)听写反馈。

教师一边对着投影批改,一边重点强调"彩""梦""森""苹""精灵"等字音,"彩""结""般"等字形。

同桌互改。

自己订正,并请同桌检查订正。

> 尽管是二年级学生,预习也是需要培养的。在原有识字的基础上尝试让学生自己识字。在交流中如果可以让学生再说说自己识字的方法就更好了。

师:看来同学们自学生字的能力越来越高了。下面我再来看看同学们课文朗读得怎么样?

2. 课文朗读反馈

(1)指名朗读课文,师生评读。

根据学生朗读,重点指导以下句子:

句1:他们躺在铅笔盒里聊天,一打开,就在白纸上跳蹦。

句2:在葱郁的森林里,雪松们拉着手,请小鸟留下歌声。

> 根据学生读书情况的反馈,及时抓住重点句子指导学生朗读很有必要。

(2)同桌互相读,互相评读。

> 互读是发挥同伴学习效用的有效方法。教师检查学生的朗读情况,只能是抽查,而且只是少部分同学得到检查的机会。互读就是同桌或者前后两个人互相检查读。可以是整篇互读,也可以是两个人一人一个自然段交替着读。这样有效地减少了课堂上朗读的时间,同时又能全覆盖地检查到所有学生。

师:同学们在预习课文的时候除了要自学生字词,读准、读通课文,我们还要将读不懂的地方记下来。

> 学而不思则罔,思而不学则殆。培养学生一边读书一边思考的习惯非常重要。什么时候开始都不算迟。

(板书:自学生字　读好课文　提出问题)

二、问题梳理,提炼主问题

学生提出不懂的问题,教师相机板书相关问题。

预设1:"蓝——得——透——明"间的横线是什么?

师:有人知道吗?

生:破折号。

师:破折号有什么用途?怎么用?在这儿,我们应该怎么读呢?我们稍后再讨论。表扬这位同学观察仔细,爱动脑筋,问题提得好。课文里还有破折号,能找到吗?

生:"又大——又红"。

师:标点符号的学问可大了!还有关于标点的问题吗?

生:"在溪水里流动……"后面为什么用省略号?

师:问得好!还有吗?

生:"蓝——得——透——明!""又大——又红!"这两句话后面为什么用"!"?

师:这些问题都是关于标点符号的问题,还有其他方面的问题吗?

> 如何提问?从课文里的标点符号也可以提出问题。教师根据学生的一个标点问题层层推进,找出所有标点的问题。学生自然懂得今后可以从标点符号提问,同时,又促进学生今后在阅读时会更加关注标点符号。

预设2:"葱郁"是什么意思?

师:还有哪些读不懂的词语?

生:"精灵"是什么意思?

生:"叮咛"是什么意思?

> 课堂上引导学生质疑,不能模模糊糊一大片,教师可以有意将一类的问题集中交流出来,为今后高质量的质疑教学打好基础。

师:还有没有其他方面的问题?

预设3:"小屋的烟囱上,结一个苹果般的太阳,又大——又红!"这句话怎么说太阳在烟囱上?

师:这是句子读不懂。还有吗?

生:"我有一大把彩色的梦,有的长,有的圆,有的硬。"这句话里怎么说梦有的长,有的圆,有的硬?

预设4:彩色的梦究竟是个怎样的梦?

师:这是关于文章内容的问题。还有吗?

生:怎么会是彩色的梦?

师:刚才同学们提出了很多有价值的问题,说明同学们在预习的时候很认真。刚刚同学们有的提的是关于标点的问题,有的提的是关于词语理解的问题,有的提的是课文内容方面的问题。你们觉得这些问题中哪些可以通过自己努力解决,哪些问题需要老师或同学帮助解决?

生:我觉得对于不理解的词语,我们可以通过查字典、读课文等方式自己解决。

生:标点的问题,我们也可以通过查字典、读课文等方式自己解决。

生:"彩色的梦究竟是个怎样的梦?"需要我们反复读课文才能解决。

师:你们觉得哪个问题最有价值?最需要我们认真思考?

生:我觉得"彩色的梦究竟是个怎样的梦?"这个问题最有价值。

师:我也赞同。其他问题,我先自己通过查字典、读课文,看看能不能解决?

> 学生提出问题是第一步。接下来就是解决问题。有些问题学生是可以通过自己的努力解决的。这个过程是学生独立解决问题的过程,对学生高阶思维能力的提高有帮助。这些个人解决问题的过程和结果,都将是接下来课堂上精彩交流的基础和保障。

三、自主探究,尝试解决部分问题

师:下面请同学们结合黑板上的问题,自己看看能解决多少问题。

1. 学生自主探究尝试解决问题,教师巡视指导。
2. 前后四人小组内交流自己解决的问题。

> 小组交流的过程,就是思维碰撞的过程。特别是同样的问题,大家出现不同的观点,或者思考的过程不一样,极大地激发学生深度思考。为什么"我"和别人的观点不一样?"我"和他的思考过程不一样,到底哪种方法更好呢?

四、围绕主问题,自主阅读

师:下面请同学们自主阅读课文,思考彩色的梦是个怎样的梦。

学生自主阅读课文。

师:谁来说说看,彩色的梦是个怎样的梦?

指名交流。

教师相机板书。(美丽的梦 充满想象的梦 有趣的梦 快乐的梦)

> 尊重学生,首先从尊重学生的个性解读开始。只要学生说得有根据,我们就要尊重学生的思考。

师:看来每个人都有自己独特的感受,这些感受是从哪些语句中体会到的呢?下面请同学们边读边将相关语句和自己的思考记录下来。

生边读边写边画。

师:下一节课我们将带着我们的学习成果,交流这是一个怎样的梦。

附板书设计:

```
                8. 彩色的梦?
    自学生字    美丽的梦         ——      ……    !
    读好课文    充满想象的梦     葱郁    精灵    叮咛
    提出问题    有趣的梦
                快乐的梦
                ……
```

【教学后记】

平常我们研究比较多的是第二课时,对于第一课时,大家在思想上不是很重视,常用的做法就是读读课文,写写字。因此,学生在第一课时上明显感觉学得不足,而在第二课时又是学得很累。那么在第一课时,我们应该怎样激发学生的兴趣,调动学生的思维,让学生主动学、自主学呢?我在平时的课堂教学中做了一些尝试。现以《彩色的梦》一课为例,谈谈"A 式合作学习"范式。

"A 式合作学习"是一种尊重学生已有学情,尊重每一个学生,尊重学生自主学习的一种课堂范式。A 式的 A 是英文单词"all"的首字母,旨在实现全员参与,全部得到发展的合作共赢的课堂。

尊重全体学生。教学中,我在每一个环节尽可能照顾到每一个学生。比如词语反馈、教师评讲后,同桌互相批改;朗读课文时,同桌相互读;自主探究后,四人小组内交流。每一个环节都是在每个个体自主学习、充分思考后,再相互交流。这样的交流,是在每个人带着自己的学习成果在交流,避免了随大流现象,以及优秀学生强势主导、潜能生被忽视的现象发生,让学习在每个学生身上真正发生,使合作成为共赢的学习方式。学生每个个体存在差异,在学习的方式和效果上也有差异。在课堂上我们珍视差异的存在。在个人自主学习的基础上,开展小组合作学习。优秀的学生在合作中可以起到小老师的角色和作用,帮助、引导学习困难的学生形成科学的学习方法,提高学习的效果。虽然在起初的合作学习中,二年级的学生会存在互相揭短、不配合等现象,但是只要老师指导到位,小组合作的学习效果会逐渐提高。

尊重学生的学。在教学中,教师始终以学生的学为主,顺学而教,因势利导。一是给足学生充分自主学习的时间。词语反馈后,给予学生充足的时间互评、订正。同桌互读课文时,给予充分的时间互相指导,确保每个学生读准读通课文。梳理主要问题也是在学生的参与下共同提炼主要问题。学生充足的学习时间和空间,是保证学习效果的重要元素。二是教师做好服务,适时介入引导。特别是在学生遇到困难时,教师的引导将起到事半功倍的效果。如学生提到破折号时,教师在表扬"问得好"的基础上,让学生再找找还有什么地方用破折号,还有哪些标点符号的问题。标点是学生语感的一个重要体现,尤其在诗歌里,标点符号往往起到画龙点睛的作用。这实际上也是教学的重点和难点。课堂上,教师的角色就是引导、帮助、服务,在教师的有效指导下,创造一个轻松、自由、高效的学习环境,将课堂还给学生。

(本课时教学设计为组内研究课)

因为专注，所以卓越

——《黑板跑了》第二课时教学设计

【教材分析】

《"黑板"跑了》是苏教版语文二年级下册的一篇课文。这篇课文具体描写了科学家安培在散步时专心思考数学题，结果错把马车的后壁当成黑板来演算的趣事，旨在让学生体会安培对科学的痴迷与专注，从而学习他专心研究科学的精神，懂得做任何事都要认真投入的道理。课文语言生动，是一篇培养学生语言感悟能力、观察能力、朗读能力的好材料。

【学情分析】

学生有一定的自学能力和想象力。在第一课时熟读课文，初步了解课文内容的基础上，着力培养学生概括课文的能力、品词析句的能力。通过想象的训练，引导学生还原当时的场景，从而更好地理解安培的专注精神。

【教学目标】

1. 学会默读课文，练习有条理地讲述这个故事。
2. 结合上下文理解"聚精会神""不由自主"等词语的意思，能区分"心算""计算""演算"的细微差别。
3. 学习安培专心研究科学的精神，懂得做任何事都要认真专心的道理。

【教学重点】

练习默读、复述故事。

【教学难点】

学习安培专心研究科学的精神，懂得做任何事都要认真专心的道理。

【教学过程】

一、复习导入

师：上课，小朋友们好！

生:老师好!

师:请坐。

师:上节课,我们读了第14课《"黑板"跑了》(提前板书课题),老师要考考大家上节课学得怎样。敢接受挑战吗?

师:你还记得课文主要讲了什么内容吗?

指名讲。

师:能不能再简洁些?

> 简洁就是学会概括,概括就是归纳、总括,是一种思维过程和方法。在二年级就开始逐步培养学生的概括能力很有必要,也很有意义。

师:是呀!安培因为研究数学题太专心了,结果把马车的后壁当作黑板了。

(板书:专心)

二、主题研讨

师:你从哪些地方看出安培研究数学题非常专心?请大家默读课文的2到5自然段,画出相应的词语或句子。词语用波浪线画,句子用横线画。

生自学。

师:俗话说,"一个篱笆三个桩,一个好汉三个帮",前后四个人交流一下,让我们的理由更充分些。

小组交流。

> "小组合作学习"为课堂教学注入了活力,它不仅可以使师生之间、学生之间更有效地进行语言交际,而且还可以培养学生的合作意识、团队精神,进而促使学生相互学习,共同提高,有力地促进了课堂效率的提高。

指名交流。

交流1:"有一天,安培在街上散步。街上的行人、车辆来来往往,很热闹。可是安培好像什么也没有看见,什么也没有听见,只顾低着头朝前走。原来,他正在思考一道数学题。"

师:从哪儿看出他专心呢?

预设:街上很热闹,可是安培好像什么也没有看见,什么也没有听见。

师:大街上有多热闹呢?你看见什么?

指名说。

师:又听见什么?

指名说。

师:走在这样的大街上你会怎样?

指名说。

> 思维离不开想象。想象是思维的翅膀。利用文本的留白让学生展开合理的想象,既是对文本的深入理解与情感的积淀,又是高层次的思维与语言的训练。

师:可是,安培好像什么也没有看见,什么也没有听见。因为他(只顾低着头朝前走),因为他(正在思考一道数学题)。

师:你有没有过专心做一件事而忘记其他事的经历呢?

指名说。

师:这真是"目不能二视,耳不能二听,一手不能二事"。下面我们来做一个游戏。请左手握拳,右手变成掌,左拳上下移动,右掌前后移动。看看你能不能做出来。

> 游戏是孩子们最喜爱的活动。课堂上孩子们一边做着游戏,一边身心得到休息,同时为下面揭示一心不能二用的思想铺垫,一石二鸟。

生做游戏。

师:你为什么做成功呢?

指名说。

师:一边是热闹的街市,一边是静心的思考,这可真是鲜明的对比呀!谁来读一读这段话。

指名读。

交流2:"开始他在心算,用手指头在自己的衣襟上画呀画的,后来觉得需要找个地方来计算一下才行。说来也巧,街道旁正好竖着一块'黑板',好像特地为他准备的。太好了!安培高兴地走过去,从口袋里掏出粉笔,在'黑板'上演算起来。"

师:从哪里看出安培专心研究数学题呢?

指名说。

预设:"画呀画"说明他心算得认真、专心。

师:你能照着"画呀画"说几个词吗?(想呀想、写呀写、等呀等)

师:能把你的词带到句子里说给我们听吗?

师:安培需要找个地方计算,"黑板"就来了。你能把"太好了"前面加上一个语气词吗?("啊""耶""哇")

师:连起来说说看。

师:"太好了"后面你能加上内容吗?和前面的内容连起来说说看。

预设:"啊!太好了!真是要什么有什么!"(从加语气词,到想象安培激动时的语言,层层推进,学生由表及里,逐步感受到安培需要黑板时就出现了黑板的喜悦之情,与文中的安培共鸣,同时,也习得了语气词的正确使用。)

安培多高兴呀!你能把"太好了!安培高兴地走过去,从口袋里掏出粉笔,在'黑板'上演算起来"这句话读好吗?

指名读。

师:老师发现这段话里有三个小朋友长得很像,你能找出来吗?(心算、计算、演算),他们不小心迷路了,你能把他们送回家吗?

开始安培在(　　),后来觉得需要找个地方来(　　)一下才行。于是,他从口袋里掏出粉笔,在"黑板"上(　　)起来。

交流3:"算着算着,这块'黑板'动了起来,慢慢地向前移。安培忙说:'别动,别动,再等一会儿就得到结果了!'可是'黑板'还在向前移动,安培不由自主地跟着'黑板'走,继续聚精会神地演算着。"

师:从哪儿看出安培专心呢?

预设:"黑板"还在向前移动,安培不由自主地跟着"黑板"走,继续聚精会神地演算着。

师:正在演算,黑板就动了。安培的心情怎样?(着急)

师:来读读"安培忙说:'别动,别动,再等一会儿就得到结果了!'"这句话。

师:还有哪些词体现安培的专心?

预设:"不由自主"就是——身不由己、情不自禁。

预设:"黑板"走,他还继续聚精会神地演算着,说明他还没发现黑板是车厢的后壁。他真专心。

师:"聚精会神"可以换一个词吗?

师:如果你看见了安培在大街上跟着马车的后壁在演算数学题,你怎么想?怎么做?

交流4:"后来,那块'黑板'越走越快,安培觉得自己快追不上了。这时他才发现,那不是一块黑板,而是一辆马车车厢的后壁。"

师:这里哪个字最能体现安培的专心?

预设:"才"字体现他专心。

> 教师在引导学生走进文本的过程,多次引导学生抓住关键词,这儿的"才"抓得准,抓得巧。孩子们在揣摩"才"字中感受到安培的专心。

预设:安培因为专心思考题目而把车厢的后壁当作黑板,车子走了还跟着演算,直到追不上了才发现不是黑板。(板书:不是黑板)

师:安培发现自己演算的"黑板"竟然是马车的后壁,他此时会有怎样的动作、表情呢?

指名说。

师:这儿的"黑板"还要加引号吗?为什么?课题上的"黑板"还有其他地方的"黑板"为什么要加引号呢?

三、深化延伸

师:故事学到这儿,你想说什么?

指名说。

师:老师也有几句话,大家读一读。

出示句子:

一个人不能骑两匹马,骑上这匹,就要丢掉那匹。

孔子学琴,三月不知肉味。

目不能两视而明,耳不能两听而聪。

师:选择自己最喜欢的一句话抄在自己的书上。

> 读与写有机结合,课堂教学节奏变换之中,学生感受语言文字的魅力,体悟中国传统文化的魅力。

师:是啊,一个人不管做什么事只要专心,就一定会成功。(板书:成功)

师:安培专心研究的故事还有很多,老师推荐两个故事——《怀表变卵石》《安培先生不在家》,课后找找,去读一读。

师:课后作业:

1. 把《黑板跑了》讲给家长听。

2. 课后阅读《怀表变卵石》《安培先生不在家》两个故事。

> 课后作业一个说,一个读,将课内与课外相结合,将语文与生活相联系。

附1:板书设计

不是黑板

↓

14. "黑板"跑了

专心——→成功

附2:安培的故事

怀表变卵石

安培思考科学问题专心致志,据说有一次,安培正慢慢地向他任教的学校走去,边走边思索着一个电学问题。经过塞纳河的时候,他随手捡起一块鹅卵石装进口袋。过一会儿,又从口袋里掏出来扔到河里。到学校后,他走进教室,习惯地掏怀表看时间,拿出来的却是一块鹅卵石。原来,怀表已被扔进了塞纳河。

安培先生不在家

法国著名物理学家安培,在学习和研究问题时,思想高度集中,专心致志,简直达到了那种忘我的痴迷程度。为了专心研究问题,怕别人来打扰他,安培就在自己的家门口贴上了一张"安培先生不在家"的字条。这样,来找他的人看到字条后就不会再敲门打扰他。有一天,他在家中思考一个问题,百思不得其解,便走出家门,一边散步一边思考这个问题。它在马路上走着走着,好像突然想起了什么便转回身向家走去。他一边走一边还在聚精会神地思考着问题。当他返回自己的家门口时,抬头看见门上贴着"安培先生不在家"的那张字条,就自言自语地说:"噢!安培先生不在家,那我回去吧!"说完,就回头走了。

【教学后记】

这节课是校区优课评比。回顾这节课,主要有以下特点:

一是大问题意识。语文课需要统整思维,不能从满堂讲变为满堂问。这节课我紧紧抓住"你从哪些地方看出安培研究数学题非常专心"这个主问题组织学生探究。这样的设计,不仅让教师教得思路清晰,也让学生学起来思路清晰。这样的教学需要教师在课堂上拥有更多的智慧面对新的生成。孩子们围绕主问题交流时,不可能按照教师既定的顺序。因此,教师要做好充足的准备,应对学生无序的交流。

二是大语文意识。课堂上我特别重视学生课外的拓展。由安培《"黑板"跑了》的故事,想到"一个人不能骑两匹马,骑上这匹,就要丢掉那匹""孔子学琴,三月不知肉味""目不能两视而明,耳不能两听而聪"等名句。还引导学生去读安培《怀表变卵石》《安培先生不在家》等故事。课内课外相结合。

三是大情境意识。课堂上一个探究的话题是这堂课的主基调。在这里有"不由自主""聚精会神"的理解,有"画呀画"的仿写,有语气词的训练,有引号的用法研究,还有快乐的游戏体验。有张有弛,就像戏剧,让学生在课堂上起起伏伏,享受课堂的活力。

(本课为校区优课评比一等奖)

在想象中拓展思维

——《肥皂泡》第二课时教学设计

【教材分析】

《肥皂泡》是统编教材小学语文三年级下册第六单元的精读课文。课文主要是作者冰心通过回忆儿时玩肥皂泡的游戏,表达了作者对快乐的童年生活的热爱之情。文笔清新自然,情感真挚淳朴,意境深邃悠远。

课文围绕童年之乐,以童年生活中吹肥皂泡这项喜爱的游戏为切入点,叙述了做肥皂泡、吹肥皂泡、扇肥皂泡、想象肥皂泡的场景,注重做肥皂泡、吹肥皂泡的过程,体会吹泡泡的乐趣,并细致描写了肥皂泡的颜色、形状及变化,写了吹肥皂泡时的心情和美妙的想象。吹出了童真,吹出了童趣,还吹出了很多梦想,吹出了对美好生活的向往。课文语言细腻,给人以清新隽永的审美感受。

但文章写于20世纪30年代,有个别词句对学生来说难以理解,读起来比较费劲。教学时宜抓住文中对做肥皂水、吹肥皂泡的过程的细致描述以及描写泡泡的个性化词语,引导学生使用查阅资料、联系生活、观看吹泡泡等方法理解难懂的句子,体会本文语言文字的清新隽永、飘逸的特点。体会文章丰富的想象力,感受童乐童趣也是本文的重点。

【学情分析】

学生经过前面的学习,已经能将文本读准确,读连贯。并将作者做肥皂水、吹肥皂泡的过程通过想象进行还原,尝试用自己的语言再现。学生已有自己吹泡泡的经验,对于文中描绘的肥皂泡的颜色、形状有一定的生活基础。重难点是理解作者如何通过吹泡泡,吹出了对美好生活的向往。

【教学目标】

1. 感受肥皂泡的美丽,体会作者喜爱肥皂泡的原因。
2. 通过肥皂泡给作者带来的想象,引导学生展开想象,以及结合原文,感悟作者对美好生活的向往和执着追求。

【教学重点】

感受肥皂泡的美丽,体会作者喜爱肥皂泡的原因。

【教学难点】

通过肥皂泡给作者带来的想象,引导学生展开想象,以及结合原文,感悟作者对美好生活的向往和执着追求。

【教学时间】

1课时。

【教学过程】

一、复习导入

师提前板书课题。

师:上节课,我们初读了课文《肥皂泡》。课文里面的生字,大家还认识吗?

出示:

廊子上,吹泡泡。

和一和,慢慢吹。

轻轻提,软悠悠。

扇子扇,娇玲珑。

大又急,颤巍巍。

一串梦,渡天河,

飞山巅,乐呵呵。

师:谁来读?

师指名读。生齐读。

> 教师巧妙地将文中重点生字编成儿歌的形式,将本文的主要内容概括出来,学生喜闻乐见。同时,对学生的生字和课文内容进行有效的反馈。可谓一举多得。

师:读了这些内容,你有什么发现或问题?

> 教师的良苦用心不是强加于学生,也不是直接告诉学生,而是让学生自己去发现,去领悟。

师指名说。(可以从读的感觉、里面的内容等不同角度说。)

师:看来老师的用心大家都知道了,既复习了文中难读的字音以及多音字的字音,又概括了文章的主要内容。

师指名说。

师:对,我们上课的时候就是要敢于说出自己的观点或者困惑。

> 从上课的一开始,教师就积极营造良好的氛围,鼓励学生大胆思考,敢于发表自己的观点。

师:作者围绕肥皂泡讲了哪些事?

师指名说。(教师板书:做 吹 扇 想)

二、主题探究

1．自读探究

师:作者小时候有很多游戏,为什么独独最爱吹肥皂泡呢?请同学们默读课文,画出相关的词句,写写自己的感受或疑问。

生默读,圈画。教师巡视。

2．小组交流

师:下面请前后4人一组相互交流一下。

生4人一组相互交流。

3．班级交流

指名说。(机动:1.自己做肥皂水,材料简单。2.吹肥皂泡的过程,简单说说吹的过程。3.下雨天没有其他地方去,可以吹肥皂泡等,一带而过。)

预设1:肥皂泡美丽。

生:肥皂泡很美丽。

师:美在哪里呢?

生:"五色的浮光,在那轻清透明的球面上乱转。"这是说肥皂泡的色彩美。

师:"浮光"什么意思?你是怎么知道的?"轻清透明"呢?(板书:拆字)

> 文中有很多像"浮光"一样的词语,如何理解?让学生指导学生效果更好。

师:还从哪里看出肥皂泡美丽?

生:"有时吹得太大了,扇得太急了,这脆弱的球,会扯成长圆的形式,颤巍巍的,光影零乱。"这是动态美。

师:"光影零乱"什么意思?你是怎么知道的?(板书:结合生活经验)

师:还美在什么地方?"玲珑娇软"是怎样的美?"颤巍巍"是怎样的?

师:老师把同学们刚才找到的描写肥皂泡的词语摘录下来,请同学们自由读一读。

边读边想象不同大小的肥皂泡的样子来。

出示词语。

师：这么美丽的肥皂泡只有懂得欣赏的人才能发现。（板书：赏）

> 在个别交流的基础上，教师根据交流的情况进行汇总，将描写肥皂泡的词语集中在一起出现，在视觉上更有冲击力。

预设2：扇肥皂很好玩。

生：扇肥皂泡也是很好玩的。

师：说说看呢。

"若是扇得好，一个大球，会分裂成两三个玲珑娇软的小球，四散分飞。"你的心情怎样？他们会有怎样的举动？有感情地朗读。

"有时吹得太大了，扇得太急了，这脆薄的球，会扯成长圆的形式，颤巍巍的，光影零乱。"此时的心情怎样？有感情地朗读。

"这时大家都悬着心，仰着头，屏住呼吸，——不久，这光丽的薄球，就无声地散裂了，肥皂水落了下来，洒到眼睛里，大家都忽然低了头，揉出了眼泪。"尽管肥皂泡破灭了，但是之前担心、紧张的过程是值得回味的。你看着我，我看着你，不禁相视一笑。像这样的童年趣事还有很多呢！指名说说。有感情朗读。

> 有感情朗读是学生对文本理解的升华，也是对文本再现进行自我表达的一种方式。在这个环节，学生读出了自己的理解，在课堂上的琅琅书声下，孩子们与作者真情地对话。

预设3：肥皂泡带来想象。

生：肥皂泡让我们产生很多想象。

师：这样一个个轻清脆丽的小球，像一串美丽的梦。带着我插上想象的翅膀。师生合作读：

出示：那一个个轻清脆丽的小球……到天上，轻轻地挨着明月，渡过天河跟着夕阳西去。或者轻悠悠地飘过大海，飞越山巅，又低低地落下，落到一个熟睡中的婴儿的头发上……

轻轻地挨着明月，和明月……

完成下面的思维导图。

> 思维导图既是思维的工具，也是思维的外化和可视化。思维导图让学生在课堂上的想象有抓手，又不设框框，鼓励学生大胆想象。

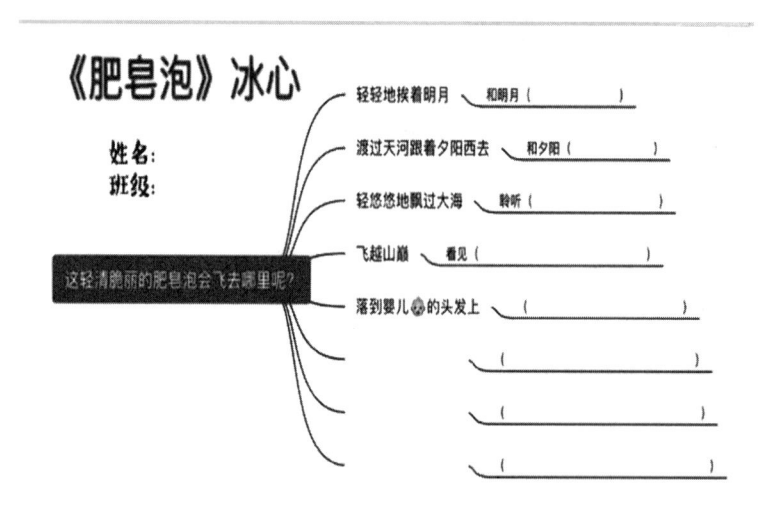

```
《肥皂泡》冰心         轻轻地接着明月    和明月（        ）
姓名：              渡过天河跟着夕阳西去  和夕阳（        ）
班级：              轻悠悠地飘过大海   聆听（        ）
   这轻清艳丽的         飞越山巅      看见（        ）
   肥皂泡会飞去哪里呢？   落到婴儿的头发上  （              ）
                                 （              ）
                                 （              ）
```

学生完成剩下的思维导图，指名上台交流。

师指名配乐读第5自然段，其他生闭起眼睛一起想象。

三、课尾质疑

师：课文读到这儿，你还有什么问题要问？

> 教学从学生疑问开始，再以问题结束，这个过程不是原地踏步，也不是没有进步地绕圈子，而是从已有问题的探究过程中产生新的问题。这时候的问题相比开始的疑问含金量更高，也更有探究意义。

目送着这些肥皂泡，我心里充满了快乐，这是因为……（生答：吹肥皂给我带来快乐），我充满骄傲是因为……（生说），我充满希望又是因为……（生说）。

四、拓展原文

师：这篇文章选自冰心奶奶的散文《肥皂泡》。下面请同学们快速默读原文（提前分发），你也许会有更多更深的发现。

> 这篇文章是节选，特别是文章的最后几节。如果没有原文的阅读，学生是很难理解的。

师：看着这些肥皂泡，我快乐是因为……，我骄傲是因为……，我充满希望是因为……。

师：是啊！我们应该像冰心奶奶那样永远有一颗童心，能执着地追求自己梦想。有的时候读不懂的地方需要读原文才能明白。（板书：读原文）

五、走近冰心

出示资料袋：

语文课本第79页上面的内容。

师:读完资料袋,你有什么想说的?

> 学生通过资料袋以及本课的阅读,对冰心有了初步的了解。引导学生要想更多地了解冰心奶奶,还需要阅读更多的冰心奶奶写的书。

六、布置作业

作业:大家课后可以选择冰心的其他作品读读,感受冰心对母爱与童真的歌颂。

附板书设计:

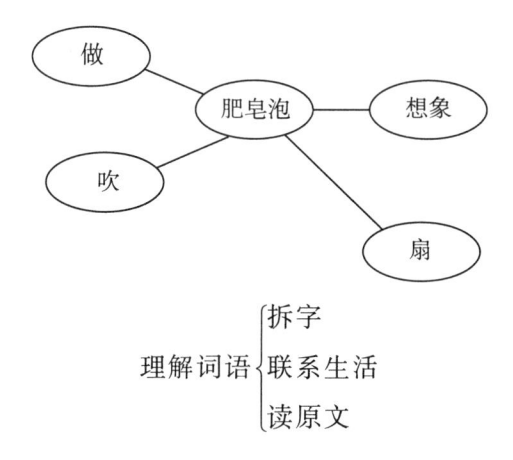

```
        做
           \
            肥皂泡 —— 想象
           /
        吹
            \
             扇

理解词语 { 拆字
          联系生活
          读原文
```

【教学后记】

近期,学校开展"人人开放课堂教学"的活动。校长听副校长和部门主任的课,而且被听课领导所在教研组全体教师参加。因此,从某种意义上来说,这节课比一般组内研究课还要重要,毕竟有校长听课。所以,我也非常重视,知道这个信息后,立即着手备课。

之所以选择这篇课文,一是考虑到进度的问题。根据教学的节奏,计算好大概到听课的时间就上到《肥皂泡》。为了不影响正常的教学进度,我决定选择这篇课文。二是我觉得这篇课文写的肥皂泡,对于学生来说应该挺感兴趣的,因为绝大部分同学都有吹泡泡的经历。

但是我在备课的时候,发现这篇课文真的很难读。因为这篇文章写作的年代正是新文化运动时期,很多词语现在很难见到。有些词是作者根据需要编造而来。因此,对于学生来说,阅读这样的文章有一定的挑战性。

因为是第二课时,所以我得把第一课时的内容提前上完。没想到已经上了两课时,还没有完成既定的计划。周五上午用了一节课的时间,请学生读课文,自由读、指名读、互读,这样下来一节课的时间基本上没有了。剩下的时间留给学生自学生字词,思考课后习题。

周末又布置学生完成一个实践性作业,就是到室外吹泡泡。目的是让学生更好地理解课文内容。为了保证这项实践性作业所有人都能完成，我要求完成的小朋友将吹泡泡时的图片发给我看。从图片反馈来看，学生们在吹泡泡时很快乐，这对于体会文中冰心奶奶的童真、童趣起到积极的作用。

后来又用了一节课指导用自己的话讲吹泡泡的过程。本来以为20分钟的时间就够了，结果整整花了一节课。先让学生自由读第3自然段，再根据内容将吹肥皂泡的过程分成三个步骤。然后让学生结合文字说说哪些环节不能少，目的是提醒自己在复述的时候注意。接下来再自由练习复述。同桌再互相练说。我再指名说。第一次两位同学说得都不是太好，主要表现在漏掉重要环节，比如，将用剩的碎肥皂放在碗里搅动，但把中间加入一些水这一环节漏掉了。然后再让同桌互相练说。再指名说，总算比之前好多了。但是，下课的铃声已经响起，原计划交流不懂的问题只能作罢。

3月1日下午的第二节课，我终于将准备了两周时间的一节课向陈校长和组内教师进行了展示。

看得出，学生比我还紧张。大部分同学的坐姿都比平时端正得多，表情也严肃得多。平常课堂上随便发言的现象看不到了。

今天现场课堂上，我觉得时间不够用。主要问题还是在用自己的话复述吹肥皂泡的过程上，甚至这个环节可以直接略过，毕竟是复习的环节。另外就是，在交流肥皂泡的美丽的时候总感觉有些乱。

还有一些细节，如"眼里揉出了眼泪"，这是一种怎样的感受？眼睛肯定是不舒服的，那内心的体验呢？这些都没有注意。再如，开头的复习词语可以再展开等。

（本节课为学校课堂开放展示课）

快乐地查字典

——《培养良好的学习习惯4 勤查字典》教学设计

【教材分析】

苏教版教材在编排上有个特点,那就是将小学生需要培养的良好的学习习惯,分学期地安排到各年级,"勤查字典"是二年级下学期要培养的良好习惯。查字典的习惯对于学生学习语文来说非常有意义。字典既是学生学习语文最重要的工具,又是学生学习语文最好的老师。查字典的方法对于学生来说并不难掌握,关键是在学习生活中能勤于查字典,会正确地使用字典。勤于查字典的习惯需要学生持之以恒地养成,也需要教师持之以恒地引导,不是一说了之,一蹴而就的。查字典的最终目的是使用字典帮助自己学习语文,什么时候需要查字典,怎么使用字典帮助自己解决问题,都要在学习实践中不断地运用和体验。

【学情分析】

新学期,孩子们已经进入二年级下学期。上学期大家已经学会了音序查字法,经过一学期的练习,已经全部会使用。有一部分同学已经能熟练使用音序查字典的方法。有一小部分同学或自学或家长指导,也掌握了部首查字法。

如今,字典已经成为学生课前准备的必备品之一。我也会经常在课堂上组织大家查字典自学生字词,但最多用于组词之类。至于如何借助字典选择字的正确义项,仍需练习。特别是对字典的其他功能了解得不是很清楚,有时影响到孩子们对字典的使用。因此,熟悉、掌握字典里的语言表达方式以及其他功用,对于学生养成勤查字典的习惯具有重要的作用。这也是这学期小朋友们需要重点学习的。

【教学目标】

1. 巩固音序查字法,懂得学会查字典的意义和养成查字典习惯的重要性。
2. 感受查字典的乐趣,逐步养成查字典的良好习惯。

【教学重难点】

感受查字典的乐趣,能勤查字典,会查字典,查好字典。

【教学时间】

一课时。

【教学准备】

课件、相关闯关题目、分好学习小组（共6组）。

【教学过程】

一、猜谜导入

师：老师这儿有个谜语，同学们想猜吗？

出示：（一位老师不开口，肚里学问样样有。谁要有事请教它，还得自己动动手。）

> 好的开始是成功的一半。课堂教学也是这样。教师用猜谜的方式，一下子就能激发学生学习的兴趣。这样的导入为学生的学习创设了积极的正向的学习情境。

师：你们知道谜底是什么吗？

指名说。

师：对，是字典。

二、闯关激趣

师：上学期我们学过音序查字法，现在老师想考考你们，敢挑战吗？下面我们以小组为单位，一共要闯五关，看看哪组最终能获得冠军。准备好了吗？

> 游戏是儿童的天性，游戏蕴含着发展的需要和教育的契机。著名教育家陈鹤琴说过："游戏是孩子的生命，游戏是孩子获取知识的基本活动形式。"本课用学生喜欢的游戏方式进行，受到学生热烈的欢迎。

出示：

第一关：你知道哪些字典？

请每个小组把你们知道的字典的名字写下来。写对一个加1分，错的不扣分。本关用时3分钟。

> 从了解字典开始，确立学习的起点，符合学生的认知规律。游戏必须要有规则，这也是对学生规则意识的培养。

师：准备好了吗？现在开始。

学生分小组写。

> 闯关游戏以小组的形式开展,培养学生团结协作的合作精神和团队意识。

分小组上台汇报。师生评判并给各组加分。

教师小结、过渡:原来字典的家族这么大!成员这么多,各有各的用途,我们能区分它们吗?下面我们进入第二关。

出示:

第二关:你会选择字典吗?

在我们身边有很多类型的字典,你知道什么时候用什么字典吗?本关共有6题,每组从中抽出一题,小组商议后推选一人回答,回答正确加1分,回答错误减1分。本关用时两分钟。

> 孩子们身边有很多的字典,有《新华字典》,有《现代汉语词典》,有《成语字典》等,什么情况下使用什么字典,很有实践指导意义。

(写在纸条上)具体题目为:

1. 不知道"画龙点睛"的意思,用(　　)查最快捷。
2. "惊yà"的"yà"不会写,可以用(　　)来查一查。
3. 帮"兴奋"的"兴"组更多的词,可以选(　　)来查一查。
4. 小明想知道《论语》中的"学而时习之,不亦说乎"的"说"的意思,可以选(　　)来查一查。
5. 想了解"loudly"的中文意思,可以借助(　　)来查一查。
6. 想知道葡萄牙的首都在哪儿,可以借助(　　)来查一查。

学生分小组抽题研讨。

学生分组汇报,师生评判并为各组加减分。

教师小结:字典大家族的每个成员各有各的长处,我们要认识它们,了解它们。下面我们进入第三关,让我们动动手吧。

出示:

第三关:看谁查得快?

老师为每个组准备了一组字,请查到每个字并写上这个字在字典里的页码。看哪组最先查完?按查完的先后顺序依次加6分、5分、4分、3分、2分、1分。

下面请每组派代表上台抽要查的字(每组字写在纸条上)。(确保每组一人一个字,每个字有注音)

每组的字分别为:

1. 饺 拜 扫 踏 龙 饼 木

2. 碧 峰 象 狼 壮 容 懒

3. 温 柳 秧 准 晾 眺 结

4. 娘 润 浴 物 夜 此 幢 违

5. 切 拿 底 网 溅 裹 紧 受

6. 种 施 蹿 针 贪 孝 痕 扑

抽好题,老师宣布开始。

分组查。教师相机指导组内要分工协作。

> 每一组相同的字数,也是相同的人数。如何迅速地查好这些字,不是比一个人查字典的速度,而是要看小组成员之间的协作能力。

教师宣布各组查完的速度,并给各组加分。

教师引导学生小结:老师想采访一下速度最快的一组,看看他们为什么能查得那么快。

> 这个环节安排采访,目的在于让各组学习先进小组的方法,取长补短,促进今后小组合作有更好的成效。

教师过渡:找到要查的字,我们还要能看懂字典里的内容。下面这一关我们给目前落后的小组机会,让他们先答题。其他各组随时准备帮他们。

出示:

第四关:你了解字典吗?

字典里"搭",有这样的描述:❶支起,架起:~棚子|~架子|~桥[搭救]帮助人脱离危险或灾难。❷共同抬:把桌子~起来。❸相交接。1.连接,接触:两根电线~上了。2.凑在一起:~伙。3.搭配,配合:粗粮细粮~着吃。4.放在支撑物上:把衣服~在竹竿上|身上~着一条毛毯。❹乘坐车船、飞机等:~载|~车|~船。

请说一说"❶❷❸❹""1.2.3.4.""~""|""[   ]"这些符号表示什么?答对一项加1分。你还知道字典里有哪些符号(可以翻字典)?它们表示什么意思?说对一个加1分。

落后小组先回答。其他各组帮助解决其余不会的。

> 教育无小事。课堂上的每个环节都应该成为落实立德树人的时空。让落后组先回答,这是保护弱小的渗透教育。正如"友谊第一,比赛第二"所表达的那样,从小培养学生形成良性的竞争意识非常重要。

教师小结、过渡:看来字典里的学问真不少。我们只有真正地了解字典,读懂字典,才能与字典交好朋友。下面我们进入第五关。

出示:

第五关:你会用字典吗?

"张"在字典里的解释有:① 展开;② 铺排,陈设;③ 看,望;④ 量词;⑤ 姓;⑥ 扩大,夸张;⑦ 商店开业。请每个组帮一个词语选择"张"的准确意思。选择正确的小组加10分,选择错误的不加分。本关用时3分钟。

> 这个环节的设计非常具有典型性。这也是孩子们在学习的过程中经常遇到的情景,最能考验孩子们运用字典解决实际学习问题的能力。

词语写在六张纸条上,分别为:

张弓射箭　张灯结彩　虚张声势　张冠李戴　东张西望　张牙舞爪

分小组抽词语,教师宣布开始。

小组研讨。

请每组汇报,师生评判,并加分。

正确答案:

张弓射箭——① 展开;张灯结彩——② 铺排,陈设;虚张声势——⑥ 扩大,夸张;张冠李戴——⑤ 姓;东张西望——③ 看,望;张牙舞爪——① 展开

教师小结。

师:下面我们来看看每组的最后得分。恭喜第×组获得冠军,第×组获得亚军,第×组获得季军。其他组下次再努力呦!

师:同学们,经过今天的挑战,你有什么感受?

指名说。

> 游戏结束,让学生谈谈感受很有意义。这个举措旨在让游戏的价值最大化,同时,也是培养学生在学习的过程中养成反思的意识和习惯。

三、渐成习惯

师总结:

字典是一个不会讲话的老师,它的学问可大了。我们要与它交朋友,交知心朋友,做形影不离的好朋友。所以我们要从现在开始养成勤查字典的好习惯。

除了音序查字典的方法,你还知道什么查字典的方法?

指名说。(板书:部首查字法　数笔画查字法)

这学期,我们将继续熟练运用音序查字法,还将学习部首查字法,同学们课后可以先试试部首查字法。

先前学习的体验,成为接下来学习的起点,以此往复,形成学习的链条,助力学生攀登更高的山峰。

附板书设计:

培养良好的学习习惯——勤查字典 { 音序查字法 / 部首查字法 / 数笔画查字法 }

【教学后记】

勤查字典的良好习惯,应该在每节语文课堂上养成,应该在每次语文学习实践中养成。为了进一步促进学生养成勤查字典的习惯,我特地设计了这样一节以查字典为主题的闯关游戏。

从课堂上孩子们的表现来看,他们兴致高,参与的意识强,参与的面广。我觉得这次的综合学习活动取得了较好的效果,来源于以下几个方面。

一是课堂大情境创设得好。从猜谜导入到闯关游戏,能始终围绕"字典"这一主题,同时,始终坚持用儿童喜欢的方式开展活动,深受学生欢迎。闯关游戏的每一关,都有规则和标准,每一关之间又有着紧密的联系。在内容上,后一关都是建立在前一关内容的基础上,形成一种爬坡的状态,不断激发学生参与活动的积极性。在形式上,每一关的形式都不一样,让学生经历不同的游戏体验。整节课就是一节学中玩、玩中学的课,是学习的乐园,快乐的沃土。

二是合作与竞争处理得好。课堂上学生小组内合作意识逐渐增强,从一开始的磨合到后来的默契,看到合作的种子在孩子们身上生根发芽,茁壮成长。有合作也有竞争。组际之间的竞争也是非常激烈的,在竞争中看到孩子们强烈的集体荣誉感,他们有时会为小组获得好成绩而欢呼雀跃,有时也会因小组发挥得不好而垂头丧气。这就是在合作中竞争,在竞争中合作。同时,在课堂上着力引导学生学会良性竞争,在公平公正的基础上,赛出风格,赛出友谊,能懂得同情帮助落后的小组,这一点难能可贵。

三是现代教育技术运用得好。其实我是一向对教学中运用多媒体技术持审慎态度,也许是我自身现代教育技术水平不高,所以使用起来总觉得不能完全满足我的意愿,经常出现上课的时候被课件牵着走的现象。但是,这一次在课件制作的时候,我特地请一位高手,请他按照我的意图制作,目的是让课件具备良好的互动性和随机性。也就是我能根据学生的情况随时切换到其他任何想要的地方。特别是在课堂上给小组加星的环节,学生非常关注,非常兴奋,取得良好的效果。这也改变了我对多媒体技术的认识,一是技术问题,如果你有足够高超的技术,就可以制作出完全符合自己意愿的课件来,那就让你的课堂如虎添翼;二是技术只要能为学生的学习提供帮助,促进学生的思维,就是可以用的。

(本节课为"一师一优课"市级优课)

在比较中感受文言魅力

——《司马光》教学设计

【教材分析】

本文是统编教材三年级上册第 24 课,这是一篇文言文,也是小学生在教材里接触到的首篇文言文。

本文讲述的内容是关于司马光砸缸的故事,这个故事对于学生来说是耳熟能详的。本文篇幅简短,便于学生朗读和理解。教学时应该重点引导学生感受文言文的特点。

【学情分析】

学生虽然是首次在教材里阅读文言文,但是在之前的学习中,学习过很多的古诗,积累过很多的文言名句。这些都为学生学习文言文积淀了一定的知识储备和学习经验。特别是古诗的学习,无论是语言表述的特点,还是教材呈现的样式,都有相似之处,如有注释、配图等。

【教学目标】

1. 认识"司、跌"等 5 个生字,正确、流利、有感情地朗读课文,背诵课文。
2. 结合注释,用联系上下文等方式理解句子的意思,理解课文内容,能用自己的话说说这个故事。
3. 紧扣重点词句,感悟司马光聪颖机智、遇事沉着冷静的美好品质。

【教学重点】

用参考注释、抓住重点词句等方法理解全文的意思,用自己的话说说全文的意思。

【教学难点】

体会司马光聪颖机智、遇事沉着冷静的美好品质。

【教学时间】

1 课时。

【教学过程】

一、导入新课,反馈预习

师:上课!同学们好!请坐!课前同学们预习了24课《司马光》。

师板书课题:24 司马光

师:看老师写课题。"司"是生字,这个字是半包围结构的字。写的时候注意横折钩往里收,一横起笔稍向外,口字放正很重要。跟着老师读 sī,司马光。

> 新课从课题入手,自然顺畅。重视识字教学,能抓住重点字,进行字音教学,做好汉字书写指导。

师:"司马光"是个人名。他姓——(生说:司马),司马是个复姓,班里有复姓的小朋友吗?(如果有,问该生姓什么)你还知道有哪些复姓?课前,同学们搜集到司马光的资料吗?用一两句话说说。

指名说。(北宋人,史学家、政治家、文学家,主持编写的《资治通鉴》是第一部编年体通史,被称为"天地间必不可无之书"。)

> 从课题挖掘教学资源也是一种导入的好方法,通过课题引导学生回忆《姓氏歌》的内容,做好新旧知识的链接,接着回到生活,谈谈身边的复姓,再到聊聊司马光的《资治通鉴》,一切皆是传统优秀文化,为课堂烙下浓浓的文化味。

师:司马光真了不起,让我们带着敬佩之情再读一遍课题。

生齐读课题。

师:通过预习,同学们发现这篇课文与平常课文有什么不同?

> 文言文在形式上与现代文有很大的不同,这应该是学生初次接触文言文的感受,教师应该抓住学生这一认知困惑,激发学生探索动机,感受文言文与现代文的差异。

指名说。

预设一:有注释。

师:以前有课文里有注释的吗?(古诗三首)

师:你知道注释有什么作用吗?

> 学生是学习的主体,但是教师在课堂上的主导作用也不能丢,教师要善于根据学生的回答,适时地进行追问、点拨等,引导学生向深度学习迈进。

预设二:课文短。

生:一篇课文只有两句话,从字数上看很简短。

预设三:不好读。

生:和我们以前学的课文语言不太一样,不太好读。

师:是的,我们今天学习的这篇课文是一篇文言文,因为是前人用他们时代的书面语言写出来的,所以我们现代人读起来会有些困难。与我们现代的文章比起来,文言文看上去有些简短。

二、读准读顺读懂课文

师:课文不太好读,我们该怎么办?

> 抓住学生学习文言文的最大障碍——难读,引导学生结合学习经验自己总结学习方法。

指名说。(多读几遍,"书读百遍,其义自见"。)

师:课前大家都读了几遍?

指名说。

师:真了不起。

师:课文里的生字都会读了吗?谁来读?

> 课堂上学生学习情况的反馈很重要,既要了解学生学习的结果,又要设法掌握学生学习的过程,努力将他们自学的过程可视化地呈现。

出示生字:庭、登、瓮、跌、众、皆、弃、持

师:谁来读?

指名读。指名评价。

齐读。

师:把这些字放回课文里能读好吗?

指名读。

指名评价。

教师相机问:为什么"没水中"的"没"读 mò 不读 méi?

> 这儿可以让学生动手查一下字典,再将字典里的不同读音的义项呈现出来,这样学生就能在比较中选择好多音字在具体语言环境中准确的读音。

师:读文言文的时候最重要的是注意停顿。听老师来读一遍。听明白了吗?

> 不愤不启,不悱不发。在学生自己领悟比较困难的时候,教师通过朗读示范的方式,指引学生读出文言文的节奏。

师:下面跟着老师读一遍。

出示:带有划分停顿线的课文。

指名读。

指名评价停顿得恰不恰当。

师:同学们齐读一遍。

师:真正的文言文是没有标点符号的,下面老师增加难度,将文中的标点去掉,看看同学们还能不能读好?

师出示没有标点的课文。

> 为了读好文言文,设计了多样的朗读训练,从读准字音到读准节奏,再到去掉标点朗读,学生在变化着的朗读方式中,兴趣盎然地一遍又一遍地朗读文言文,感受着文言文的节奏美。

师指名读。

师:课文读准读顺了,同学们结合注释将读懂的地方在小组内交流一下,如果有读不懂的地方,请在小组内研讨一下。

生小组研讨。教师巡视指导。

> 小组交流的时候,教师巡视非常重要。有的教师会为了巡视而巡视,这样就发挥不了巡视的作用。教师的巡视至少包括这些内容:一是维持好小组交流的秩序,及时制止影响交流秩序的行为,为所有学生创造一个好的交流环境;二是及时发现小组交流的问题,及时纠正、引导;三是发现小组交流的优秀方式或优秀表现,便于小组交流结束后的总结或展示;四是全面了解各组交流情况,便于接下来调整教学策略。

师:好,现在还有没有读不懂的地方,或者有争议的问题?

指名说。

预设一:"儿"。

师:有谁知道?

师:课文一共出现几处"儿"? 是不是都是小孩、儿童的意思?

> 举一反三,是良好的学习迁移的方式。由一个"儿",推及文中所有"儿",由点到面,由此及彼,这就是深度学习的模式。

预设二:"戏于庭"。

师:有谁知道?(在庭院里做游戏。)

师:小朋友们在庭院里做游戏就是"群儿戏于庭",那么小朋友们在树林里做游戏可以说"群儿戏于……"(林),如果小朋友们在田野里做游戏可以说"群儿戏于……"(野)

师:如果小朋友在庭院里读书,可以说"群儿……于庭"(诵),如果小朋友在庭院里练字,可以说"群儿……于庭"(书)。

> 学以致用才有用。教师不仅引导学生发现文言文"于"的用法以及倒装使用,而且还让学生仿说,加深学生对文言文表述方式的感知。从课堂效果看,学生用文言的方式说得有模有样。

师:看来,咱班小朋友真厉害,不但会读文言文,还会写文言文了。

预设三:"足跌"。

师:有谁知道?

师:一不小心就失足,一失足就会跌跟头。"跌"字好记吗?跟老师念一失足就跌跟头。

> 抓住"跌"字的构字方法,引导学生巧妙识字。

预设四:"弃去"。

师:有谁知道?

师:"弃"也是生字,看老师是怎么写的。第二横要长一些。竖要写直。"弃"这个字的甲骨文是这样写的:　　。意思是将生病的小孩或无力养育的婴儿装在筐里,送到确信有人经过的地方,让好心人收养。文中是小朋友们都放弃谁不管了?(跌入瓮中的小孩)他们都跑了。

> 结合"弃"的甲骨文写法,推测"弃"的意思。并结合文中理解,引导学生运用联系上下文理解词语的方法。

预设四:"破之"。

师:有谁知道?

师:把什么打破了?(瓮)"击瓮破之"的"之"就是"瓮"。"击碗破之"的"之"就是?(碗)"击缸破之"的"之"就是?(缸)。现在你知道"之"的作用就相当于我们常用的哪个字?(它、他、她)

预设五:"持石"。

师:有谁知道?

师:就是拿着石头。

师:课文读懂了,你能用自己的话把这个故事讲给大家听吗?

指名试讲。指名评价。

师小结:是啊,一个小孩掉进瓮水里情况危急,其他小朋友都跑了,司马光却救出了这个小孩。

> 理解课文的过程,完全根据学生的交流进行探究,突出课堂学生的主体地位,解决问题的过程也是以学生探究为主,契合儿童学习的机制。

板书:24 司马光　　救

　　　　群儿　　弃

三、体悟司马光的品质

师:司马光是怎么救人的?

生:"光持石击瓮破之。"

师:你能把司马光救人的动作演一演、做一做吗?

指名上台演。

> 演动作的过程也是对文本内容再深入的过程,将语言文字的表述变为自己的动作,需要经历从文字到画面,再从画面到动作的过程。每个过程都是一个提升的过程。

教师相机问:石头大应该怎么持?(两只手拿)如果是捧着石头。教师:这么大的石头,还砸得起来吗?击瓮是怎么击的?(注意击打的姿势和位置)怎样看出是使出全身力气的?如果击打在瓮的上面也不行。指导学生做动作。

师:司马光成功地救出了小孩,你觉得司马光是个怎样的人?从哪儿看出来的。请同学们默读课文思考。

预设一:看出他是机智(聪明)的人。

师:从哪儿看出司马光是个机智的人?

生:"光持石击瓮破之",他用石头砸破瓮救出了掉进瓮里的小孩。

师:这个方法好在哪里?

生:省时、快捷,不会伤到自己,也不会伤到瓮里的小孩,"水迸",水汹涌而出,为掉进瓮里的小孩争取更多时间。

师:石头是从哪儿来的?

生:庭院里有石头。

师:你怎么知道庭院里有石头?

生:从插图上看出来的。

师:会学习善于借助课文插图。

生:一般院子里会有小石块。(从生活常识来学语文)

师:谁来读读"光持石击瓮破之,水迸,儿得活"?

指名读。

师:这些动作一气呵成,说时迟那时快,只见司马光寻得一个大石块,读"光持石击瓮破之,水迸,儿得活"。

预设二:司马光是个沉着的人。

师:从哪儿看出司马光是个沉着的人?

生:从其他小朋友的表现来看。

师:其他小朋友都有什么表现?

生:"众皆弃去。"

生:其他小朋友都丢下这个小孩跑了。

师:他们都会有什么样的表现?

生:有的小朋友边跑边喊:"不好啦,有小朋友掉进瓮里啦!"有的小朋友吓得说不出话,有的小朋友慌不择路撞到一起。

师:他们这些表现对于救出掉进瓮水里的小孩有没有用?

生:没用,就算大人听见赶过来也来不及了。

师:为什么?

生:小孩掉进瓮水里的情况十分危急!

师:是怎么看出来的?

生:"足跌没水中",说明瓮里的水很大很深,小孩完全沉下去了。

师:据了解,人在水里只要不到1分钟就会失去意识,情况多危急!读"一儿登瓮,足跌没水中"。

师:其他小朋友有的吓哭了,有的吓跑了,有的找大人去了,司马光却拿起石块砸破了瓮,救出了小孩,多么沉着!齐读"一儿登瓮,足跌没水中。众皆弃去,光持石击瓮破之,水迸,儿得活"。

预设三:司马光是个勇敢的人。

师:从哪儿看出司马光是个勇敢的人?

生:其他小朋友吓跑了,他去救小朋友。

师:他持石击瓮破之的情景你能想象出来吗?

师:突然一个小孩掉进了瓮里,他在过头顶的瓮水里扑腾着,只见其他做游戏的小朋友有哭喊的,有吓呆的,有找大人的,而司马光挺身而出,他拿着石块——

引导生答(使出浑身劲,砸向瓮),可是人小力量小一次没砸破,司马光又使出吃奶的力气,只听"哐当"一响,瓮破了。小孩得救了。再一看,自己的手因为用力过猛也被划破了。

读一读勇敢的司马光。

齐读"一儿登瓮,足跌没水中。众皆弃去,光持石击瓮破之,水迸,儿得活"。

> 司马光是一个怎样的人,不同的小朋友读出的形象是不一样的。教师没有追求课堂唯一的正解,而是引导学生找到自己观点的证据,讲出自己的思考、自己的感悟。

师:这时候的司马光才7岁,小小的司马光为什么会有临危不惧、沉着应对的美好品质的呢?

师:在我们今天学习的这篇课文之前还有这样的一段话,读完这段话,大家就会明白了。

> 从司马光的美好品质到引出文中故事的前文,了无痕迹,水到渠成。

出示:

光生七岁,凛然如成人,闻讲《左氏春秋》,爱之,退为家人讲,即了其大指。自是手不释书,至不知饥渴寒暑。

注释:

生:长,长到。

凛然:稳重的样子。

成人:古代成年指弱冠,并非如今的18岁。

指:通假字,通"旨",主要意思。

至:至于,到达,甚至。

教师读。

师:结合注释,你知道什么原因了吗?

师指名说。

师:是啊,司马光的美好品质都是通过博览群书、刻苦读书得来的。我们应该像司马光一样从小勤奋读书,不断养成美好的品质,给自己和别人带来希望和力量。

师:司马光砸缸的故事流传千古,你们想把它背出来吗?

自由练习背诵。

师生合作背:(师:群儿——,生:戏于庭;师:一儿——,生:登瓮;师:足跌——,生:没水中;师:众——,生:皆弃去;师:光——,生:持石击瓮破之;师:水——,生:迸;师:儿——,生:得活。)

四、课后作业

师:课后请同学们用你们喜欢的方式,可以用文言,也可以用我们现在说的语言,加入自己的理解和想象,把这个故事讲给你们的家长听。

五、写字指导(机动)

讲解"登"的书写要求:半包围结构,"癶"bō字头腿分开,"豆"字紧跟要放正。

生自己写习字册。

附板书设计：

24 司马光　　　　　　　救（沉着 机智）

　　群儿　　　　　　　　弃

【教学后记】

这节课是市教研室与洪泽教研室举办的培训活动上的一节观摩课。这次活动一共有两节展示课，另一节是由洪泽实小湖滨校区的教师执教。

自从接到上课的任务，我的心情和大部分老师一样，既高兴又紧张。高兴的是，这样的机会很难得，毕竟是市级观摩课，很多人想要这样的机会。这个机会学校给我，那是学校对我的信任。紧张是因为对自己的能力和水平的不自信。要知道，即将观摩的老师是洪泽区所有的语文老师，这里面有很多老师水平很高，到时候会不会献丑？说不定还有当年的同学，能不能上好？上得不好，那不是没有脸见同学了吗？想到这儿，有时候真想打退堂鼓。经过自己一番思想斗争，最终决定还是积极面对，挑战一下自己，不能总是唯唯诺诺，不敢向前，那样永远不会有进步。

既然决心下了，接下来，我就开始着手准备了。本次活动指定我上三年级的一篇课文。我当时在二年级教学，因此，对三年级的教材不是很熟悉。于是，我借了一本三年级上册的教材，准备选一篇课文。我自己翻了几遍教材也没选定哪篇文章。于是，我和执教三年级的一位老师一起研究，最终，两个人决定我选《司马光》教学。为什么选这一篇呢？因为这篇文章很有代表性，是统编教材里的首篇文言文。而且这篇文言文篇幅短小，内容又是大家非常熟悉的司马光砸缸的故事，学生既熟悉又陌生，既感兴趣又有难度。最关键的是，这篇文言文可以在一节课内展示出来，其他文章大部分要分两课时，这就意味着第一课时需要请活动校学生提前上，或者我自己提前去上。前者，虽说不用我自己上，但是能否和我接下来上课的内容完美衔接，有不可控因素在里面。后者，我自己去上的话，必须在展示课前再抽一节课借班上。这样做，我本人会很累，毕竟连续上两节课，体力消耗大，可能会影响真正展示课的效果。基于这样的考虑，我们终于定下来上课的内容。

经过几次试教，这节课的教学流程基本定下来。在现场上课的时候，学生是活动校三年级成绩最好的一个班。在课堂上，学生的表现一般，既没有特别出彩的发言，也没有死气沉沉、一言不发的现象，总算是顺顺利利地上下来了。

仔细回忆一下，课堂上感觉没有高潮的原因：一是我自己本人有些紧张，不敢放开，对教案的执行比较死，没有对课堂现成生成合理利用；二是学生是全年级成绩最好的学生，可能平时老师管理比较严格，学生课堂上中规中矩，不敢越雷池一步；三是在学生表演司马光砸缸动作时,指导不够,学生演得不投入,不够放开,没有达到预想的效果。而这里却应该是课堂最出彩的地方。

课堂虽显平淡,但我比较满意的是这样的几个环节:

一是把感受文言文的特点放在前面。在备课的过程中,我就有疑问。课后习题将比较这篇文章与平常文章的异同放在后面。我觉得这个问题应该一开始就进行探讨。为什么呢?因为这是学生第一次接触文言文,对文言文很好奇,在这时候比较文言文与现代文的区别,符合儿童当时的心理,顺理成章。因此,我在试教的过程中,同样有研讨的老师提出和我一样的困惑。后来,大家一致觉得将比较文言文与现代文的特点放在前面,更符合学生学习的需求。

二是将文言文的朗读指导到位。整节课花在文言文的朗读上大约15分钟,从时间上看是足够的。最重要的是,每次的读都有自己的目标,从低到高,逐步推进,而且读的形式多样,有自由读、有互读、有范读、有竖着读、有去标点读等,虽然读的次数多,但是学生觉得读得有意思,不累。

三是优秀传统文化的熏陶到位。首先文言文本身就是文质兼美,是优秀的传统文化的代表。课堂上对"儿""之""弃"等不同的教学方法,都让学生感受到传统文化的魅力。特别是含有"于"的句式仿说,从读到创,实现从内化到外化再内化的飞跃。其次,是对司马光美好品质的挖掘,实现以文育人、以文化人的效果。

(本节课为市级观摩课)

由仿到创，诗歌我也能写

——《雷锋叔叔，你在哪里》第二课时教学设计

【教材分析】

这篇课文是人教版语文二年级下册第五课，是一首儿童诗，语言优美、音韵流畅。诗歌采用一问一答的形式，带领读者沿着"长长的小溪"和"弯弯的小路"寻找雷锋叔叔生前助人为乐的感人事迹，学习关爱他人、乐于奉献的雷锋精神。

【学情分析】

每年的3月5日是学习雷锋纪念日。与课文教学的时间节点相差不多。二年级的学生之前听说过雷锋，有的是阅读过一些有关雷锋的书籍，有的是观看过雷锋的影片。但是对雷锋的精神还了解得不够深入。课文用现代诗歌的形式，生动地再现了雷锋精神，学生喜欢读，乐于接受。

【教学目标】

1. 正确、流利、有感情地朗读课文。背诵课文。
2. 通过朗读感悟，懂得奉献爱心，乐于助人。

【教学重点】

通过朗读感悟，懂得奉献爱心，乐于助人。

【教学时间】

1课时。

【教学过程】

一、复习导入

师：上节课，我们初读了课文，学习了生字词。现在我们来复习一下。

1. 听写词语

昨天　冒雨　留下　洒水　温暖

师投影出示学生听写内容，师生评讲。

有错的学生订正,其他同学自由读课文。

> 二年级学生识字教学是重要的内容,课堂上组织学生对学习过的生字词进行复习很有必要。同时兼顾不同学生学习的节奏,词语掌握不太好的继续巩固,词语掌握好的可以进入下一个环节的学习。

2. 了解现代诗歌特点

师:课文我们读了,你觉得这篇课文与平常的课文有什么不一样?

> 引导学生在比较中,感受现代诗歌特有的表达方式。

预设:没有分自然段,分行多,用反复的手法等。

师:对,这些就是现代诗歌的特点。

二、精读课文

师:这首诗主要讲作者寻找雷锋叔叔的,找到了吗?雷锋叔叔在哪里呢?

> 复习完生字词,初步了解现代诗歌的特点,引导学生直奔主题。

预设:哪里需要献出爱心,雷锋叔叔就出现在哪里。

师相机板书。

出示:

乘着温暖的春风,

我们四处寻觅。

啊,终于找到了——

哪里需要献出爱心,雷锋叔叔就出现在哪里。

师:"寻觅"是什么意思?预设:寻找。

师:读完这节,你有什么感受?预设:惊喜、高兴。从哪儿看出来的?预设:"终于""温暖的春风"。

师:让我们带着高兴、惊喜的心情读一读这节。

> 朗读是最好的表达心情的方式。

师:这不,星期天的上午,下着蒙蒙细雨,小明不小心和家人走散了,迷了路。如果你是小明,你会怎么想?会有什么表现?

师指名说。

> 创设情境,引导学生展开想象,并用自己的语言表述出来。

师:这时候,雷锋叔叔正好路过这里。

出示:

小溪说：

　　　　　　　昨天，他曾路过这里，

　　　　　　　抱着迷路的孩子，

　　　　　　　冒着蒙蒙的细雨。

　　　　　　　瞧，那泥泞路上的脚窝，

　　　　　　　就是他留下的足迹。

生齐读。

师：雷锋叔叔是怎么做的呢？雷锋叔叔是怎么抱的呢？他会说些什么？

师："泥泞"是什么意思？雷锋叔叔抱着迷路的小明走在泥泞的路上，有时候不小心脚下一滑险些跌倒，路上的泥巴沾满了鞋子，走起路来更加费劲。

师：被雷锋叔叔抱着的小明会怎么想？怎么说呢？

出示：

哪里需要献出爱心，雷锋叔叔就出现在哪里。

指导学生练习有感情朗读1、2节。

师：是呀，哪里需要献出爱心，雷锋叔叔就出现在哪里。炎炎盛夏，一位大娘，吃力地向前走着。这么热的天，大娘随时都会中暑。她多么需要人帮助呀？

出示：

小路说：

　　　　　　　昨天，他曾路过这里，

　　　　　　　背着年迈的大娘，

　　　　　　　踏着路上的荆棘。

　　　　　　　瞧，那花瓣上晶莹的露珠，

　　　　　　　就是他洒下的汗滴。

师："年迈"是什么意思？"荆棘"是什么意思？一个人走在这样的路上都很困难，更何况再背一个人。

出示：

顺着弯弯的小路，踏着路上的荆棘，雷锋叔叔……

学生用自己的话一说。

生再读这一节。

师生共读3、4节。教师读第3节，学生读第4节。

师：在年迈的大娘需要帮助的时候，雷锋叔叔就出现了。

出示：

哪里需要献出爱心，雷锋叔叔就出现在哪里。

三、课外拓展

师：你还知道雷锋叔叔的哪些故事？

> 引导学生讲一讲雷锋其他的故事。

师：你能根据故事内容，仿照课文的样子说一说。

> 引导学生用现代诗歌的语言表述，进行即兴创作。

指名交流。

师：是呀，雷锋出差一千里，好事做了一火车。其实，我们身边也有很多像雷锋叔叔一样的人。大家找找看。

生试说。

师总结：在我们身边有很多人需要帮助，在我们能帮助的情况下要伸出援助之手。这样在我们需要帮助的时候，也会有人帮助我们。那样我们的社会将是多么美好！

附板书设计：

雷锋叔叔，你在哪里 { 泥泞路上 抱孩子 / 荆棘路上 背大娘 } 乐于助人

……

【教学后记】

这是一篇现代诗歌，表达方式与一般文章不一样。因此，上课伊始我就请学生找找与之前所学课文的异同。这些不同之处，实际上就是现代诗歌的特点：一是分行多，每行句子比较简短，读起来比较有节奏感，因此课堂上我给更多的时间让学生去朗读诗歌；二是里面有些词语，如"泥泞""荆棘""年迈"等，学生不易理解，我抓住这些词语引导学生通过联系上下文，结合生活经验等来理解。

诗歌最大的特点是语言凝练，画面感强，让人产生无限的遐想。我在课堂上引导学生还原文字留白处的画面。将诗中雷锋雨中抱小孩、荆棘路上背大娘的故事变成感人至深的连环画，变成动人的影片。这些想象，进一步加深了学生对雷锋精神的理解。

本节课上，我尝试让学生仿照书上的语言样式，将雷锋其他故事试着说说。本以为学生很难模仿，没想到，课堂上孩子们的创造力非常了不起。很多学生能将雷锋的故事用现代诗歌的语言说出来。如：

雷锋叔叔，你在哪里，

你在哪里？

螺丝钉说：

昨天他曾路过这里，
悄悄地将我捡起，
放到需要我的地方。
瞧，祖国的建设，
有他的功劳。
还有：
雷锋叔叔，你在哪里，
你在哪里？
太阳说：
昨天他曾路过这里，
炎炎烈日帮大家运砖，
瞧，那成堆的砖墙，
就是他的杰作。

（本节课为组内教研课）

以演代讲,感受寓言故事的魅力

——《狐假虎威》第二课时教学设计

【教材分析】

《狐假虎威》是一篇寓言故事,选自义务教育教科书统编版语文二年级上册第八单元,讲述了一只狐狸如何狡猾地骗过老虎,不仅使自己逃脱危险,还借着老虎的威风吓跑其他动物的故事。本篇课文出自先秦历史散文成就最高、影响最大的著作之一《战国策·楚策一》,具有很高的文学价值。

本篇语言故事人物特点鲜明,情节跌宕有趣,语言生动形象,尤其是故事中人物的神态、动作、语言、心理活动等描写,符合学生年龄特点,非常适合表演。

【学情分析】

二年级学生喜欢表演,对寓言故事,特别是动物类的寓言故事更感兴趣。学生在第一课时初读课文时,已经表现出来。他们会不由自主地跟着朗读做起动作来,语调、语速也随着情节的发展而抑扬顿挫。

【教学目标】

1. 正确、流利、有感情地朗读课文。
2. 在演一演的过程中,理解"狐假虎威"的意思,受到启发和教育。

【教学重点】

通过演一演,帮助学生理解"狐假虎威"的意思,受到启发和教育。

【教学时间】

1课时。

【教学过程】

一、复习导入

师:我们上节课读了狐假虎威的故事,故事中的狐狸和老虎给你留下了怎样的印象?

> 这篇寓言故事里的老虎和狐狸形象鲜明。在上节课上，教师引领学生着重讨论人物形象。有了对人物形象的感知，为接下来的课堂表演做好铺垫。

师指名说。

预设：狐狸狡猾，老虎凶猛。

二、表演指导

1. 交流表演技巧

师：你们想把这个故事表演出来吗？你们知道怎样才能把故事表演好吗？

> 简单复习人物形象特点后，直奔表演故事而去。如何表演？在学生练习表演之前，教师带领学生一起探讨表演的技巧很有必要，可以有效提高学生课堂表演质量。

师指名说。

预设：了解故事内容，记住人物对话，注意表情、动作。

师：同学们说得好，要想表演好故事，要了解故事内容，记住人物对话。

板书：了解内容　记住对话

2. 了解内容

师：请你根据狐假虎威这个故事的内容将下面的内容排好顺序。

> 师生共同讨论好表演技巧，如何掌握这些技巧呢？需要师生一起去突破。教师巧妙地将故事的内容列成标题打散，通过排序的方式，进一步帮助学生熟记故事情节。

教师出示：

狐狸说老虎不敢吃它因为它是老天爷派来管百兽的　百兽被吓跑　老虎逮住狐狸　老虎蒙住了松开爪子　狐狸带老虎到百兽前

师：下面请同学们前后两个人按照故事内容连起来说一说。

师指名说。

3. 记住对话

师：了解故事内容是表演成功的基础，要想演得好，我们还要记住人物对话。同学们把狐狸和老虎说的话用横线画出来，读一读，记一记。

> 故事里的语言就如同剧本中的台词，要想表演好，必须熟悉台词，甚至是背出来。

学生画。

出示：

狐狸："你敢吃我？"

老虎："为什么不敢？"

狐狸:"老天爷派我来管你们百兽,你吃了我,就是违抗了老天爷的命令。我看你有多大的胆子!"

狐狸:"我带你到百兽面前走一趟,让你看看我的威风。"

师:现在老师和大家一起表演一次,男同学说老虎的话,女同学说狐狸的话。

师生配合演读。

> 分角色演读,比朗读更接近于表演。学生在演读中角色意识进一步增强。

4. 表情、动作

师:这样的表演好不好?还需要怎么做会更好?

预设:不好,不吸引人。

> 让学生在表演中发现问题,并尝试解决问题,努力让表演的效果更好。

师:对,要加上动作、表情。先看看说话时的动作、表情。(板书:动作表情)你能根据书上的描述,把狐狸和老虎对话时的表情、动作表演出来吗?

出示:

狐狸眼珠子骨碌碌一转,扯着嗓子问老虎:"你敢吃我?"

"为什么不敢?"老虎一愣。

"老天爷派我来管你们百兽,你吃了我,就是违抗了老天爷的命令。我看你有多大的胆子!"

老虎被蒙住了,松开了爪子。

狐狸摇了摇尾巴,说:"我带你到百兽面前走一趟,让你看看我的威风。"

指两名学生上台表演。

其他师生评价。

> 师生评价,也就是互相交流、切磋的过程,在这个过程中,进一步促进全体学生理解寓言故事,提高学生表演水平。

重点是狐狸眼珠子骨碌碌一转、扯着嗓子、摇了摇尾巴,老虎一愣、蒙住了等。

师:什么叫扯着嗓子?狐狸为什么扯着嗓子?

师:老虎一愣也就是老虎一惊,老虎一吓。它为什么愣住了呢?

师:狐狸说这句话时可能会有什么样的表情或动作,为什么?"老天爷派我来管你们百兽,你吃了我,就是违抗了老天爷的命令。我看你有多大的胆子!"

出示"老天爷派我来管你们百兽,你吃了我,就是违抗了老天爷的命令。我看你有多大的胆子!"狐狸_____。

师:老虎蒙住了,它在想什么?(要想表演得好,我们还要根据内容加上适当的想象。

板书:合理想象)

师:狐狸为什么摇了摇尾巴?

师:是呀,要想把故事表演出来,表演得好,要知道故事内容,记住对话,演好表情、动作,还要适当加上想象。

> 表演不仅是将故事中描述的部分再现出来,还要根据故事内容,将文本中没有描述的部分,也就是留白处,通过展开合理的想象,创造性展示出来。

5. 学生试演

师:下面让我们用我们学到的表演方法,把整个故事演一演吧。

学生分小组演练。

6. 师生评演

师指一组上台表演,师生评价。

教师注意表演的情况,采访一个小动物,说说为什么见了狐狸要跑。

> 采访的环节,实际上就是课堂情境的强化,让学生更加投入地进入自己的角色,有利于学生更加准确地把握故事内容,更好地通过自己的表演展示出来。

三、感受启发

师:让我们从故事里走出来,作为旁观者你想对老虎、狐狸说些什么?

> 能读进去,还要读出来,这样才能深刻体会寓言故事的寓意。

师指名说。

师:我们再看看课题,狐假虎威是什么意思?谁来说一说。

师指名说。

附板书设计:

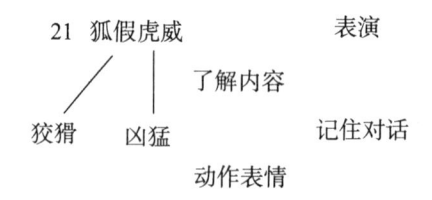

```
            21  狐假虎威              表演
           /      |                 了解内容
         狡猾   凶猛                记住对话
                                   动作表情
```

【教学后记】

表演是学生在语文课堂上最喜欢的学习形式之一。表演既依赖学生对故事的理解,又促进学生对故事的理解,既来源于对故事的理解,又高于对故事的理解。特别是低年级的儿童,非常喜欢表演的形式。本篇寓言故事,人物鲜明,情节有趣,语言生动,作为语文教师理应根据学生兴趣和文本的特点,大胆地在课堂上指导学生表演。

表演是快乐的学习。语文课首先要上成有意思的课，上成学生喜欢的课。表演是学生喜闻乐见的形式，教师应根据教材特点，积极引进表演进课堂。小学生，特别是低年级学生，具体形象思维发达，喜欢运用形象思维思考和解决问题。教师课堂上要尊重学生的特点，满足学生的兴趣，将课堂表演开发好、指导好、表演好，成为学生快乐地学习语文的重要途径。

学生是表演的主角。课堂表演定位很重要，学生是表演的主角，教师是导演，有时也可以是配角。只有定位准确了，教师才不会与学生抢戏。学生怎么分角色、每个角色怎么表演恰当、如何表演效果会更好等一系列课堂表演问题，需要学生在练习表演的实践中体悟，而不是教师一味地指导。

每个学生都是主角。在课堂表演时，我们经常发现总是那些善于表现的同学展示。事实上，每个学生都需要参与，也都有表演的天赋。教师要创造氛围，多组织小组试演，在试演中让每个学生参与，更多地发现表演好的同学。其次，加强课堂表演的评价环节，让更多学生通过评价提升参与度、创造力。

（本节课为淮阴师范学院学生实习观摩课）

后　记

真没想到,这样一本二十几万字的书稿出自我这样一个普通教师之手。

从 2015 年 11 月 27 日开始,我尝试用自己的笔记录自己的教育教学生活,至今已有近七年的时光。从一开始半年充满激情地天天写,到后来工作校区的调整,部门工作任务的加重,其间有两年左右的时间停了下来,从 2019 年开始,基本上维持每周三篇这样的写作频率。从书写的内容看,一开始是无所不写,从学校到家庭到社会,从教育到生活,都是写作的内容。到后来以学校教育教学内容为主,再到现在的聚焦自己的课堂教学。从记录最初课堂上发脾气、批评学生、发牢骚等方面的内容,逐步变为记录课堂教学成功之处和不足的反思,以及学生课堂上可爱的表现。渐渐地,我喜欢上课了,越来越感觉到上课的乐趣,我也更加喜欢自己的学生了,发脾气的次数越来越少了,对学生的表扬也越来越多了。

回顾这段写作经历,最开心的是自己能拿起笔写起来。其实写得好不好是另一回事,只要能拿起笔去写就是最大的胜利。写得好自然是好事,写不好也没关系,只要坚持写下去,总会写得越来越好的。有的时候你想得再多,再美好,如果不去做,那永远是梦想。写起来就是现实,就有机会实现自己的梦想。

回顾这段写的经历,最后悔的是中途搁笔的日子。没时间,工作忙,虽是客观存在的,但最主要还是我自己主观上的放松。"时间就像海绵里的水,只要愿挤,总还是有的。"这句名言大家都熟悉,但也不容易做好。"没时间,工作忙"之类的理由永远是给自己的懒惰找的自我安慰却不能说服别人的借口。养成一个习惯需要很长时间的坚持,但是丢掉一个习惯只要几天。一旦停下笔,就容易形成惰性,然后导致自己不断地停笔,而且停得连自己都觉得理所当然。

回顾这段写的经历,最骄傲的是虽然有一段时间停下了,但是终归还是坚持下来了。不论质量怎样,300 余篇的教学日记,将近年来的点点滴滴永远地保存了下来。每隔一段时间,再翻阅自己的这些文字,有时候虽觉得不成熟、不深刻,但是能让自己找到过去思考的痕迹也是件快乐的事情。最重要的是"努力地去写"逐渐成为我的一个良好习惯。就像很多人锻炼身体上瘾、打球上瘾,如今,如果哪阵子没写教学日记我会感到难受,大概这就是养成勤于记录的习惯了。

回顾这段写的经历,最感谢的是学校优秀的团队。是这个优秀的团队促使我拿起笔,并且坚持地写下去。每当我想放弃或懈怠的时候,这里有很多的榜样都会无声地激励着我。特别是校园里很多可爱的学生,他们是我不断写下去的不竭源泉。在我准备将这些教学日记按照一定的主题和架构重新串联起来的时候,感觉是多么地费劲。好在身边有很多的优秀同事随时可以请教。

回顾这段写的经历,我最大的收获是知道今后如何继续写。首先是写什么的问题。我更加深刻地体会到自己的写应该更有方向和目标。这样才会写得更深刻,让自己的研究更加专一。其次是怎么写的问题。除了要每天坚持写,还要学会有重点地写,流水账式的记录不可取;还要有思考地写,光描述没有分析、缺少深度也不行……

不管如何,看到自己这些年来的所看、所听、所思能如愿整理出来,我的内心还是非常开心的。因为这个整理的过程,不只是简单地将过去的文字放到一起,而是进行重新的建构和提升。虽然很多事情,都讲究人的天赋,但是只要你觉得有意思,敢于做下去,即便做得没有别人想象中那样出类拔萃,也是件非常有意义的事情。

(2022 年 12 月 6 日淮安市实验小学)